Dietz Berlin / Biografische Miniaturen

Christoph Jünke (Hrsg.)

Viktor Agartz oder: Ein Leben für und wider die Wirtschaftsdemokratie

Dietz Berlin

Editorischer Hinweis
Die Schreibweise der Zitate und Dokumente in diesem Band ist den Regeln der neuen Rechtschreibung angeglichen.

Bibliografische Informationen der Deutschen Nationalbibliothek.
Die Deutsche Nationalbibliothek verzeichnet diese Publikation in der Deutschen Nationalbibliografie; detaillierte bibliografische Daten sind im Internet über http://dnb.dnb.de abrufbar.

Mit 8 Abbildungen

1. Auflage 2024

Franz-Mehring-Platz 1, 10243 Berlin

Lektorat: Stephan Lahrem/Text-Arbeit
Gestaltung: Andreas Homann
Satz: Kerstin Davies
Druck und Bindung: Standart Impressa, Vilnius
Printed in Lithuania
ISBN 978-3-320-02422-2

Inhalt

Viktor Agartz und die Lernprozesse in Sachen »Wirtschaftsdemokratie« **9**

Von der alten zur neuen Wirtschaftsdemokratie **15**

Agartz' Originalität: Zur Archäologie der neuen Wirtschaftsdemokratie **31**

Letzte Ausfahrt Köln-Braunsfeld **43**

Von der verweigerten Mitbestimmung zum Ende des Reformismus **51**

Texte von Viktor Agartz **71**

1 Kölner Vorschläge für ein neues SPD-Programm (Herbst 1945) **73**

2 Sozialistische Wirtschaftspolitik (Mai 1946) **79**

3 Aktuelle Fragen der Wirtschaftspolitik (Juli 1946) **95**

4 Zur Verteidigung des gewerkschaftlichen Mitbestimmungskampfes (September 1950) **102**

5 Die Gewerkschaft ÖTV und das Mitbestimmungsrecht (1952) **117**

6 Wider die Mitbestimmung als Ersatzlehre (Oktober 1954) **147**

7 Die Mitbestimmung in der Sackgasse (September 1956) **164**

8 Die Integration der Gewerkschaften in das kapitalistische System (Mai 1959) **195**

Anhang 205

Biografische Daten 207

Personenregister 212

Schriften von und zu Viktor Agartz 218

Über den Herausgeber 222

Viktor Agartz Mitte der 1950er-Jahre.

Viktor Agartz und die Lernprozesse in Sachen »Wirtschaftsdemokratie«

Christoph Jünke

Im Frühsommer des Jahres 1962 fuhr der junge und damals noch unbekannte Journalist Günter Gaus in die nordöstlich von Köln gelegene bergische Kleinstadt Bensberg. Für die *Süddeutsche Zeitung* arbeitete er an einer Artikelreihe über in Ungnade gefallene nonkonformistische Außenseiter der Innenpolitik und die Frage, was diese einstmals Prominenten nun taten und dachten. An diesem Tage besuchte Gaus den Vorruheständler Viktor Agartz, der als sozialdemokratisch-sozialistischer Wirtschaftspolitiker und führender Gewerkschaftsintellektueller die Nachkriegszeit entscheidend mitgeprägt hatte, bevor er Ende 1955 aus allen seinen Funktionen entlassen und 1957 einem aufsehenerregenden Landesverratsprozess unterworfen worden war. »Am bundesrepublikanischen Schicksal des Doktor Viktor Agartz«, eröffnete er sein anschließend veröffentlichtes Zeitungsporträt, »lässt sich am besten ablesen, wie kurz es erst her ist, dass wir eine ungegliederte Nachkriegsgesellschaft waren, und wie schnell dann alles in unserem neuen Staat gegangen ist: die Gliederung in Oben und Unten, das Erstarren anfangs noch fließender Übergänge, das Fußfassen – und natürlich auch das Hinausfallen – aus der wiederhergestellten Ordnung. [...] Heute lebt der 64-jährige unbeachtet und sogar verfemt in einem hübschen Vororthaus bei Köln, vor nicht viel mehr als zehn Jahren war er häufiger Tischgast bei rheinischen Bankiers und Industriellen, in deren Häusern nach dem Käse die Gründe diskutiert wurden, die einen wohlhabenden Mann wie Viktor Agartz zum Sozialisten machen konnten. Neben Robert Pferdmenges saß der Marxist in den Aufsichtsräten der wiedererstandenen Schwerindustrie; viel bewundert und noch mehr gefürchtet, galt er als der wichtigste Gegenspieler nicht nur Ludwig Erhards, sondern vielleicht auch Konrad Adenauers; die Schritte von sechs Millionen westdeutschen Gewerkschaftsmitgliedern wurden von ihm vorausgedacht.« Doch »(k)ein zweiter Außenseiter der bundesrepublikanischen Gesellschaft ist so folgerichtig an den Rand gedrängt worden wie Agartz. Die Stationen seines Niederganges vom Theoretiker der mitgliederstärksten Organisation Westdeutschlands zum Privatier, der unter den Studenten in Warschau bekannter ist als unter denen in Bonn oder Frankfurt, entsprachen der zunehmenden Unlust der westdeutschen Parteien, Verbände und Bürger an grundsätzlichen Konzeptionen. Das Stichwort Entideologisierung begann unter den Sozialdemokraten etwa zur gleichen Zeit – zögernd noch – umzulaufen, zu der Agartz [Ende 1958] aus der Partei ausgestoßen wurde.«[1]

Agartz' Ausbürgerung aus der bundesdeutschen Innenpolitik hatte Anfang der 1950er-Jahre begonnen, als wirtschaftsliberale Journalisten und liberalkonservative Politiker den Leiter des gewerkschaftseigenen Wirtschaftswissenschaftlichen Instituts (WWI) nicht zu Unrecht als die ebenso intellektuell wie politisch treibende Kraft hinter dem damals gerade in die letzte Runde gehenden Gewerkschaftskampf um Wirtschaftsdemokratie und Mitbestimmung ausmachten. Hatte er sich in diesen Kreisen schon 1946/47 als oberster Leiter des zuerst britischen und dann bizonalen Wirtschaftsamtes den Ruf als Zentralist und sozialistischer Planwirtschaftler erworben, so begannen sie nun öffentlich von dem sozialdemokratischen Gewerkschafter als einem kalten Intellektuellen, einem antikapitalistischen Ideologen und Utopisten zu sprechen, der als Machtpolitiker und Klassenkämpfer die Gewerkschaften in die Radikalisierung und den Realsozialismus treibe. Bestätigt fühlen sollten sie sich 1954/55, als er in die gewerkschaftspolitische Offensive ging und auf dem dritten Bundeskongress des Deutschen Gewerkschaftsbundes (DGB) zur Generalabrechnung mit der liberalkonservativ restaurierten Bundesrepublik aufrief. Die BRD bewege sich, so Agartz, allgemein »in Richtung auf ein autoritäres Regierungssystem« und die politi-

1 Günter Gaus: »Viktor Agartz und die deutsche Linke«, in: Süddeutsche Zeitung, 9.6.1962 (Nachdruck in Reinhard Bispinck u. a. (Hrsg.): Wirtschaftsdemokratie und expansive Lohnpolitik. Zur Aktualität von Viktor Agartz, Hamburg 2008, S. 108ff.).

sche Wirklichkeit zeige »im Grunde nur wenige demokratische Züge«. Auch die von den Gewerkschaftern seit 1945 als Mittel gesellschaftspolitischer Neugestaltung immer wieder eingeforderte Mitbestimmung der organisierten Arbeitnehmer in allen Fragen personeller, wirtschaftlicher und sozialer Wirtschaftsführung und Wirtschaftsgestaltung werde damit offen konterkariert. Sie sei in ihrer aktuellen Form kein Mittel der Demokratisierung von Wirtschaft und Gesellschaft mehr, sondern ein seines eigentlichen Inhaltes entleertes Schlagwort, hinter welchem sich die von der Arbeiter- und Gewerkschaftsbewegung immer abgelehnte Lehre von der Partnerschaft von Kapital und Arbeit verberge. Von starkem Beifall begleitet hielt Agartz hier an einer grundsätzlichen Neuordnung und Demokratisierung von Wirtschaft und Gesellschaft fest und betonte, »dass auf der Grundlage der bisherigen Eigentumsordnung eine solche von uns angestrebte optimale Lösung nicht möglich ist« und dass es gelte, sich von jeglicher Markt- und Profitlogik umfassend abzuwenden (siehe Text 6).

Die Antwort seiner politisch-ideologischen Gegner kam umgehend. Die deutschen Gewerkschaften stünden an einem Scheideweg, so der nun offen gegen ihn auftretende Oswald von Nell-Breuning: Wenn der DGB seinem »in einen Irrgarten staats-, gesellschafts- und wirtschaftspolitischer Wahnvorstellungen«, »in den politischen und klassenkämpferischen Radikalismus« und, schlimmer noch, »in die Verantwortungslosigkeit« führenden Cheftheoretiker folge, werde dies die Spaltung der Einheitsgewerkschaft bedeuten.[2] Als einflussreicher Sozialphilosoph des christlichen Arbeitnehmermilieus sprach der römisch-katholische Theologe nicht nur im Kampfauftrag seines christlich-sozialen Milieus, sondern auch der von diesem getragenen konservativen Adenauer-Regierung. Und er erfreute sich schon damals einer besonderen Wertschätzung führender Sozialdemokraten und Gewerkschafter, die in ihm ein unverzichtbares Bindeglied auf ihrem großkoalitionären Weg in

2 Oswald von Nell-Breuning: Wohin führt Dr. Viktor Agartz den DGB?, in: Gesellschaftspolitische Kommentare, Februar 1955 (Nachdruck in: Viktor Agartz: Wirtschafts- und Steuerpolitik – Expansive Lohnpolitik, hrsg. von Hans Willi Weinzen, Berlin 1986, S. 76–88).

die neue Konsensdemokratie sahen. Aus der innenpolitischen Aufregung wurde so eine innergewerkschaftliche Auseinandersetzung – und Agartz Ende 1955 von seinen eigenen Genossen gestürzt.

Agartz jedoch wollte weiterkämpfen und wusste dabei ein sich damals gerade neu formierendes Milieu von aufbegehrenden Sozialdemokraten und Gewerkschaftern, von heimatlosen Linken, nonkonformistischen Intellektuellen und jungen Studierenden hinter sich. Ab dem Frühjahr 1956 gab er zu diesem Zweck (zusammen mit Walter Horn, Theo Pirker und Leo Kofler) eine gewerkschaftspolitische Zweiwochenzeitschrift heraus, ließ sich diese jedoch, wie ein Jahr später aufgedeckt wurde, überwiegend aus Ostberlin finanzieren. Die Bundesstaatsanwaltschaft brachte ihn wegen landesverräterischer Beziehungen und »Rädelsführerschaft in einer verfassungsfeindlichen Vereinigung« vor den Bundesgerichtshof in Karlsruhe, wo er aber Ende 1957 von den wesentlichen Anklagepunkten freigesprochen wurde. Allerdings bestätigte das richterliche Urteil – im Namen des Volkes –, dass Agartz' Denken und Handeln »in der Tat […] eine Fülle von Anknüpfungspunkten für die kommunistische Agitation« aufweise: »Das galt für sein Bestehen auf der Forderung, die Schlüsselindustrien in Gemeineigentum zu überführen, sein Eintreten für eine zentral gelenkte Planwirtschaft und gegen das von der Bundesregierung vertretene Konzept einer sozialen Marktwirtschaft, die Ablehnung des Gedankens der Sozialpartnerschaft zwischen Unternehmern und Gewerkschaften und der politischen Neutralität der Einheitsgewerkschaft verbunden mit dem Festhalten an den Vorstellungen des Klassenkampfes, der Forderung einer expansiven Lohnpolitik und der These vom politischen Lohn, der erkämpft werden müsse, und die Befürwortung von Massenaktionen. Auch sein entschiedenes Eintreten gegen jede Wiederbewaffnung der Bundesrepublik, die scharfe Kritik an der ›politischen Wirklichkeit der Bundesrepublik, die wenig demokratische Züge zeige‹, der Vorwurf der ›konservativen Restauration‹ und eines ›Vordringens faschistischer Elemente‹, sein Auftreten gegen den ›Antikommunismus‹, seine unverkennbare Neigung, die absoluten Unterschiede zwischen der Verfassungsordnung der Bundesrepublik und der ›DDR‹ zu relativieren, boten Ansatzpunkte, deren sich die Agitation des FDGB und der Kommunisten überhaupt nur zu leicht bedienen konnte. Als die Auffassungen und Forderungen eines bekannten westdeutschen Gewerkschaftlers und Wirtschaftstheoretikers mussten sie besonderes Gewicht gewinnen.«[3]

Mit diesem Diktum hatte ihn das oberste Gericht der Bundesrepublik zum politisch toten Mann erklärt, und die sozialdemokratisch-sozialistische Tradition, für die er stand, zu einem Teil des internationalen Kommunismus verklärt (denn keiner dieser konkreten Vorwürfe war spezifisch kommunistisch) und ein politisches Gesinnungsurteil gefällt, das eine verhängnisvolle Tradition kriminalisierbarer »Political Correctness« begründen sollte. Nachdem bereits im Sommer 1956 der westdeutsche Kommunismus mit dem KPD-Verbot zum Straftatbestand geworden war, galt nun, ein Jahr später, der davon sachlich zu unterscheidende Linkssozialismus als dessen politischer Zwillingsbruder. Und so kam damals beides zusammen: eine nachhaltige Repressionswelle gegenüber linker Opposition und ein den gesellschaftlichen Durchbruch zum westdeutschen Sozialstaat ermöglichender weltwirtschaftlicher Boom. Historisch besiegelt war mit dieser Mischung aus Zuckerbrot und Peitsche nicht nur der ebenso faszinierende wie weithin vergessene gesellschaftspolitische Ausbruchsversuch dieser ersten politischen Generation einer »Neuen Linken«, sondern auch das persönliche Schicksal des Viktor Agartz. Die alte Generation trat ab, die junge distanzierte sich, verdrängte und begann von Neuem – während Günter Gaus nach Bensberg fuhr.

Dass es keine sechs Jahre nach der von Gaus am Fall Agartz beklagten Diagnose einer »Unlust der westdeutschen Parteien, Verbände und Bürger an grundsätzlichen Konzeptionen« zu einer gleichsam neuen Lust an Theorie und Geschichte kom-

3 Das Verfahren gegen Dr. A und andere wegen Beziehungen zur Westabteilung des FDGB. Urteil vom 13. Dezember 1957, in: Wolfgang Wagner (Hrsg.): Hochverrat und Staatsgefährdung. Urteile des Bundesgerichtshofs, Bd. 2, Karlsruhe 1958, S. 196.

men sollte, ahnte damals wohl niemand. Doch es versteht sich fast von selbst, dass diese »68er« bei dem Versuch, sich ihre eigene, verloren gegangene Vorgeschichte wieder anzueignen, auch auf die westdeutsche »Restaurations«geschichte und seine Person stoßen mussten. Es fehlte allerdings der Zugang zu Agartz' Schriften, zu den wichtigsten Quellen und Dokumenten seines persönlichen Lebens und Wirkens, und es fehlten die nötige Sekundärliteratur und das kollektive Gedächtnis an diesen so originellen wie schwer einzuordnenden Vorläufer der Neuen Linken. Dass Konservative und Liberale auch nach »1968« keinerlei Interesse haben konnten, einen von ihnen selbst erfolgreich ausgebürgerten, nach links offenen Sozialdemokraten der alten Schule wiedereinzubürgern, dürfte ebenso nachvollziehbar sein wie die Tatsache, dass auch der Großteil der damals gerade salon- und regierungsfähig gewordenen Sozialdemokraten und Gewerkschafter wenig Grund hatte, an den Schlaf ihrer Welt zu rühren. Für die einen blieb Agartz der zu ignorierende, allenfalls zu belächelnde sozialistische Utopist und kryptokommunistische Ideologe, für die anderen das schlechte Gewissen ihrer eigenen politisch-historischen Kompromisse.

So dauerte es bis zur zweiten Hälfte der langen »roten siebziger Jahre«, bis die ersten Monografien zu Agartz erschienen. Doch seine wenigen damaligen Interpreten waren sich bemerkenswert uneinig, wofür sein Leben und Werk jenseits der üblichen Klischees und in all seiner aufscheinenden Widersprüchlichkeit eigentlich stand. Für die meisten Jungradikalen blieb er ein bloß ordinärer Sozialdemokrat, ein »Reformist« (Ernst-Ulrich Huster u. a.) und »gemäßigte(r) Linke(r)« gar (Hans-Peter Riesche). Andere dagegen betonten die »deutliche Distanz zu reformistischen Vorstellungen« (Bernhard Koolen) und seine »in wesentlichen Bereichen über den reformistisch begrenzten Ansatz« hinausgehenden Vorstellungen (Erich Ott). Auch Volker Gransow und Michael Krätke sowie Hans Willi Weinzen verteidigten damals Agartz' Wirtschaftspolitik und reklamierten ihn für eine radikal zu erneuernde linke Sozialdemokratie. Verstand ihn Koolen als einen in der Wolle gefärbten Linkssozialisten, sahen Gransow/Krätke in ihm einen klassischen Sozialdemokraten und marxistisch versierten »revolutionären Reformisten«, während Weinzen seine tatsächliche Originalität als Vordenker einer »neuen Wirtschaftsdemokratie« herausarbeitete.

In den »bunten achtziger Jahren« jedoch, nach dem linken »Abschied vom Proletariat« und dem Ende der Arbeitergeschichtsschreibung, verblasste das Interesse auch wieder an Agartz. So finden sich in dem 1989 von der Büchergilde Gutenberg veröffentlichten *Lexikon linker Leitfiguren* zwar Hinz und Kunz aufbereitet – sogar jener katholische Priester und Nestor der katholischen Soziallehre, der seinen gesellschaftspolitischen Aufstieg fast ausschließlich seiner politischen Rolle beim historischen Sturz von Agartz zu verdanken hatte –, nicht dagegen Agartz selbst.[4] Auch im wiedervereinigten Deutschland sollten sein Name und seine Bedeutung weitgehend vergessen und verdrängt bleiben. Viktor Agartz blieb die *Persona non grata* der deutschen Politik und Gesellschaftswissenschaft und ein systematisches Werk über sein Leben und Werk gibt es bis heute nicht. »Nicht die linke Tradition Westdeutschlands, sondern die Archäologie muss zu Rate ziehen, wer wissen will, um wen es sich beim vergessenen früheren DGB-Chefdenker Viktor Agartz gehandelt hat«, so Dietmar Dath und Barbara Kirchner noch vor einem Jahrzehnt.[5]

Von der alten zur neuen Wirtschaftsdemokratie

Der im November 1897 in Remscheid geborene und dort auch aufgewachsene Agartz war ein nicht untypisches Kind jener bergischen Arbeiterbewegung der vorletzten Jahrhundertwende, die als Inbegriff der klassischen Form des sozialdemokratischen Radikalismus in wilhelminischer Kaiserzeit gelten kann. In der bergischen Arbeiterbewegung verband man, wie Erhard Lucas in den 1970er-Jahren eindrucksvoll aufgezeigt hat,[6] ein ausgeprägt kämpferisches Klassenbewusstsein mit politi-

4 Edmund Jacoby (Hrsg.): Lexikon Linker Leitfiguren, Frankfurt a. M. 1989.

5 Dietmar Dath/Barbara Kirchner: Der Implex. Sozialer Fortschritt: Geschichte und Idee, Berlin 2012, S. 476. Das Folgende beruht auf einer solch archäologischen Forschungsarbeit.

6 Erhard Lucas: Zwei Formen von Radikalismus in der deutschen Arbeiterbewegung, Frankfurt a. M. 1976.

schem Pragmatismus. Der aus alten Handwerkertraditionen sich speisende Remscheider Radikalismus war weder ein Verbalradikalismus noch ein spontaneistischer und barrikadenstürmender Revoltenradikalismus, sondern ein sich über Partei und Gewerkschaft spezifisch artikulierender Radikalismus: Ökonomische und soziale Fortschritte erkämpfte man zwar klassen- und selbstbewusst, aber vor allem über Verhandlungen mit den Unternehmern und über den Staat. So konnte die alte sozialdemokratische Doppelstrategie von Maximal- und Minimalzielen in Remscheid und Umgebung besondere Früchte tragen und die politisch pragmatische SPD weiterhin auf die revolutionäre Eroberung staatlicher Zentralgewalten als Ziel rekurrieren. Es war diese spezifische Mischung aus programmatischer Radikalität und politischem Pragmatismus, die auch Agartz' Werdegang prägen sollte.

Agartz war der Spross einer langen Geschichte von klein- und mittelindustriellen Werkzeugmachern. Sein Vater hatte es zum kleinen Angestellten gebracht und konnte es sich später leisten, seinem mathematisch begabten erstgeborenen Sohn eine höhere Schul- und Universitätsausbildung zu finanzieren. Nichtsdestotrotz fühlte und dachte man selbstverständlich sozialdemokratisch im Hause Agartz. Und wie selbstverständlich wuchs auch der junge Agartz in die Remscheider und bergische Arbeiterbewegung hinein. 1915 machte er sein Abitur, trat in die SPD ein und zog wie so viele andere als überzeugter Sozialdemokrat in den Krieg, wo er unter anderem an der Westfront kämpfte. Wenn auch stark beeinflusst von den europäischen Revolutionen und Revolutionsversuchen der Jahre 1917 bis 1920, blieb er Mehrheits-Sozialdemokrat, ging also weder, wie so viele andere Remscheider Arbeiterbewegte, zu den Unabhängigen Sozialdemokraten noch zu den Kommunisten. Vielmehr begann er Anfang 1919 ein Studium der Staatswissenschaften in Marburg, einer kleinen, protestantisch geprägten Universitätsstadt für höhere Beamten- und Offizierssöhne und den nichtselbstständigen Mittelstand. Hier engagierte er sich umgehend als Vorsitzender einer sich »intersozialistisch« verstehenden sozialistischen Studierendengruppe, in der sich

Mehrheitssozialdemokraten gemeinsam mit Unabhängigen Sozialdemokraten und auch Kommunisten organisierten, um sich an einer entsprechend strömungsübergreifenden Studierendenpolitik zu versuchen. Gemeinsam mit linken Liberalen und Demokraten kämpften diese »Intersozialisten« gegen die alte Ordinarienuniversität und das in Marburg notorisch reaktionäre Burschenschafterwesen. Sein Remscheider Jugendfreund Ernst Lemmer, später ein führender Vertreter der sozialliberalen Gewerkschaftsbewegung, brachte Agartz hier mit dem liberaldemokratischen Jurastudenten und späteren bundesdeutschen Innenminister und Bundespräsidenten Gustav Heinemann und mit jenem Wilhelm Röpke zusammen, der nach dem Zweiten Weltkrieg zu einem internationalen Vordenker des wirtschaftspolitischen Neoliberalismus werden sollte. Für eine kurze, aber intensive Zeit wurden Lemmer, Agartz, Heinemann und Röpke Weggenossen und verstanden sich als »Marburger Kleeblatt«. Doch bereits Anfang 1920 wechselte Agartz von Marburg nach Köln, an die neue wirtschafts- und sozialwissenschaftliche Fakultät der rheinischen Industrie-, Handels- und Bankenmetropole.

In Köln wurde Agartz nicht nur zum Schüler Eugen Schmalenbachs und der sogenannten Kölner Schule der Betriebswissenschaft, sondern blieb auch weiterhin, als ein exponierter junger Sozialdemokrat und führender Studentenaktivist, politisch engagiert. Er verstand sich als Sozialist und Marxist, bewegte sich am politisch linken Rand der an sich »rechten« Kölner Sozialdemokratie und betätigte sich ab 1922 vor allem in der sozialdemokratisch-gewerkschaftlichen Arbeiterbildungspolitik und im Kölner Konsumgenossenschaftswesen. Auch dabei zeigte er politische und organisatorische Führungsqualitäten und wurde schnell zu einem versierten Finanzfachmann. 1925 promovierte er mit einer Arbeit zum Verhalten der Arbeiterschaft zum Betriebsschutz zum Betriebswirt[7] und wurde ein fest angestellter Funktionär der Rheinisch-Westfälischen Konsumgenossenschaft »Hoffnung«, einer der flächenmäßig größ-

7 Viktor Agartz: Das praktische Verhalten der Arbeiterschaft gegenüber der Durchführung des Betriebsschutzes, Köln 1926.

ten deutschen Konsumgenossenschaften, wo er es mit Mitte Dreißig zum Finanzvorstand bringen sollte – ein beruflicher Aufstieg, der ohne die damals beginnende Phase der Weimarer Stabilisierung schwer zu denken ist. Ein »Mann mit Einstecktuch« also,[8] der Rudolf Hilferdings Schrift »Das Finanzkapital« für eine moderne Bibel hielt, 1925 eine Kölner Frauenärztin heiratete, gemeinsam mit ihr einen Sohn bekam und fortan jedes Jahr Urlaub in der Schweiz machen sollte.

Agartz' sozialer Aufstieg war allerdings kein wirklicher Aufstieg in die »bürgerliche« Gesellschaft, vielmehr blieb er weiterhin ein organischer Teil der sozialdemokratisch-gewerkschaftlichen Gegen- und Alternativkultur der Weimarer Zeit. Anders als in der ersten Hälfte der 1920er-Jahre scheint er in deren zweiter Hälfte keine nennenswerte Rolle mehr in der SPD gespielt zu haben (mit Ausnahme der eher randständigen sozialdemokratischen Akademikerorganisation). Doch als Konsumgenossenschafter und Dozent der Gewerkschaftsschule blieb er in der rheinischen Arbeiterbewegung nicht nur sehr aktiv, sondern nahm in ihr auch zunehmend führende Positionen ein (auch seine lange und enge Bekanntschaft mit dem späteren DGB-Vorsitzenden Hans Böckler hat hier ihren Ursprung).

Auch für den Weimarer Sozialdemokraten und Gewerkschafter Agartz führte der sozialistische Weg im organisierten Kapitalismus über verantwortliche Partei- und Gewerkschaftspolitik und über die Demokratisierung der Wirtschaft. Mit nüchterner Sachlichkeit und modernen Managementmethoden wollte man die alternativen, nichtkapitalistischen Wirtschaftsformen, vor allem die öffentlichen Betriebe, die gewerkschaftlichen Eigenbetriebe und Genossenschaften – die Organe einer proletarischen Gegendemokratie – zu Inseln einer gemeinwirtschaftlichen Alternativökonomie ausbauen, um so den herrschenden Privatkapitalismus gleichsam von innen auszuhöhlen. Programmatisch festgehalten wurde diese Idee einer »Wirtschaftsdemokratie« im 1928 verabschiedeten Programm des Allgemeinen Deutschen Gewerkschafts-

8 Mario Krebs/Cornelia Leitner: Viktor Agartz – Ein deutsches Schicksal, Köln: WDR-Fernsehen (Film-Dokumentation) 1989.

bundes (ADGB). Und als die Phase der Weimarer Stabilisierung in die Phase der Krise der bürgerlichen Demokratie überging, war Agartz ein fester Bestandteil dieses wirtschaftsdemokratischen Milieus – ein loyaler Sozialdemokrat, der als sozialistischer Intellektueller seine gewerkschaftlichen und sozialdemokratischen Genossen zu Beginn der 1930er-Jahre zum stärkeren antifaschistischen Kampf drängte. Zur linkssozialistischen Parteiopposition ging er aber weder vor noch nach der Machtergreifung des Nazi-Faschismus über.

Die an die Macht gelangten Nationalsozialisten sahen in ihm zwar einen unsicheren Kantonisten, aber keinen radikalen Sozialdemokraten, den man ausschalten müsse. Es wurde versucht, ihn aus der Konsumgenossenschaft »Hoffnung« zu vertreiben, doch seine finanzpolitischen Kenntnisse waren unabkömmlich, sodass er dort, anders als später immer wieder behauptet, bis ins Jahr 1938 verbleiben konnte, bevor er endgültig entlassen wurde. Sein über viele Jahre akkumulierter und angewandter ökonomischer Sachverstand und seine engen Beziehungen zum Kölner betriebswirtschaftlichen Klüngel der Schmalenbach-Schule ermöglichten ihm im selben Jahr die Umschulung zum neutralen Wirtschaftsprüfer einer einflussreichen Kölner Treuhandgesellschaft, wo er 1940 Prokura erlangte und die große und die kleine rheinische Wirtschaftswelt von innen kennenlernte. Nach außen hin weitgehend angepasst, betätigte er sich allerdings nachweislich im sozialdemokratischen und gewerkschaftlichen Widerstand und wurde später sogar Teil des wesentlich von bürgerlich-liberalen Kräften getragenen Kölner Kreises, der in die Putschpläne des 20. Juli involviert war.[9]

Es war also ein insgesamt ehrenwertes sozialdemokratisches Leben, das er bis zum Ende des NS-Regimes lebte, ein sozialdemokratisches Leben nach Remscheider Muster: Politischer Pragmatismus ließ ihn eng zusammenarbeiten mit liberal-demokratischen Bürgern und sozialliberalen Unternehmern, doch änderte dies nichts an seinen sozialdemokratisch-

9 Bernhard Hilgermann: Auf dem Wege aus dem Chaos zum Wirtschaftswunder. Dr. Viktor Agartz, der erste Leiter des Zentralamts für Wirtschaft in der britischen Zone – Wie ich ihn sah und erlebte, Köln 1979.

sozialistischen Überzeugungen, die sich durch die Nazi-Barbarei noch verfestigten.

Dass er Faschismus und Krieg überlebte, war einer gehörigen Portion Zufall zu verdanken. Kein Zufall dagegen war sein steiler öffentlicher Aufstieg nach 1945, sein gleichsam zweites Leben. Die britische Besatzungsmacht suchte und brauchte ab Herbst 1945 ökonomisch versierte Verwaltungsfachleute, die sie vor allem in bürgerlichen, konservativen und ex-faschistischen Kreisen fand. Unbelastete Deutsche waren dagegen ebenso selten wie begehrt, ökonomisch versierte Sozialdemokraten erst recht. Ein Mann wie Agartz kam der britischen Militärregierung also gerade recht. Er war als Wirtschaftsprüfer geachtet und als sozialdemokratischer Gewerkschafter ausgewiesen. Ende 1945 wurden die Briten auf ihn aufmerksam und machten ihn Anfang 1946, als das von den Sieger- und Besatzungsmächten bis dahin umfassend kontrollierte politische und gesellschaftliche Eigenleben der Deutschen ein Stück weit wieder gelockert wurde, zum Leiter des Mindener Zentralamtes für Wirtschaft und damit zum gleichsam ersten deutschen Wirtschaftsminister. Und auch als Mindener Zentralamtsleiter sollte Agartz politischen Pragmatismus und enge Verbindungen zur Unternehmerschaft mit weitreichenden sozialistischen Überzeugungen und Zielen verbinden.

Dass er diesen so zentralen politischen Verwaltungsposten übernahm, war vorab abgesprochen sowohl mit Hans Böckler als dem starken Mann der rheinischen Gewerkschaftsbewegung wie mit Kurt Schumacher, dem neuen starken Mann der Sozialdemokratie. Der Sumpf des deutschen Faschismus und seine spezifisch historischen Quellen, das heißt, der Boden des diesen »Nationalsozialismus« erst verursachenden deutschen Imperialismus mit seiner spezifischen Aggressivität – so formulierte Schumacher sein neues sozialdemokratisches Credo im Frühsommer 1945 –, lasse sich nur beseitigen, wenn man nicht nur die alte politische Demokratie zurückbekomme, sondern diese auch durch eine *sofortige* wirtschaftliche Demokratisierung erweitere und absichere. Dies war der programmatische Gehalt seines berühmt gewordenen Diktums

Abfahrt einer SPD-Delegation nach England Ende November 1946 in Hannover bestehend aus: Fritz Heine, Franz Neumann, Wilhelm Knothe, Viktor Agartz und Kurt Schumacher (v. li.).

vom Sozialismus als einer unmittelbaren Tagesaufgabe: »Der Eigennutz einzelner Gruppen und Personen ist dem Allgemeininteresse unterzuordnen. Für private Wiederaufbauprofite auf Kosten des Volkes kann in diesem verarmten Lande kein Platz mehr sein. Die Demokratie in der Wirtschaft ist durch das Mitbestimmungsrecht in den Betrieben und Wirtschaftskörperschaften zu verwirklichen. [...] Auf der Tagesordnung steht heute als der entscheidende Punkt die Abschaffung der kapitalistischen Ausbeutung und die Überführung der Produktionsmittel aus der Hand der großen Besitzenden in gesellschaftliches Eigentum, die Lenkung der gesamten Wirtschaft nicht nach privaten Profitinteressen, sondern nach den Grundsätzen volkswirtschaftlich notwendiger Planung. Das Durcheinander kapitalistischer Unternehmerwirtschaft, deren Träger keine größere Sorge kennen als die, morgen noch mehr Geld zu verdienen als heute, kann nicht ertragen werden. Planung und Lenkung sind noch nicht Sozialismus, sondern erst die Voraussetzung dazu. Der entscheidende Schritt ist erst in einschneidenden Sozialisierungsmaßnahmen zu sehen.«[10]

Da Schumacher jedoch kein Wirtschaftspolitiker war, hat er schon früh Vertrauenspersonen gesucht, die für ihn und die Parteispitze diese neue Wirtschaftspolitik ausarbeiten konnten. Hatte er deswegen zuerst vor allem auf den westfälischen SPD-Wirtschaftspolitiker Erik Nölting gesetzt, wurde er im Herbst 1945 auf Agartz aufmerksam. Der hatte sich nämlich schon im Sommer 1945 um eine von einer Gruppe Kölner Sozialdemokraten ausgearbeitete Programmschrift bemüht und dabei nicht nur die redaktionelle Federführung übernommen, sondern auch gleich den wirtschaftspolitischen Teil selbst formuliert.[11] Getragen »von dem festen Willen, in Deutschland keine Entwicklung mehr zuzulassen, die zum Nährboden faschistischer Bewegungen und imperialistischer Expansion werden könnte«, so heißt es dort, fordere

10 Kurt Schumacher: Nach dem Zusammenbruch, Hamburg 1948, S. 13 u. 31.

11 Der Kölner Programmentwurf blieb bis in die 1980er-Jahre unbekannt, als er von Reinhold Billstein (Das entscheidende Jahr: Sozialdemokratie und Kommunistische Partei in Köln 1945/46, Köln 1988) ausführlich diskutiert und auch dokumentiert wurde.

die Sozialdemokratie eine zentral gelenkte Planwirtschaft, die die Verfügungsgewalt über Menschen im Interesse Einzelner oder einzelner Gruppen beseitigt und die Grundlage für eine demokratische Wirtschaftsverfassung schafft. Auch die Kölner Sozialdemokraten sprachen explizit von einem »Neuaufbau auf sozialistischer Grundlage« und propagierten in ihrem wirtschaftspolitischen Teil einen Systemwechsel zum öffentlichen Besitz an Produktionsmitteln, das heißt die Enteignung der Grundstoffindustrien, der Versorgungsbetriebe, des Güter- und Personenverkehrs, der Großbanken und des Versicherungswesens. Sie forderten die Zerschlagung des landwirtschaftlichen Großgrundbesitzes und eine genossenschaftliche Organisation der landwirtschaftlichen Klein- und Mittelbetriebe, sprachen sich für eine umfassende staatliche Planung und Lenkung der Ökonomie aus und für ein Außenhandelsmonopol. Den übrig bleibenden privatwirtschaftlichen Sektor wollten sie durch die öffentliche Hand kontrollieren und die gewerkschaftlichen Eigenbetriebe und ein umfassendes Genossenschaftswesen im Konsumgüterbereich, im Handwerk sowie im Wohnungsbau- und Wohnungsbewirtschaftungssektor fördern (siehe Text 1). Dieses Programm entsprach mehr den radikalen Neigungen Schumachers als denen des eher zurückhaltend agierenden Nölting, sodass Agartz auf dem im Mai 1946 abgehaltenen ersten Nachkriegsparteitag der SPD die zentrale Rolle des wirtschaftspolitischen Programmredners übertragen bekam. Seine Rede über »Sozialistische Wirtschaftspolitik« (siehe Text 2) sollte, wie es so schön heißt, in die Geschichte eingehen, die Programmatik der SPD auf Jahre hinaus prägen und den bis dahin unbekannten Agartz innerhalb weniger Wochen zum führenden Wirtschaftsprogrammatiker in allen drei Sektoren der sich neu formierenden deutschen Arbeiterbewegung werden lassen: in der sozialdemokratischen Partei, im Deutschen Gewerkschaftsbund wie in der neu entstehenden Konsumgenossenschaftsbewegung – in ökonomischen Fragen ebenso praktisch wie theoretisch versiert, organisatorisch zupackend, sozialistisch gebildet und moralisch unbelastet.

Auch wenn die in seiner Parteitagsrede ausformulierte Programmatik in der alten Tradition sozialdemokratischer Vorstellungen von »Wirtschaftsdemokratie« stand, so ging sie doch weit darüber hinaus und wurde mehr noch geprägt von jenem antifaschistischen Aufbruchsgeist der unmittelbaren Nachkriegszeit, der als sozialistisch anmutender Humanismus weitverbreitete antikapitalistische Hoffnungen transportierte und im Sinne einer »moralischen Ökonomie« auf Vollbeschäftigung und soziale Sicherheit, auf eine demokratisch geplante Ökonomie mit umfassenden Sozialisierungen und einer breiten Mitbestimmung setzte.[12] Agartz sprach aber nicht von »Wirtschaftsdemokratie«, sondern vielmehr von »Wirtschaftsneuordnung« und nannte sein Neuordnungskonzept eine »Sozialistische Planwirtschaft im demokratischen Rechtsstaat«, die die politisch-parlamentarische Demokratie mit wirtschaftspolitischer Planung und Lenkung strukturell verband und die Fortsetzung marktwirtschaftlicher Methoden mit dem Angriff auf das privatkapitalistische Eigentum an gesellschaftlichen Produktionsmitteln zusammendachte. Er ging damit über die Weimarer Konzepte deutlich hinaus, weil er nicht mehr ein allmähliches Aushöhlen und Biegen des Kapitalismus propagierte, sondern einen sofortigen Bruch und eine unmittelbare Wirtschaftsneuordnung forderte, die auf eine umfassende gesellschaftliche Planung und Lenkung und auf die ebenso betriebliche wie überbetriebliche gewerkschaftliche Mitbestimmung setzte. Er gedachte dabei, wesentliche Teile der Groß- und Grundstoffindustrien, des Handels und der Banken, der Versorgungs- und Verkehrswirtschaft wie des landwirtschaftlichen Großgrundbesitzes zu sozialisieren. Sie sollten dann in die Hände nicht von politisch-bürokratischen Eliten, sondern von paritätisch besetzten und, wo möglich, dezentralisiert organisierten, wirtschaftlichen Selbstverwaltungsorganen gelegt werden (»Reine Staats-

12 Den europäischen Kontext beleuchten vor allem Geoff Eley: Forging Democracy. The History of the Left in Europe, 1850–2000, Oxford 2002, S. 278ff.; Donald Sassoon: One Hundred Years of Socialism. The West European Left in the Twentieth Century [1996], London/New York 2014, S. 83 ff.; Gerd-Rainer Horn: The Moment of Liberation in Western Europe: Power Struggles and Rebellions, 1943–1948, Oxford 2020.

Viktor Agartz und SPD-Vorsitzender Kurt Schumacher im Jahr 1947.

betriebe sind im Allgemeinen auszuschließen«, schrieb er kurz darauf,[13] »da eine staatskapitalistische Wirtschaft das Verhältnis von Mensch und Betrieb ebenso wenig zu lösen vermag, wie es bei einem privatkapitalistischen Großbetrieb der Fall ist.«). Die neue sozialdemokratische Partei, so Agartz in offener Abkehr von den Weimarer SPD-Traditionen, lehne »jene Ansicht ab, die nach dem ersten Weltkrieg auch in ihren eigenen Reihen geäußert wurde, dass ein Scherbenhaufen nicht sozialisiert werden könne«, und sie fühle sich hier »in voller Übereinstimmung mit der neueren marxistischen Forschung« (siehe Text 2).

Dass er es ernst meinte mit dem unmittelbaren Systemwechsel, machte er zwei Monate später, im Juli 1946, deutlich, als er in seiner Funktion als Leiter des Mindener Zentralamtes, und dies heißt in seiner Funktion als höchster amtlicher Wirtschaftspolitiker der britisch besetzten Besatzungszone, eine öffentliche Rede an der Kölner Universität hielt, in der er verkündete, dass seine Behörde soeben den britischen Behörden die paritätische Neuordnung der wirtschaftspolitischen Selbstverwaltungsorgane, allen voran der Industrie- und Handelskammern, und die damit zusammenhängende Nichtwiederzulassung von speziellen Arbeitgeberverbänden vorgeschlagen habe (siehe Text 3). Dies hätte nicht nur eine nachhaltige Demokratisierung der deutschen Trümmerwirtschaft bedeutet, sondern wurde von der Unternehmerschaft nicht zu Unrecht auch als ein direkter Angriff auf ihre traditionellen wirtschaftspolitischen Organe verstanden.[14]

Der klassenharmonische *Honeymoon* der unmittelbaren Nachkriegszeit begann, sich seinem Ende zuzuneigen. Agartz' wirtschaftsliberale Freunde aus Industrie und Handel, mit denen er vor und nach dem Ende des Nazi-Faschismus eng zusammengearbeitet hatte, gingen abrupt auf Distanz zu ihm, und machten ihn zum Feindbild liberalkonservativer Kreise. Vor allem der damals noch umstrittene rheinische CDU-Mann

13 Viktor Agartz: Gewerkschaften und Wirtschaft [April 1947], hier zitiert nach dem Nachdruck in: Viktor Agartz: Wirtschaft, Lohn, Gewerkschaft. Ausgewählte Schriften, hrsg. von Volker Gransow und Michael Krätke, Berlin 1982, S. 156.

14 Vgl. Hilgermann: Auf dem Wege aus dem Chaos.

Konrad Adenauer spielte hierbei sein ganzes politisches Können aus. Und im Herbst 1946 drängten diese Liberalkonservativen unter Führung des bayerischen Wirtschaftspolitikers Ludwig Erhard, einem Protegé der US-Besatzungsmacht, erfolgreich auf Agartz' Ablösung vom Vorsitz des Mindener Wirtschaftsamtes. Doch mit einem abermaligen, diesmal vom SPD-Vorsitzenden Kurt Schumacher organisierten wahlpolitischen Handstreich kehrte Agartz im Januar 1947 nach Minden zurück und wollte nun – zu einer Zeit, als die CDU ihr berühmt-berüchtigtes Ahlener Programm verabschiedete und eine Verstaatlichungswelle ganz Europa erfasste, als sich die Linke in Großbritannien, Italien und Frankreich radikalisierte und sich der Bürgerkrieg in Griechenland zuspitzte – Ernst machen mit Sozialisierung, Planwirtschaft und Mitbestimmung. Bereits Ende Januar allerdings titelte die *New York Herald Tribune*: »Clay verbietet Sozialisierung bei der Zonen-Fusion«, und zitierte den neuen US-amerikanischen Militärgouverneur Lucius Clay mit den ebenso klaren wie eindringlichen Worten: »Dr. Agartz wird es nicht erlaubt sein, sein Amt für die Einführung des Sozialismus zu nutzen.«[15]

Es sollte noch einige Wochen und Monate dauern, bis Agartz auch tatsächlich ausgebremst werden konnte, denn noch mussten die US-Amerikaner Rücksichten nehmen: auf ihre britischen, französischen und russischen Alliierten, auf eine hungernde, enttäuschte und immer stärker aufbegehrende Bevölkerung und auf die politisch und gewerkschaftlich Organisierten auf deutscher Seite. Agartz hatte zudem begonnen, die zumeist intern ausgetragenen Richtungskämpfe der alliierten und deutschen Verwaltungspolitik nach außen zu tragen, forderte auf dem ersten Konsumgenossenschaftstag in Hamburg Ende März eine demokratisch verfasste Bedarfsdeckungswirtschaft, bei der die Gewerkschafter und Genossenschafter als Treuhänder der gemeinwirtschaftlichen Sache zu fungieren hätten.[16] Er redete auf dem Gründungskongress des

15 Clay Forbids Socialization in Zone Fusion, in: New York Herald Tribune, 31.1.1947.

16 Viktor Agartz: Neue Formen der Wirtschaft [März 1947] in: Jahrbuch des Zentralverbandes deutscher Konsumgenossenschaften, Hamburg 1947, S. 350–360 (Nachdruck in: Agartz: Partei, Gewerkschaft und Genossenschaft, S. 105–115).

DGB der Britischen Besatzungszone im April den anwesenden politischen Honoratioren und Gewerkschaftern ins Gewissen: Noch immer fehle die Neuordnung von Wirtschaft und Gesellschaft, noch immer fehle die demokratische Öffentlichkeit und Mitsprache. Überall herrsche eine lähmende Ungewissheit, »das Gefühl, dass der Krieg gegen den Nationalsozialismus zwar gewonnen, aber der Frieden verloren ist«. Es sei die Tragik der Zeit nach dem Ersten Weltkrieg gewesen, dass die damalige Neuordnung nur auf der politischen Ebene erfolgt sei und die Weimarer Demokratie nicht von den Kräften des Volkes getragen wurde. Die unverändert gebliebenen ökonomischen Kräfte hätten sich neu ordnen und jene gegenrevolutionäre Entwicklung einleiten können, die zum Faschismus, zu Krieg und Zusammenbruch geführt habe. Die anschließende Besatzungspolitik nun habe »die notwendige Auseinandersetzung mit dem Faschismus und den hinter ihm stehenden Kräften verhindert. *Und wieder droht eine Revolution zu versanden.* Die Tatsache, dass es denjenigen Kräften, die den Nationalsozialismus in den Sattel gehoben haben, heute schon wieder wesentlich bessergeht als ihren Opfern, bedeutet Permanenz einer sozialen Auseinandersetzung, ohne dass eine Neugestaltung möglich ist. Hier liegt die entscheidende Gefahr für die Zukunft. Eine Demokratie muss aus dem Volkswillen und dem Volksbewusstsein kommen. Eine Demokratie, die durch die Bajonette der Besatzungsmacht garantiert wird, kann keine Lebensdauer haben, wenn die gegenwärtigen Zustände den verelendeten Massen jede Politik als sinnlos erscheinen lassen.«[17]

Auch die auf der vierten Interzonenkonferenz noch gemeinsam tagende, gesamtdeutsche Gewerkschaftsbewegung verabschiedete kurz darauf – ein letztes Mal – eine von sozialdemokratischen, christlich-sozialen und kommunistischen Gewerkschaftern breit getragene programmatische Erklärung zum zweiten Jahrestag der Befreiung vom Faschismus, in der sie die umgehende wirtschaftliche und eine baldige politische Einheit Deutschlands auf demokratisch gesichertem Funda-

17 Agartz: Gewerkschaften und Wirtschaft, S. 153 (Hervorhebung: C.J.).

ment forderten, den Aufbau eines geplanten und gelenkten Wirtschaftssystems mit einem gesamtdeutschen Zentralamt sowie dezentralen, paritätisch besetzten Selbstverwaltungsorganen und die Durchführung einer gesamtdeutschen Bodenreform und einer einheitlichen, auf einem gerechten Lastenausgleich beruhenden Währungs- und Finanzreform.[18] Mit der im März und April 1947 in Moskau abgehaltenen alliierten Außenministerkonferenz jedoch, und mit der Rede des US-amerikanischen Außenministers George C. Marshall, in der dieser am 5. Juni 1947 ein umfangreiches marktwirtschaftliches Hilfsprogramm für die europäischen Staaten (den sogenannten Marshallplan) ankündigte, endete nicht nur die faktische Zusammenarbeit mit der sowjetischen Sieger- und Besatzungsmacht, sondern auch der bis dahin von deutscher Seite breit getragene Versuch, das neue Deutschland auf plan- und gemeinwirtschaftlicher Basis neu zu ordnen.

Einmal mehr also sollte die von der Arbeiter- und Gewerkschaftsbewegung (nach 1945 sogar strömungsübergreifend) propagierte wirtschaftsdemokratische Neuordnungspolitik an der berüchtigten Machtfrage scheitern, denn so wichtig auch die Rolle von Gewerkschaftern, Sozialdemokraten und Kommunisten in den ersten Jahren nach dem Zusammenbruch des NS-Regimes gewesen ist, so waren sie doch immer nur *beteiligt* und nie wirklich *bestimmend*. Einmal mehr hatten sie die 1945 scheinbar herrenlose Macht mit bürgerlichen Kräften und der alten, konservativen Verwaltungsbürokratie geteilt – und unter den Bedingungen der totalen Niederlage Nazi-Deutschlands und der alliierten Siegermächte auch teilen *müssen*. In historisch neuer Form hatten sie damit denselben Fehler begangen wie 1918. Man dürfe, hatte sich die Sozialdemokratie in ihrem Prager Manifest von 1934 selbst kritisiert, die Macht kein zweites Mal mit den bürgerlichen Parteien und der alten Bürokratie teilen. Man dürfe und könne den Aufbau eines neuen, freien Staatswesens »erst nach der Sicherung der

18 Quellen zur Geschichte der deutschen Gewerkschaftsbewegung im 20. Jahrhundert, hrsg. von Hermann Weber u. a., Bd. 14: Die Interzonenkonferenzen der deutschen Gewerkschaften 1946–1948, Bonn 2007, S. 245f.

revolutionären Macht und nach restloser Zerstörung der kapitalistisch-feudalen und politischen Machtpositionen der Gegenrevolution« beginnen.[19] Schumacher und Genossen hatten deshalb eine ebenso sofortige wie weitreichende Neuordnung propagiert, doch unter den genannten Bedingungen einer (wie auch immer aufgeklärt-zivilisierten) Militärdiktatur grundlegend marktwirtschaftlich ausgerichteter Sieger und Besatzungsmächte musste es mit einer gewissen Zwangsläufigkeit bei dieser Propaganda bleiben.

Viktor Agartz war sich dieses objektiven Dilemmas schon sehr früh bewusst gewesen. Bereits in seinem Kölner Programmentwurf vom Sommer 1945 hatte er explizit formuliert, dass man »[d]ie von uns aufgestellten sozialistischen Programmpunkte in Deutschland nur dann durchführen [könne], wenn die Gewissheit besteht, dass die Siegermächte einem so beabsichtigten, friedlichen Wiederaufbau Deutschlands keine Hindernisse in den Weg legen« (siehe Text 1). Doch gerade dies hatten die alliierten Sieger- und Besatzungsmächte (und nicht nur die US-amerikanische) dann getan: Im Bündnis mit den Beharrungskräften des von ihnen faktisch beförderten deutschen Liberalismus und Konservatismus legten sie den progressiven Kräften nachhaltige Hindernisse in den Weg und entschieden, in dieser »eigenartige[n] Latenz-Periode der ›Nicht-Geschichte‹ zwischen der Niederlage bzw. der ›Stunde null‹ des Jahres 1945 und der Währungsreform [1948]«[20] die Machtfrage zugunsten des rheinischen Kapitalismus. Und der gleiche Agartz, der in seiner Mindener Funktion der Kandidat für die Umsetzung des planwirtschaftlichen Neuordnungsprogramms gewesen wäre, wurde eines ihrer ersten Opfer: Am gleichen Junitag, als der US-Außenminister in New York seine Marshallplanrede hielt, musste sich der schwer erkrankte und politisch geschlagene Agartz auf dringenden ärztlichen Rat in

19 Prager Manifest der Sopade 1934: Kampf und Ziel des revolutionären Sozialismus. Die Politik der Sozialdemokratischen Partei Deutschlands, in: Dieter Dowe/Kurt Klotzbach (Hrsg.): Programmatische Dokumente der deutschen Sozialdemokratie, Bonn 2004, S. 204–215.

20 Jürgen Hoffmann: Politisches Handeln und gesellschaftliche Struktur. Grundzüge deutscher Gesellschaftsgeschichte, Münster 1996, S. 450.

die Kölner Universitätsklinik einweisen lassen, um kurz darauf einen dreimonatigen Genesungsurlaub in der Abgeschiedenheit eines Schweizer Arbeiterhilfswerks anzutreten. Zur gleichen Zeit wurden Sozialdemokraten und Gewerkschafter gezwungen, die von ihnen zuvor eroberten Machtpositionen eine nach der anderen wieder abzugeben.

Agartz' Originalität: Zur Archäologie der neuen Wirtschaftsdemokratie

Es ist später bemerkenswert schnell Usus geworden, die Programmdiskussionen der unmittelbaren Nachkriegszeit undifferenziert über einen Kamm zu scheren und unter das Rubrum »Wirtschaftsdemokratie« zu subsumieren, diese »Wirtschaftsdemokratie« sogleich ins Prokrustesbett des mit dem Namen von Fritz Naphtali verbundenen Weimarer ADGB-Konzeptes zu zwingen und ohne Umschweife mit »Mitbestimmung« gleichzusetzen. Tatsächlich ist es eine folgenreiche Verkürzung der politischen und historischen Literatur, fast durchgängig davon auszugehen, die deutschen Nachkriegsgewerkschafter hätten 1945 bruchlos oder »überwiegend« oder »weitgehend« (oder wie die schwammigen Formulierungen sonst noch ausfallen) an den alten Ideen des ADGB »angeknüpft«. Mehr noch muss man hier von einem Akt nicht nur der Geschichtsvergessenheit, sondern der legitimatorisch bedingten Geschichtsklitterung sprechen, da solche Rede Kontinuitäten vortäuscht, die so nicht existierten. Entsprechend wurden die gesellschafts- und wirtschaftspolitischen Diskussionen und Kämpfe speziell dieses turbulenten und umkämpften ersten Nachkriegsjahrfünfts später weder sozialhistorisch umfassend noch ideengeschichtlich detailliert nachvollzogen, vielmehr zu einer undifferenzierten statischen Einheit verschmolzen. Dies tut den zum Teil jähen Wendungen jener Jahre Gewalt an, entschärft und homogenisiert ihre Differenzen und Kämpfe und verschleiert geradezu den ebenso tiefgreifenden wie nachhaltigen Bruch des Jahres 1947. Vor allem an den Diskussionen um Wirtschaftsneuordnung, Wirtschaftsdemokratie und Mitbestimmung, und natürlich an der

Person des Viktor Agartz, lässt sich diese Verschleierung aufzeigen.

In seinen Reden und Schriften hatte der »zweite Mann der Sozialdemokratie« (Lucius Clay) die von ihm ebenso praktisch wie theoretisch vertretene Politik immer wieder explizit als *Wirtschaftsneuordnungs*politik bezeichnet und nicht von »Wirtschaftsdemokratie« gesprochen. In den wirklich seltenen Momenten, wo er diesen Begriff dennoch benutzte, sprach er bewusst von einer »neuen Wirtschaftsdemokratie« und grenzte sich so ebenso von »alten« wie von anderen im Umlauf sich befindenden Konzepten ab. Da gab es zum einen jene liberalen Unternehmerkreise, die seit der Endphase der zusammenbrechenden Nazi-Herrschaft auf eine historische Übergangsphase einer »gelenkten Marktwirtschaft« setzten, um damit die Kriegsschäden und die zerrüttete Ordnungs- und Währungspolitik anzugehen und so zur Rekonstruktion einer freien Unternehmerwirtschaft beizutragen.[21] Zudem gab es ein umfassendes und hoch politisiertes Milieu von zumeist katholischen Gewerkschaftern, die nun die Zeit ihres christlich-humanistischen Sozialismusverständnisses gekommen sahen, auf die Sozialisierung der von ihnen abgelehnten modernen Großproduktion und eine geplante Bedarfsdeckungswirtschaft pochten und dabei eine Wirtschaftsdemokratie propagierten, die als sogenannte »Sekundärverfassung« neben die Marktwirtschaft zu treten habe und die als eine auf ebenso betriebliche wie überbetriebliche sozialpartnerschaftliche Mitbestimmung setzende wirtschaftliche Selbstverwaltung konzipiert wurde.[22]

Auch in bürgerlich-liberalen Intellektuellenkreisen war damals die »Wirtschaftsdemokratie« ein zentrales Thema. So legte der liberale Volkswirt Otto Kraus zu Beginn des Jah-

21 Ludolf Herbst: Der Totale Krieg und die Ordnung der Wirtschaft. Die Kriegswirtschaft im Spannungsfeld von Politik, Ideologie und Propaganda 1939–1945, Stuttgart 1982.

22 A.(rkadij) R.L. Gurland: Die CDU/CSU. Ursprünge und Entwicklung bis 1953, Frankfurt a. M. 1980; Rudolf Uertz: Christentum und Sozialismus in der frühen CDU. Grundlagen und Wirkungen der christlich-sozialen Ideen in der Union 1945–1949, Stuttgart 1981.

res 1947 eine einflussreiche Schrift vor, in der er für eine nichtstaatliche, auf paritätischer Selbstverwaltung aufbauende überbetriebliche Wirtschaftsdemokratie warb. Sie schaffe in der Wirtschaft selbst ein Gegengewicht gegen die politische Übermacht des nazistisch belasteten Wirtschaftsführers, vermeide aber eine von Arbeitern ausgeübte Betriebsdemokratie, da eine solche dem freien Unternehmertum, der notwendigen Verfügungsgewalt privater Betriebsleiter und den elementarsten Forderungen nach Wirtschaftlichkeit widerspreche. Während Kraus Methoden direkter und indirekter Wirtschaftslenkung (wie Investitionskontrolle und -lenkung, wie Kreditpolitik und öffentliche Rechnungslegung aller Betriebe) als flankierende Maßnahmen begrüßte, lehnte er Sozialisierungen und Verstaatlichungen als Ausfluss eines dem bürgerlichen Liberalismus entgegengesetzten, marxistisch-kollektivistischen Einheitssozialismus entsprechend genauso prinzipiell ab wie jegliche Formen von Gemeinwirtschaft und Gemeineigentum.[23] Bereits Ende 1946 erschienen war aber auch die von dem Arzt und Psychoanalytiker Alexander Mitscherlich und dem Soziologen und Nationalökonom Alfred Weber gemeinsam verfasste Programmschrift »Freier Sozialismus«. Nicht mehr der Kapitalismus oder die Unternehmer, so die beiden linksliberalen Intellektuellen, würden heute herrschen, sondern die technologischen Güter einer Monopolwirtschaft. Entsprechend gleichgültig sei es geworden, »ob eine Unternehmung Staats- oder Privateigentum geworden ist«. Sozialistische Kritik dürfe deswegen »nicht mehr in der Phase des Klassenkampfes stehen bleiben«, müsse sich vielmehr einem neuartigen genossenschaftlich-gemeinwirtschaftlichen Wirtschaftsaufbau öffnen, der durch öffentlich-rechtliche Korporationen und Gerichte sowie durch paritätische Produktionsräte zu einer »Gemeinschaft des tätigen Lebens« zu werden verspreche.[24]

Selbst in der Sozialdemokratie – wo es neben Agartz als dem Vertreter einer »neuen Wirtschaftsdemokratie« noch den

23 Otto Kraus: Wirtschaftsdemokratie und Wirtschaftsaufbau, München 1947.

24 Alexander Mitscherlich/Alfred Weber: Freier Sozialismus, Heidelberg 1946, S. 17ff. u. 31.

die alte ADGB-Wirtschaftsdemokratie vertretenden Erik Nölting und die sich um Gerhard Weisser und Willi Eichler scharenden »ethischen Sozialisten« gab, die ähnlich wie Alfred Weber und Alexander Mitscherlich argumentierten – war es damals reichlich unklar und umstritten, was genau man unter dem geforderten Systemwechsel und einer Demokratisierung des wirtschaftlichen Lebens zu verstehen habe. Und dies galt mehr noch für die Gewerkschaftsszene, in der fast sämtliche dieser heterogenen politischen Milieus und Strömungen zu einer im Allgemeinen wirren Gemengelage von Debattensträngen zusammenkamen.

Es ist deswegen ein nicht nur quantitativer, sondern auch qualitativer Unterschied, ob man »Wirtschaftsdemokratie« als bloßes wirtschaftspolitisches Mit*sprache*recht oder als paritätische Mit*bestimmung* oder gar als tatsächliche *Selbst*bestimmung versteht, ob man eine solche wirtschaftsdemokratische Mitbestimmung im Rahmen eines überwiegend marktwirtschaftlichen Systems anvisiert oder innerhalb eines überwiegend gemeinwirtschaftlichen Systems, ob man sie als direkte Produzentendemokratie oder als repräsentative Gewerkschaftsmacht versteht, ob man solcherart Demokratisierung der Wirtschaft als einen gradualistischen Evolutionsprozess oder als revolutionären Bruch und Systemwechsel fasst und ob man dies alles gegen oder im Einverständnis mit nennenswerten Teilen des Bürger- und Unternehmertums zu organisieren versucht.

Agartz' wirtschaftspolitisches Neuordnungskonzept einer *Sozialistischen Planwirtschaft im demokratischen Rechtsstaat* jedenfalls hatte das unmittelbar umzusetzende Bild einer tatsächlich überwiegend sozialistischen, das heißt ebenso gemeinwirtschaftlich wie demokratisch organisierten Planwirtschaft entworfen, die zwar auf markwirtschaftliche Elemente und unternehmerische Initiative nicht verzichten wollte, diese aber dem Primat einer politisch (über den parlamentarisch-demokratischen Rechts- und Sozialstaat) und ökonomisch (über die paritätisch organisierte wirtschaftliche Selbstverwaltung einerseits, die betriebliche und überbetriebliche Unternehmensmitbestimmung andererseits) hergestellten Gesellschaftsform unterwirft. Auch wenn also marktwirtschaftliche Elemente und privates Unternehmertum noch ihren Platz in diesem Gesellschaftsmodell haben, eine bürgerlich-kapitalistische Gesellschaftsform kann man seine *Sozialistische Planwirtschaft im demokratischen Rechtsstaat* eigentlich nicht mehr nennen, weil in einer solchen wesentliche Teile dieser Ökonomie dem Markt entzogen wären und es im Ganzen auch keine Unternehmer-Vormacht mehr gäbe (da diese mittels der konsequenten Trennung von Privateigentum und Verfügungsmacht sowie mittels einer konsequent betriebenen paritätischen Selbstverwaltungsorganisation einem wirklichen Funktionswandel des Privateigentums an Produktionsmitteln unterworfen wäre). Agartz' Konzeption hebt sich also gerade durch ihre umfassende Breite und ihre Betonung des notwendigen, kurzfristigen Bruchs von den anderen zeitgenössischen Konzepten ab. Dies war und ist ein Unterschied ums Ganze – ein Unterschied, der allerdings keinen wirklichen Eingang ins kollektive Gedächtnis von Politik und Gesellschaft gefunden hat bzw. finden durfte und so auch vielen der Agartz-Interpreten der 1970er- und 1980er-Jahre unverständlich geblieben ist.

Das »von Agartz und anderen sozialdemokratischen Politikern nach 1945 reaktivierte Konzept der ›Wirtschaftsdemokratie‹«, schreibt beispielsweise Ernst-Ulrich Huster, »übernahm Zielprojektion und Strategie von Naphtali« und sei in strategische Überlegungen eingebunden gewesen, »wie der Kapitalismus *evolutionär* über den Staat zu verändern sei«.[25] Doch weder wurde das ADGB-Konzept nach 1945 einfach reaktiviert, schon gar nicht von Agartz, noch dachte dieser dabei an eine Übernahme von Naphtalis Strategie einer evolutionären Veränderung über den Staat. Auch Hans-Peter Riesche vermochte bei Agartz nur »wiederaufgewärmte wirtschaftsdemokratische Konzeptionen der Weimarer Arbeiterbewegung« zu erkennen, »nichts als eine Reprise« jener »seligen Wirtschaftsdemokra-

25 Ernst-Ulrich Huster: Die Politik der SPD 1945–1950, Frankfurt a. M. 1978, S. 36f. (Hervorhebung im Original).

tie der Weimarer Republik«.[26] Riesche, Huster und andere linke Kritiker haben Agartz' Konzeption einer »neuen Wirtschaftsdemokratie« aus Unkenntnis und antireformistischem Vorurteil als bloße Wiederkehr Naphtalis gründlich missverstanden und seine viel weitergehende Wirtschaftsneuordnungskonzeption mit der später von den unterschiedlichsten Akteuren zur bloßen Mitbestimmungspolitik verklärten Gewerkschaftspolitik kurzgeschlossen. Doch eine solche Sichtweise unterliegt selbst jener affirmativen Geschichtsschreibung der Sieger, die seit den 1950er-Jahren ein ideologisches Interesse daran hatte, die radikalen Anfänge der deutschen Nachkriegsgewerkschaften verdrängend kleinzureden und konsequenterweise gerade Viktor Agartz zu einem gesellschafts- und erinnerungspolitischen Tabu zu machen.

Diese Theorie- und Geschichtslosigkeit beginnt bereits in den frühen Arbeiten von Erich Potthoff, findet sich in den in den Sechzigern einflussreichen Texten eines Peter von Oertzen oder in den meisten der vor und nach »1968« erschienenen offiziellen und halboffiziellen DGB-Publikationen von Dieter Schuster, Bernd Otto und anderen – auch in den mehrfachen Neuauflagen des Naphtali-Buches – und reicht bis zu den das lange »rote Jahrzehnt« prägenden Schriften eines Fritz Vilmar. Vor deren Hintergrund sind auch die genannten Agartz-Interpretationen zu betrachten. Dass dessen historisch verschüttetes Neuordnungskonzept nicht nur quantitativ weit über diese wirtschaftsdemokratische Tradition des ADGB hinausging, sondern in zentralen Elementen auch qualitativ mit dieser Tradition brach, das konnte erstmals Hans Willi Weinzen zu Beginn der 1980er-Jahre aufzeigen, der Agartz' verstreute Schriften umfassend ausgewertet hat.[27] Doch anders als von Weinzen vermutet, war diese besondere Radikalität von Agartz

26 Hans-Peter Riesche: Von der »Neuen Wirtschaftsdemokratie« zur »Expansiven Lohnpolitik«. Ein Beitrag zur Biographie von Viktor Agartz, Hannover o.J. [1982], S. 62 u. 10.

27 Hans Willi Weinzen: Gewerkschaften und Sozialismus – Naphtalis Wirtschaftsdemokratie und Agartz' Wirtschaftsneuordnung, Frankfurt a. M./New York 1982; Hans Willi Weinzen: Ein vergessener Sozialist? Weg und Ziel des Viktor Agartz. Eine Einführung, in: Agartz: Partei, Gewerkschaft und Genossenschaft, S. 5–47.

keine vorrangige Frage der Biografie oder des Charakters. Vielmehr stand dieser in einer politisch-theoretischen Tradition, die nicht minder »vergessen« worden war.

In ihrem Mitte der 1920er-Jahre erarbeiteten Konzept von »Wirtschaftsdemokratie« hatten Naphtali und seine ADGB-Kollegen vielfältige Erfahrungen und Praktiken wirtschaftsdemokratischen Denkens und Handelns zu einem spezifischen Bündel zusammengefasst, das ihren Weg zum antikapitalistischen Sozialismus – an dem sie explizit festhielten! – als einen wesentlich evolutionären, gradualistischen Weg konzipierte. Möglich geworden sei er durch jenen historisch neuartigen »organisierten Kapitalismus« der Kartelle, Trusts und Monopole, der nun die Möglichkeit biete, den Privatkapitalismus Stück für Stück und gleichsam von oben, über die Erringung parlamentarischer Mehrheiten, zu sozialisieren und zu demokratisieren. Eine Gleichsetzung dieser Wirtschaftsdemokratisierung mit »Mitbestimmung« findet sich in diesem Gemeinschaftswerk interessanterweise nicht! Ja mehr noch taucht dieser Begriff kaum auf und findet sich wenn, dann eher abschätzig benutzt. Bei Naphtalis Demokratisierung sollten die neuen planwirtschaftlichen Elemente des organisierten Monopolkapitalismus (als »Inseln«) erweitert und/oder ergänzt werden durch das schrittweise Eindringen repräsentativer Arbeitermacht sowohl in die Organe der wirtschaftlichen Selbstverwaltung selbst wie auch in den als klassenneutral verstandenen demokratischen Staat. Dieser Demokratisierung werden dann die organisierten Wirtschaftsmächte unterworfen und so die Ökonomie zunehmend von oben wie von unten vergesellschaftet. Wie genau dies geschehen sollte, das wird beim aufmerksamen Lesen der Programmschrift nicht wirklich klar, aber es dominieren dort Begriffe wie »Schritt für Schritt«, »Stück für Stück«, »organisches Wachsen«, »zwangsläufig« usw.[28]

Ein solch evolutionär-gradualistisches Demokratisierungskonzept war damals nicht ohne Kritik auch aus den eigenen,

28 Wirtschaftsdemokratie: Ihr Wesen, Weg und Ziel, hrsg. im Auftrag des Allgemeinen Deutschen Gewerkschaftsbundes von Fritz Naphtali, Berlin 1928 (diverse Neuauflagen).

sozialdemokratisch-gewerkschaftlichen Reihen geblieben. Hatten deswegen die einen zu Beginn der 1930er-Jahre stärker noch auf eine aktivere Lohn- und Vollbeschäftigungspolitik in Form eines intensiv diskutierten gewerkschaftlichen Konjunktur- und Arbeitsbeschaffungsprogramms gesetzt (den sogenannten WTB-Plan[29]), waren es andere, wie der belgisch-deutsche Linkssozialdemokrat Hendrik de Man, der im Angesicht der Weltwirtschaftskrise und des aufkommenden Faschismus eine einflussreiche und nachhaltige Agitation gegen den alten, als passiv kritisierten sozialdemokratischen Reformismus enfaltete. Als Cheftheoretiker der belgischen Gewerkschaften forderte er ein »wohl ausgedachte[s], aber kühn durchgeführte[s] radikale[s] Aufs-Ganze-Gehen«, bei dem die ökonomischen und politischen Kommandohöhen *unmittelbar* erobert und für eine *sofortige* Transformation der Gesellschaftsgrundlagen ausgenutzt werden sollten.[30] Auch Hendrik de Man knüpfte an den sozialdemokratischen Analysen des organisierten Monopolkapitalismus an, forderte jedoch, anders als Hilferding, Naphtali und andere, die *unmittelbare* Sozialisierung des Finanz- und Monopolkapitals, eine *sofortige* Vergesellschaftung der kapitalistischen *Schlüsselindustrien* und, wo möglich, auch die Enteignung des Großgrundbesitzes – während er kleinindustrielle und mittelständische Unternehmen unbehelligt lassen wollte. In linkssozialistischer Manier verband er hierbei den sozialdemokratischen mit dem kommunistischen Weg und forderte die Einheitsfrontpolitik für einen revolutionären Bewegungskampf gegen die Krise der bürgerlichen Demokratie und den aufziehenden Faschismus. De Mans Aktionsprogramm, der sogenannte *Plan de Man*,[31] war gleichermaßen Vertiefung wie Radikalisierung und Bruch mit den wirtschaftsdemokratischen Vorstellungen

29 Der nach seinen Autoren Wladimir Woytinsky, Fritz Tarnow und Fritz Baade benannte »WTB-Plan« war ein im Auftrag des ADGB 1932 veröffentlichtes, auf Arbeitsbeschaffung und aktive Konjunkturpolitik setzendes Wirtschaftsprogramm gegen die Weltwirtschaftskrise.

30 Hendrik de Man: Wende des Sozialismus (Ende des Reformismus), Zürich 1934, S. 24.

31 Vgl. Gerd-Rainer Horn: European Socialists Respond to Fascism. Ideology, Activism and Contingency in the 1930's, Oxford 1996; Tommaso Milani: Hendrik de

des ADGB. Und er leitete direkt über in die intensiv geführten antifaschistischen Einheitsfront- und Volksfrontdiskussionen Mitte der 1930er- Jahre und die von der Exil-SPD zu Beginn der 1940er-Jahre geführten Programm- und Selbstverständnisdebatten.

Eine Realisierungschance solch weitergehender Konzepte schien sich im Sommer 1945 nicht zuletzt in Großbritannien selbst aufzutun (wo sich viele deutsche Sozialdemokraten im Exil aufhielten), als die sozialdemokratische Labour Party mit einem explizit antikapitalistischen Wahlprogramm die britischen Unterhauswahlen gewann. Auch sie setzte auf ein umfangreiches Nationalisierungs- und Verstaatlichungsprogramm, auf die Enteignung des sogenannten Monopolkapitals, auf progressive Steuern, Vollbeschäftigung und umfassende soziale Sicherheit und versuchte, mit einem staatlich geplanten Wirtschaftssystem den Markt als wirtschaftspolitischen Regulator partiell ausschalten zu können und so die schrittweise Enteignung des Privatkapitals durchzusetzen.

Die neue sozialdemokratische Arbeiterregierung in Großbritannien sei dazu bestimmt, so der damals im Londoner Exil lebende Linkssozialdemokrat Richard Löwenthal in seiner 1946 unter dem Pseudonym Paul Sering veröffentlichten (und bereits ein Jahr später auch auf Deutsch erschienenen) Programmschrift »Jenseits des Kapitalismus«, »die entscheidende Probe aufs Exempel für die Chancen des demokratischen Sozialismus zu werden. Hier hat zum ersten Mal eine sozialistische Partei in einem hoch entwickelten Industrieland, im Mutterland der modernen Industrie, die Mehrheit des Volkes und mit ihr die Regierungsmacht erobert.« Erstmals begnüge sich »eine demokratisch-sozialistische Partei an der Macht nicht mit bloßer sozialer Reform, sondern sie führt ein Programm einschneidender Enteignungsmaßnahmen und langfristiger Planung durch – unter voller Erhaltung der Rechte der konservativen Opposition, aber bisher ohne Anzeichen von ernst-

Man and Social Democracy. The Idea of Planning in Western Europa, 1914–1940, Basingstoke 2020.

hafter Sabotage«.[32] Im imperialistischen Stadium des vorherrschenden Monopolkapitalismus mit seinen erfolgten Veränderungen der Unternehmensorganisation und seiner Zersetzung der alten Unternehmerfunktion werde der Kampf um den ökonomisch eingreifenden Staat zum Kampf um die Frage, wer in diesem »Plankapitalismus« plant und wofür – und damit zu einem ebenso unaufhaltsamen wie unmittelbaren Weg in den Sozialismus.

Viktor Agartz nun war seit seiner Jugend in den 1920er-Jahren ein Anhänger, mindestens ein guter Bekannter des belgischen Linkssozialdemokraten Hendrik de Man gewesen, zu dem er auch in den 1930er-Jahren noch persönlichen Kontakt hatte, und war persönlich befreundet auch mit Richard Löwenthal. Wenn er also in seinem Neuordnungskonzept einer *Sozialistischen Planwirtschaft im demokratischen Rechtsstaat* dafür plädiert, die ökonomischen Schlüsselindustrien unmittelbar zu sozialisieren, wenn er dazu aufruft, mit dem kapitalistischen Privateigentum an gesellschaftlichen Produktionsmitteln unmittelbar, das heißt *von Beginn an und in zentralen Bereichen zu brechen*, wenn er diese Sozialisierung als eine besondere Mischung aus Verstaatlichung und Vergesellschaftung fasst und wenn er die Sozialisierung in den Grundstoffindustrien und bei den Großbanken beginnen lassen und von einer zentral gelenkten Lohn- und Preispolitik sowie einer zentral gelenkten Steuerpolitik flankiert wissen wollte, dann griff er allenfalls indirekt auf Naphtalis Konzeption von »Wirtschaftsdemokratie« zurück. Eher haben wir es hierbei mit einer Erneuerung des viel radikaleren *Plan de Man* zu tun. Die neue Sozialdemokratie, so sein bereits zitiertes, von der SPD-Parteiführung damals mitgetragenes und deswegen innenpolitisch geflügeltes Wort von 1946, lehne die Weimarer SPD-Ansicht ab, »dass ein Scherbenhaufen nicht sozialisiert werden könne«. Die sozialistische Gestaltung von Ökonomie und Gesellschaft solle nicht erst nach dem öko-

32 Paul Sering [d.i. Richard Löwenthal]: Jenseits des Kapitalismus. Ein Beitrag zur sozialistischen Neuorientierung [1946], Nürnberg 1947, S. 188. Vgl. auch Harold Laski: Revolutionäre Wandlungen in unserer Zeit [1943], Zürich 1945.

WIRTSCHAFTSWISSENSCHAFTLICHES INSTITUT DER GEWERKSCHAFTEN
G.m.b.H. KÖLN

KÖLN · DOMKLOSTER 3

Dr. Viktor Agartz
Leiter des Wirtschaftswissenschaftlichen
Instituts der Gewerkschaften G.m.b.H.

FERNSPRECH-SAMMEL-NR. 21 35 41

Briefpapier des Leiters des Wirtschaftswissenschaftlichen Instituts des DGB.

nomischen Wiederaufbau der zerrütteten Ökonomie erfolgen, vielmehr sei sie *das* entscheidende Mittel dieses Wiederaufbaus. Damit hatte Agartz mit dem alten reformistischen Gradualismus, mit der alten sozialdemokratischen Strategie eines langsamen »In-den-Sozialismus-Hineinwachsens«, explizit gebrochen. Nicht gebrochen hatte er jedoch mit der auf die Zusammenarbeit mit bürgerlich-kapitalistischen Kräften setzenden Strategie des Reformismus, denn in wesentlichen Teilen des modernen Unternehmensmanagements und in bürgerlich-liberalen Politikern sah auch Agartz selbst gleichsam natürliche Bundesgenossen seiner »neuen Wirtschaftsdemokratie«. In der Tradition des aufgeklärten Humanismus und zum Wohle der gemeinsamen Nation praktizierte auch er die klassenübergreifende Zusammenarbeit von Lohnarbeit und Kapital. Dies ist die ebenso programmatische wie historische Widersprüchlichkeit, die sein Leben und Werk fast gänzlich durchziehende Spannung zwischen programmatischer Radikalität und politischem Pragmatismus, über den sich Agartz' neu-linke Interpreten später den Kopf zerbrechen sollten.

Immerhin haben sie es versucht – was man von den etablierten Politik- und Geschichtswissenschaftlern, inklusive ihres sozialdemokratischen und gewerkschaftlichen Flügels, leider nicht sagen kann. Für diese blieb ein Viktor Agartz und das, wofür er stand, ein tabubehaftetes Nichtthema, das es aus der Gesellschaftsgeschichte gleichsam auszubürgern galt. Und die Methode solcher Verdrängung war recht einfach: Man musste nur seine zentrale Tätigkeit im zuerst ein- und dann bizonalen Mindener Wirtschaftsrat und Wirtschaftsamt ignorieren (die Geschichtsschreibung zu deren Tätigkeit ist bis heute über Anfänge kaum hinausgekommen) und seine programmatisch führende und originelle Rolle im SPD-Parteivorstand herunterspielen (das erledigte der mythische Personenkult um den angeblich alle und alles dominierenden SPD-Parteivorsitzenden Schumacher). Sodann musste man bloß noch seine ebenso geistig wie organisatorisch führende Rolle im DGB-Thinktank des Wirtschaftswissenschaftlichen Instituts klein-

und wegreden.[33] Kein Zufall ist es deswegen, dass es bis heute keine wirkliche Geschichtsschreibung zum WWI gibt, selbst innerhalb der Gewerkschaften nicht, und dass man auch in den mittlerweile vorliegenden historischen Quellenbänden zur Gewerkschaftsgeschichte die programmatischen Ausarbeitungen und fachlichen Expertisen des WWI fast ebenso vergeblich sucht wie die ihres einstmaligen Cheftheoretikers.

Letzte Ausfahrt Köln-Braunsfeld

Dabei war es in der Tat Viktor Agartz, der das 1946 von ihm wesentlich mitbegründete Wirtschaftswissenschaftliche Institut ab Ende 1947 um- und ausbaute, um es fit zu machen für die bevorstehende zweite Runde im gewerkschaftspolitischen Demokratisierungskampf. Neben seiner nach dem dreimonatigen Genesungsurlaub in den Schweizer Bergen nun wieder hauptberuflichen Tätigkeit als Wirtschaftsprüfer war er nicht nur (vorübergehend) als SPD-Mitglied des Frankfurter Wirtschaftsrates engagiert, sondern übernahm auch zunehmend mehr gewerkschaftspolitische Aufgaben. Mit der absehbaren Staatsgründung und in der Hoffnung, dass die SPD die künftige Bundesregierung dominieren würde, baute er mit seinem Protegé Erich Potthoff das WWI aus und um. Es war dieses im Kölner Stadtteil Braunsfeld seine Räumlichkeiten beziehende WWI, das federführend in die Arbeit am Münchner DGB-Programm von 1949 eingebunden war, und es waren der Mitbestimmungsspezialist Potthoff und der ab Herbst 1949 auch formal als neuer Leiter des WWI agierende Wirtschaftsprogrammatiker Agartz, die wesentlichen Elemente der damals zu kodifizierenden gewerkschaftlichen Mitbestimmungskonzeption zu erarbeiten hatten.

Der von Agartz und anderen bis 1947/48 immer wieder vertretene Systemwechsel war allerdings mit den 1948 gefällten Grundsatzentscheidungen für eine prinzipiell freie Marktwirtschaft kaum noch möglich. Aber vielleicht ließen sich die

33 Zu Agartz' zentraler Rolle im WWI vgl. vor allem Josef Hülsdünker: Praxisorientierte Sozialforschung und Gewerkschaftliche Autonomie. Industrie- und betriebssoziologische Beiträge des Wirtschaftswissenschaftlichen Instituts des DGB zur Verwissenschaftlichung der Gewerkschaftspolitik von 1946 bis 1956, Münster 1983.

einstmals weitreichenden Neuordnungsvorstellungen ja noch in Form einer tatsächlich umfassenden wirtschaftsdemokratischen Mitbestimmungspolitik durchsetzen – schließlich hatten dies selbst führende christlich-soziale Politiker und Gewerkschafter sowie fortschrittliche Manager und Unternehmensvertreter immer wieder gefordert. Agartz jedenfalls gab sich kämpferisch und drängte 1949 darauf, dass in den unter Potthoffs Redaktion im WWI auszuarbeitenden Grundsatzpapieren des DGB von einer tatsächlichen und umfassenden Wirtschaftsneuordnung ausgegangen wurde. Auch das im Oktober 1949 offiziell verabschiedete »Münchner« DGB-Programm ließ in dieser Hinsicht an Deutlichkeit wenig vermissen. Es verlangte eine Wirtschaftspolitik, die nicht nur die volle Beschäftigung aller Arbeitswilligen, den zweckmäßigsten Einsatz aller volkswirtschaftlichen Produktivkräfte für die Bedarfsdeckung der Bevölkerung und der Volkswirtschaft sowie eine umfassende Sozialstaatspolitik sichere, sondern auch und mehr noch die Überführung der Schlüsselindustrien (»insbesondere des Bergbaues, der Eisen- und Stahlindustrie, der Großchemie, der Energiewirtschaft, der wichtigsten Verkehrseinrichtungen und der Kreditinstitute«) in Gemeineigentum und die Mitbestimmung der organisierten Arbeitnehmer *»in allen personellen, wirtschaftlichen und sozialen Fragen der Wirtschaftsführung und Wirtschaftsgestaltung«* (so die in allen zeitgenössischen Dokumenten immer wiederkehrende Formulierung)!

Weil die westlichen Besatzungsmächte alle bisherigen Formen faktischer Sozialisierungs- und Mitbestimmungspolitik in den vorangegangenen Jahren mit dem Argument suspendiert hatten, dass erst ein demokratisch gewähltes deutsches Parlament darüber zu befinden habe, hatte der neue Bundeskanzler Konrad Adenauer im September 1949, also nur kurz zuvor, in seiner ersten Regierungserklärung pflichtgemäß verkündet, dass nun auch die Rechtsbeziehungen zwischen Arbeitnehmern und Arbeitgebern »zeitgemäß neu geordnet werden [müssen]«.[34] So gab der einer konservativ-liberalen Ko-

34 Zitiert nach: Montanmitbestimmung. Das Gesetz über die Mitbestimmung der Arbeitnehmer in den Aufsichtsräten und Vorständen der Unternehmen des Berg-

alition vorstehende Regierungschef die gesetzliche Neuregelung des zukünftigen Verhältnisses zwischen Lohnarbeit und Kapital an die »Sozialpartner« weiter und forderte die Unternehmerschaft und die Gewerkschaften zu entsprechenden Verhandlungsgesprächen auf. Potthoff und Agartz erarbeiteten zu diesem Zweck bis zum Dezember 1949 ein erstes Grundsatzpapier des nun bundesweiten DGB über die »Mitbestimmung der Arbeitnehmer in der Wirtschaft«, das als Grundlage für die im Januar beginnenden Verhandlungen diente. Es waren die darin entfalteten Analysen und Ideen, die im April 1950 in die offiziellen DGB-»Vorschläge zur Neuordnung der deutschen Wirtschaft« überleiteten und in dem nur kurz darauf, Mitte Mai, veröffentlichten DGB-Gesetzesvorschlag ausführlich kodifiziert wurden. So entstanden insgesamt drei miteinander verwobene DGB-Programmtexte, die jedoch interessanterweise alle drei in keinen der später zahlreichen Quellen- und Dokumentenbände aufgenommen werden sollten.

Die mit der Konstituierung der Bundesrepublik begonnene Demokratisierung des politischen Lebens, ist in dem ersten, die eigenen Weimarer Erfahrungen ebenso detailliert wie kritisch aufarbeitenden Programmtext zu lesen, müsse ergänzt werden durch die Demokratisierung der Wirtschaft und eine gesellschaftliche Neuordnung, die auf eine umfassende Mitbestimmung der Arbeitnehmerschaft und die »absolute Gleichberechtigung von Kapital und Arbeit« als einem »unerlässliche[n] Bestandteil der gesamten Wirtschaft« setze: »Ebenso wie die Vormachtstellung des Kapitals im Betriebe beseitigt werden muss, gilt für die übrige Wirtschaft dasselbe. [...] Das Mitbestimmungsrecht, so wie es die Gewerkschaften fordern, hat das Ziel, *in der Gesamtwirtschaft* die Interessen der Arbeitnehmerschaft *als Ganzes entscheidend* zu berücksichtigen. Auf der Ebene des Betriebes soll damit erreicht werden, dass der Betrieb nicht zum Selbstzweck da ist, sondern *der gesamtwirtschaftlichen Produktivität* zu dienen hat.« Eindring-

baus und der Eisen und Stahl erzeugenden Industrie am 21. Mai 1951 (Quellen zur Geschichte des Parlamentarismus und der politischen Parteien, Vierte Reihe, Bd. 1, bearb. von Gabriele Müller-List), Düsseldorf 1984, S. XXXVIII.

lich wird betont, dass es bei dem nun einzuführenden Mitbestimmungsrecht um ein »unteilbares Ganzes« aus betrieblichem und überbetrieblichem Mitbestimmungsrecht gehen müsse. Man grenzte sich so explizit ab nicht nur von der Weimarer Tradition (die ihre Mitbestimmungselemente ohne einen einheitlichen Gesamtzusammenhang und als bloße Konzession erstritten hatte), sondern auch vom christlich-sozialen Mitbestimmungsdenken (das die sozialpartnerschaftliche Mitbestimmung des »Arbeiterstandes« als ein Naturrecht in gottgewollter Ordnung betrachtet) und von der damals viel diskutierten US-amerikanischen Praxis eines »Co-Managements« von Sozialpartnern (weil diese nichts am kapitalistischen Charakter der Wirtschaftspolitik ändere).[35]

In allen drei Ausarbeitungen finden sich ebenso umfassende wie detaillierte Darstellungen, wie ein solch umfassendes Mitbestimmungsrecht in den Groß- und Mittelbetrieben, aber auch in den Organisationen der Wirtschaft selbst, zukünftig zu funktionieren habe. Auf überbetrieblicher Ebene forderte man nicht nur einen das Bundesparlament ergänzenden, paritätisch besetzten Bundeswirtschaftsrat (als eine Körperschaft des öffentlichen Rechts mit regionalem und fachlichem Unterbau und paritätisch besetzten Fach- und Branchenräten) und entsprechende Landeswirtschaftsräte, sondern auch den konsequenten Umbau der Industrie- und Handelskammern zu paritätisch besetzten Wirtschaftskammern. Und auf betrieblicher Ebene sollten paritätisch besetzte Aufsichtsorgane in *allen* Wirtschafts- und Kapitalunternehmen sowie die Einrichtung von gewerkschaftsnahen Arbeitsdirektoren in den Unternehmensvorständen für eine effektive Mitbestimmung und Kontrolle der Arbeiter und Gewerkschaften sorgen. So sollten zumindest die seit 1945/46 geforderte Planung und Lenkung sowie die umfassende Mitbestimmung gesichert werden. Und

35 WWI: Die Mitbestimmung der Arbeitnehmer in der Wirtschaft [(23.12.1949)], in: Detlef Perner (Hrsg.): Mitbestimmung als Diskussions- und Forschungsgegenstand des WWI/WSI. Eine Auswahlbibliographie (WSI-Arbeitsmaterialien Nr.8), Düsseldorf 1985, S. 91ff. (Hervorhebungen: C.J.). Aus Platzgründen konnte ich dieses ebenso zentrale wie aufschlussreiche Dokument leider nicht, wie ursprünglich geplant, mit in die vorliegende Sammlung aufnehmen.

selbst die Sozialisierung der Grundstoff- und Schlüsselindustrien wurde weiterhin gefordert – nur musste diese aus Verfahrensgründen aus den seit Januar 1950 geführten Verhandlungen zwischen den »Sozialpartnern« herausgenommen werden, denn diese waren nun Sache der parlamentarischen Diskussion. Wolle man die deutsche Wirtschaft lebensfähig machen, so auch Hans Böckler in den zwei Vorworten zu den beiden weiteren offiziellen DGB-Dokumenten, sei »eine völlige Neuordnung notwendig«, eine Neuordnung der Wirtschaft »als unteilbares Ganzes«, die das private Gewinnstreben als einzige Richtschnur des wirtschaftlichen Handelns ablösen und Kapital und Arbeit als in der Wirtschaft gleichberechtigte Faktoren betrachten müsse.[36]

An Stringenz und Radikalität lassen diese Neuordnungsvorstellungen nur wenig Zweifel – und sie sind noch heute, ein Dreivierteljahrhundert später, dem meisten konzeptionell überlegen, was von links als »Wirtschaftsdemokratie« diskutiert wird. Doch war und ist diese stringente Radikalität nicht mehr die Radikalität von sozialistischen Klassenkämpfern, sondern die von radikalen Demokraten – von radikalen Demokraten nicht im Sinne einer direkten Demokratie, sondern im Sinne einer repräsentativen Demokratie. Der DGB kämpfte nun nicht mehr, wie noch zu Weimars Zeiten, um die ganze Macht für die Arbeiterschaft, nicht mehr um einen Arbeitersozialismus, sondern um die sozusagen halbe Macht in einer »sozialistischen Marktwirtschaft«, die noch immer Raum lassen sollte auch für eine kapitalistische Unternehmerschaft.[37] So erklären sich auch die in diesen Texten wie in der gewerkschaftlichen Propaganda geradezu penetrant vorgetragenen Forderungen nach einer gesellschaftspolitischen Anerkennung der »absoluten Gleichberechtigung von Kapital und Ar-

36 Die »Vorschläge des Deutschen Gewerkschaftsbundes für das Gebiet der Bundesrepublik Deutschland zur Neuordnung der deutschen Wirtschaft vom 14. April 1950« wurden damals ebenso als Drucksache veröffentlicht wie der »Gesetzesvorschlag des Deutschen Gewerkschaftsbundes für das Gebiet der Bundesrepublik Deutschland zur Neuordnung der deutschen Wirtschaft vom 22. Mai 1950«.

37 Einen guten historischen Überblick dazu bieten Dieter Schneider/Rudolf Kuda: Mitbestimmung. Weg zur industriellen Demokratie?, München 1969.

beit«: »Da Kapital und Arbeit aufeinander angewiesen sind, da das Kapital weder ohne Arbeit, noch die Arbeit ohne Kapital bestehen kann, sollte eigentlich eine Gleichberechtigung beider Partner im Interesse der gemeinsamen Aufgaben für die Volkswirtschaft naturgegeben sein. In der überkommenen Wirtschaftsordnung hat aber der Kapitalbesitz eine primäre und dominierende Stellung.«[38] Jeder marxistische Sozialist und Klassenkämpfer dürfte den zweiten Satz unterschreiben können, während er über den ersten, im »christlichen Sozialismus« wurzelnden Satz nur müde den Kopf schütteln dürfte.

Nichtsdestotrotz handelt es sich bei diesem wirtschaftsdemokratischen Mitbestimmungskonzept um ein konsequent durchbuchstabiertes Konzept, das sich nicht mehr als »Sozialismus« verstand, sondern als umfassende Realisierung der vorherrschenden repräsentativdemokratischen Idee, als tatsächliche wirtschaftsdemokratische Partizipation.[39] Auf dieser programmatischen Grundlage begannen im Januar 1950 die Verbändeverhandlungen zwischen »Kapital« und »Arbeit«, bei denen man über die betriebliche und überbetriebliche Mitbestimmung diskutierte. Nachdem die dort anwesenden Vertreter der Unternehmensverbände die gewerkschaftliche Forderung nach einer durch einen Bundeswirtschaftsrat organisierten überbetrieblichen Mitbestimmung schnell durchgewinkt hatten (und so die Verantwortung dafür an das Bundesparlament und die neue Bundesregierung abgeben konnten), wehrten sie sich mit bemerkenswerter Hartnäckigkeit gegen die Neuordnung der Industrie- und Handelskammern zu paritätischen Wirtschaftskammern und gegen die gewerkschaftlichen Vorstellungen zur betrieblichen Mitbestimmung. Ihrem Gegenüber wollten sie nur ein institutionalisiertes Anhörungs- und Informationsrecht einräumen und auch den Betriebsräten höchstens eine Drittelparität zugestehen, wobei die Gewerkschaftsvertreter außerhalb des betrieb-

38 Gesetzesvorschlag des DGB vom 22. Mai 1950, S. 30.

39 Einen guten Überblick über die unterschiedlichen Konzepte partizipativer Wirtschaftsdemokratisierung und ihre Fallstricke bietet Rudi Supek: Arbeiterselbstverwaltung und sozialistische Demokratie. Beitrag zur geschichtlichen Kontinuität einer Idee, Hannover 1978.

lichen Rahmens zu verbleiben hätten. Jede Form einer tatsächlichen Parität lehnten die Unternehmensvertreter als eine mit dem Unternehmerrecht unvereinbare gewerkschaftliche Veto-Macht kategorisch ab: »Solange man auf dem Boden einer das Eigentumsrecht anerkennenden Verfassung stünde«, formulierte es der Arbeitgeberpräsident Walter Raymond, »könne die Aufgabe, zwischen Kapital und Arbeit eine Synthese zu finden, nicht durch eine Aufteilung der Eigentumsrechte zwischen Kapital und Arbeit gelöst werden, sondern nur durch eine Beschränkung dieser Rechte zum Zwecke der Verhütung ihrer missbräuchlichen Ausübung.«[40]

Als führender DGB-Ideologe des nun abermals ausgebrochenen Mitbestimmungskampfes und als gewerkschaftliches Verhandlungsmitglied spielte Agartz nicht nur hinter, sondern auch auf der Verhandlungsbühne dieser »Hattenheimer Gespräche« eine zentrale Rolle. Er musste jedoch mitansehen, wie diese Verhandlungen an der impertinenten Blockadehaltung der Arbeitgeberseite scheiterten und auch mit der anschließenden Vermittlung der sich zuerst neutral gebenden, dann aber offen für die Unternehmerschaft Partei ergreifenden konservativ-liberalen Bundesregierung ins Leere liefen. Und als der DGB im Herbst 1950 endlich den Schritt in die Öffentlichkeit ging und zur Mobilisierung der eigenen Basis aufrief, war es Agartz, der auf der zentralen DGB-Kundgebung – im Beisein der versammelten politischen Klasse und anstelle des schwer erkrankten, aber demonstrativ in der ersten Reihe sitzenden Hans Böckler – zum politischen Kampf für eine umfassende Demokratisierung der Wirtschaft aufrief. Seine scharf gehaltene, in vielen Zeitungen thematisierte und in großer Auflage auch als Broschüre vertriebene (von der späteren Wissenschaft und der gewerkschaftlichen Erinnerungspolitik allerdings komplett ignorierte DGB-Rede vom September 1950 (siehe Text 4) löste einen bemerkenswerten Sturm medialer Entrüstung aus. Die organisierte Unternehmerschaft ebenso wie die konservativ-liberalen Politiker begannen von

40 Zitiert nach: Montanmitbestimmung, S. 65.

»kalter Sozialisierung« und »Klassenkampf« zu zetern, warfen dem DGB eine unverhohlene »Machtpolitik« vor und dem »von der SED beauftragten« »krassen Klassenkämpfer« Agartz seine »ungezogene Rede« (alles O-Töne). Eine solche gewerkschaftliche Mitbestimmungspolitik, so ihr wiederkehrendes Argument, richte sich gegen das in der Verfassung garantierte bürgerliche Eigentumsrecht und mehr noch gegen die natürliche Ordnung selbst, in der Arbeiter und Arbeitnehmervertreter nun einmal keine Unternehmerfunktionen auszuüben hätten – mit den großen Kapitalgesellschaften beginne es, mit den volkseigenen Betrieben ende es ...

Nicht nur schaffte es diese geistige und publizistische Mobilmachung der Liberalen und Konservativen, die ursprünglich gemeinsam anvisierte Durchsetzung einer die gesamte Wirtschaft umfassenden Mitbestimmungsneuregelung abzuwehren. Mehr noch stellten sie, als der DGB, die IG Metall, die IG Bergbau und die IG Chemie zur politischen Streikbewegung ausholten, auch die bereits Anfang 1947 errungene Mitbestimmungsregelung in der entflochtenen Eisen- und Stahlindustrie wieder infrage und drohten mit verfassungsrechtlichen Konsequenzen. Immer größere Teile der Gewerkschaftsbewegung ruderten daraufhin zurück und versuchten, wenigstens das zu retten, was sie schon hatten. So kam es am 11. Januar 1951 zu einem vertraulichen Vieraugengespräch zwischen dem Bundeskanzler und dem Gewerkschaftsvorsitzenden: Adenauer verpflichtete sich, seine politischen und wirtschaftlichen Freunde von der Notwendigkeit der Montanmitbestimmung bei Eisen, Stahl und Kohle zu überzeugen, Böckler dagegen musste sich verpflichten, auf die geplante Ausweitung der Kämpfe auch auf andere Industriezweige wie die Chemie oder den öffentlichen Dienst zu verzichten. Nach getaner Arbeit rief der erschöpfte und vom Tode bereits gezeichnete Böckler seinen Gewerkschaftsmannen noch zu, sie sollten zwar nicht nachlassen, sich bei weiteren Kämpfen aber auf einen längeren Atem einrichten – dann erlitt er Anfang Februar einen weiteren Herzinfarkt, starb kurz darauf in der Kölner Universitätsklinik und wurde, einem Staatsakt gleich, auf dem Kölner

Melaten-Friedhof zu Grabe getragen, wo sein imponierender Grabstein noch heute seine historische Bedeutung bezeugt.

Alle Versuche jedoch, wenigstens die 1951 verteidigte Mitbestimmungsregelung noch auf andere Wirtschaftszweige auszudehnen – ein gewerkschaftspolitischer Kampf, bei dem Agartz abermals, sowohl öffentlich wie gewerkschaftsintern, eine vorwärtstreibende Rolle spielte, sollten scheitern. Noch einmal wollte sich die nun fest im Sattel sitzende Unternehmerschaft nicht zwingen lassen – und die seit 1951 auf einer weltwirtschaftlichen Expansionswelle reitende liberal-konservative Bundesregierung half ihr dabei nach Kräften. Im Sommer 1952 peitschte sie sowohl das Personalvertretungsgesetz für den öffentlichen Dienst wie das für alle nichtmontanindustriellen Wirtschaftszweige geltende Betriebsverfassungsgesetz durch den Bundestag. Von einer paritätischen Mitbestimmung war in beiden Gesetzen nichts mehr zu finden, die bisherigen gewerkschaftlichen Mitbestimmungserrungenschaften damit eingehegt und wieder ausgehöhlt. Während sich die Kreise von Kapital und Kabinett zuprosteten, vertiefte sich der Riss zwischen den Gewerkschaftern, deren Führung kampflos aufgegeben und deren zahlreiche Bundestagsabgeordnete nicht nach Gewerkschaftsidentität, sondern nach Parteibuch abgestimmt hatten. Der Schock über diese historische Niederlage saß tief und die bereits verblassten, aber noch immer vorhandenen Hoffnungen der Trümmerzeit machten einer tiefgreifenden Lähmungs- und Neuformierungskrise Platz, dessen symbolischer Höhepunkt der im Oktober 1952 erfolgte Sturz des DGB-Vorsitzenden Christian Fette und vieler seiner engsten Mitarbeiter werden sollte.

Von der verweigerten Mitbestimmung zum Ende des Reformismus

Man stand nun wieder dort, wo die arbeiterbewegte Linke bereits 30 Jahre zuvor gestanden hatte. Anfang der 1920er-Jahre hatte der zu den Kommunisten übertretende Unabhängige Sozialdemokrat Karl Korsch seine kritische Bilanz des bisherigen Betriebsräte- und Gewerkschaftskampfes vorgelegt und betont, dass sich die klassenbewusste Unternehmerschaft die den direkten Klassenkampf vermeidende »reformistische« Arbeitsgemeinschaftspolitik der sozialdemokratischen Gewerkschaftsführungen nur so lange gefallen lasse, »solange sie sie als Puffer zwischen sich und den in Bewegung geratenen Massen ihrer Lohnsklaven brauchte«, und dass sie allzeit bestrebt sei, diesen Puffer baldmöglichst wieder loszuwerden. Der historische Befreiungskampf der Arbeiterklasse, so Korsch, könne nicht »arbeitsgemeinschaftlich von den Unternehmern erkuhhandelt oder durch irgendwelche Kunststücke erlistet werden«. Wer dies versuche, der übersehe den Klassencharakter von Staat und Ökonomie. Weil sich die kapitalistische Unternehmerschaft mit der gemeinwirtschaftlichen Gleichberechtigung der vermeintlichen Sozialpartner aus strukturellen Herrschaftsgründen nicht abfinden könne, erweise sich diese schnell als »trügerisches Phantom«. Entsprechend müssten sich fortan alle wohlmeinenden und ernst zu nehmenden Sozialdemokraten und Gewerkschafter zu einem »Klassenkampf wider Willen« bekennen, wenn sie an ihren eigentlichen Zielen festhalten wollten.[41]

Korschs Rede vom sozialdemokratisch-gewerkschaftlichen »Klassenkämpfer wider Willen« ist sicherlich nicht die schlechteste Beschreibung auch für das Denken und Wirken eines Viktor Agartz und anderer Akteure der 1950er-Jahre. Hatten diese den überwiegend von sozialdemokratischen und christlichsozialen Gewerkschaftern getragenen Demokratisierungskampf der zweiten Nachkriegszeit als unteilbare Einheit von Vergesellschaftung, Planwirtschaft und Mitbestimmung verstanden und zu führen versucht, so wurden sie nach der zuerst nur alliierten, dann auch westdeutschen Entscheidung für die Marktwirtschaft und der diese begleitenden Verhinderung von Sozialisierungen zunehmend auf den Kampf für eine zumindest paritätische Mitbestimmung zurückgedrängt, die sie dann allenfalls in rudimentärer Form und allzeit nur unter Vorbehalt bekommen sollten.

41 Karl Korsch: Auf dem Wege zur industriellen Demokratie [1922], Frankfurt a. M. 1968, S. 125, 135 u. 127.

Nicht nur, aber vor allem weil sie unter den Bedingungen der sowohl militärischen als auch gesellschaftspolitischen Niederlage des Nazi-Regimes und der von ihr verursachten alliierten Besatzungsherrschaft zum formalen Konsens verurteilt waren, hatten sich die Sozialdemokraten mit »sozialistisch« gesinnten Christen und liberaldemokratischen Bürgern und Managern zusammengetan, um so den größtmöglichen gemeinsamen Nenner eines progressiven Antifaschismus zu finden. Dies jedoch führte Stück für Stück dazu, dass ihre ursprünglich systemtransformierend gedachten wirtschaftsdemokratischen Neuordnungsvorstellungen immer mehr abgeschliffen und ausgehöhlt wurden und so auf jenen spezifisch deutschen Entwicklungspfad industrieller Beziehungen zurückgestutzt wurden, der sich bereits in Weimar entfaltet hatte.[42] Von einer »neuen Wirtschaftsdemokratie« jedenfalls war seit Beginn der 1950er-Jahre keine Rede mehr – und die Akteure gewöhnten sich bemerkenswert schnell daran, sie zuerst mit bloßer »Mitbestimmung« gleichzusetzen und diese dann auch noch immer kleiner zu schreiben. Es begann der scheinbar unaufhaltsame Aufstieg der sozialtechnokratisch gestimmten Sozialdemokraten und Gewerkschafter, die in Heinrich Deist und Erich Potthoff – Wirtschaftsprüfer von Beruf, Sozialliberale der Neigung nach: das also, was man damals »sozialistische Manager« zu nennen pflegte – ihre Vordenker fanden und sich auf den langen Weg nach Bad Godesberg machten. Ideologisch eingerahmt wurden sie dabei von jenen »freiheitlichen Sozialisten« um Gerhard Weisser und Willi Eichler, die als »ethische Sozialisten« wortreich am fernen und unverbindlichen Ziel einer Wirtschaftsdemokratie à la Naphtali zwar festhielten, aber auf all jene einschlugen, die an sozialistischen Zielen im Hier und Jetzt festzuhalten gedachten.

Agartz selbst hatte mit all diesen Männern zumeist eng zusammengearbeitet, manche gar – wie Potthoff und Deist – entscheidend protegiert. Er hatte selbst viel von einem solchen »sozialistischen Manager« und war, anders als damals

42 Vgl. Werner Abelshauser: Kulturkampf. Der deutsche Weg in die Neue Wirtschaft und die amerikanische Herausforderung, Berlin 2003, S. 142ff.

Unserem lieben Kollegen
Dr. Viktor Agartz
Anerkennung und Dank
für 30-jährige verdienstvolle
Tätigkeit zum Wohle der
schaffenden Menschen.

DEUTSCHER GEWERKSCHAFTSBUND
DER BUNDESVORSTAND

Düsseldorf, den 1.2.1952.

Dankeskarte des DGB für 30 Jahre Gewerkschaftstätigkeit. Knappe vier Jahre später scheidet Agartz aus dem WWI aus, 1960 wird er aus der Gewerkschaft ausgeschlossen.

und später immer wieder behauptet, in der ersten Hälfte der 1950er-Jahre ein zwar sozialistisch gesinnter, aber nicht sozialistisch argumentierender oder gar klassenkämpferisch handelnder sozialdemokratischer Gewerkschafter gewesen (und sollte dies auch noch bis zum Jahre 1956 bleiben). Als tatsächlich sozialistisch gesinnter und marxistisch geschulter politischer Intellektueller wollte er allerdings auch nach der historischen Niederlage von 1952 am grundsätzlichen Ziel einer wirtschaftsdemokratischen Neuordnung, und das heißt an einer nicht nur *arbeitsrechtlichen* und *sozialpolitischen*, sondern auch *wirtschafts-* und *gesellschaftspolitischen* Mitbestimmung der Arbeiterschaft, festhalten.

1952 begann er deswegen, den Mitbestimmungskampf mit neuen Augen zu betrachten. In der direkten Auseinandersetzung mit jenen Ideologen des Kapitals, die vom gewerkschaftlichen *Macht- und Klassenkampf* sprachen, von *Kollektivismus* und *Sozialismus*, zeigte er auf, dass und wie der gewerkschaftspolitische Mitbestimmungskampf, genau betrachtet, eigentlich gar kein *sozialistischer*, sondern ein vor allem *demokratischer* Kampf war. Auch damit war er ideengeschichtlich wieder bei Karl Korsch, doch anders als der Kommunist Korsch sprach der Sozialdemokrat Agartz so nicht, um über diese repräsentativdemokratische Entwicklungsstufe klassenkämpferisch-sozialistisch hinauszugehen, sondern um die ihr zugrunde liegende demokratische Ideologie wirklich ernst zu nehmen. Indem er analytisch verdeutlichte, dass der Kampf um eine wirtschaftsdemokratische Mitbestimmung seine eigentliche Legitimität gar nicht aus irgendeiner klassenkämpferischen, systemüberwindenden Sozialismusidee bezog, sondern aus den strukturellen Wandlungen einer nun nicht mehr früh- oder hochbürgerlichen, sondern »spätkapitalistischen« Wirtschafts- und Gesellschaftsverfassung und aus der demokratischen Ideologie und Sehnsucht nach einer zumindest gleichberechtigten Teilhabe an einer sich demokratisch verstehenden modernen Gesellschaft, begründete er die Mitbestimmungsforderungen nicht mehr, wie noch in den ersten Nachkriegsjahren, mit einem antikapitalistischen Eingriff in das Eigentumsrecht. Er drehte diese Argumentation nun gleichsam um und forderte die Mitbestimmung gerade weil sich dadurch nichts Grundlegendes am privatkapitalistischen Eigentumsrecht ändern würde, gerade weil diese repräsentativdemokratische Mitbestimmungsform dem politisch-ökonomischen System einer modernen repräsentativen Verbändedemokratie entsprechen würde. Zwar handele es sich hierbei um eine Veränderung des funktionalen Charakters des privatwirtschaftlichen Eigentums, doch ändere dies nichts am Charakter des kapitalistischen Wirtschaftssystems und seinen marktwirtschaftlichen Zwängen, nichts an der Profit- und Konkurrenzlogik und nichts an der strukturellen Fremdbestimmung und Einflusslosigkeit der Arbeiterschaft (siehe Text 5). Stärker als bisher begann er nun, auch gesellschaftspolitisch zwischen Liberalismus und Demokratie zu unterscheiden und die Argumente des Unternehmerlagers als Ausdruck eines zwar liberalen, aber antidemokratischen Denkens zu lesen.[43]

Auch nach dem Scheitern des wirtschaftsdemokratischen Kampfes von 1952 ließ Agartz es sich zwar nicht nehmen, einen prinzipiell anderen Vergesellschaftungsweg als den bürgerlich-kapitalistischen zu verdeutlichen, etwa am Beispiel der gerade neu geordneten Eisen- und Kohlenindustrie.[44] Doch wusste er zu diesem Zeitpunkt schon, dass dieser Kampf für eine wirtschaftsdemokratische Neuordnung auf absehbare Zeit verloren war. Entsprechend begann er, langsam und zögernd, nach neuen Wegen am linken gewerkschaftlichen Rand zu suchen. Sollte der Kampf für ein umfassendes Mitbestimmungsrecht scheitern und die Gewerkschaftsbewegung damit auf ihr altes Gebiet der Lohn- und Tarifpolitik zurückgeworfen werden, hatte er in seiner im Namen des DGB gehaltenen und in der Öffentlichkeit Wellen schlagenden Düsseldorfer Grundsatzrede vom September 1950 formuliert, so gäbe es für die Gewerkschaftsbewegung auch keinen Grund mehr, sich staats-

43 Vgl. v. a. Viktor Agartz: Zur Situation der Gewerkschaften im liberal-kapitalistischen Staat, in: Mitteilungen des WWI der Gewerkschaften 8/1952, S. 147–149 (Nachdruck in: Agartz: Partei, Gewerkschaft und Genossenschaft, S. 85–92).

44 Viktor Agartz: Zur Neuordnung von Kohle und Eisen, in: Mitteilungen des WWI der Gewerkschaften 3/1953, S. 47–52 (Nachdruck in: ebd., S. 132–144).

politisch verantwortlich zu zeigen. Mitverantwortung tragen könne und dürfe man nur für eine Volkswirtschaft, in der man auch tatsächlich gleichberechtigt mitbestimmen könne. Entfalle dies, entfalle auch die Notwendigkeit der bis dahin geübten lohnpolitischen Zurückhaltung.[45] Wenn Industrie und Handel nach der Währungsreform von 1948 nicht die geringsten Hemmungen gehabt hätten, »die Marktlage für sich auszunutzen«, so müsse man dies in einer solch freien Wirtschaft auch den Gewerkschaften zugestehen (siehe Text 4).[46]

So begann der DGB-Cheftheoretiker im Laufe des Jahres 1953, seinen Gewerkschaftskollegen neue Wege zu eröffnen, indem er fortan nicht mehr aus Mitbestimmungsfragen, sondern aus Lohnfragen Machtfragen zu machen versuchte. Mit einem ebenso kurzen wie knackigen Artikel – konzentriertes Substrat umfangreicher Vorarbeiten – propagierte er als neue gewerkschaftliche Strategie eine dynamisch-expansive Lohnpolitik nicht nur als Mittel der wirtschaftspolitischen Konjunktur- und Strukturpolitik, sondern, mehr noch, um den Arbeiterinnen und Arbeitern einen steigenden Anteil am gesamtgesellschaftlichen Kuchen zu sichern. Gewerkschaftliche Lohnpolitik sei immer auch und nicht zuletzt, so Agartz, gesellschaftliche Wirtschafts- und Einkommenspolitik gewesen. Entsprechend müsse man endlich verstehen, dass der Lohn ein grundsätzlich politischer Lohn sei, Lohnfragen also Machtfragen seien und auf die volkswirtschaftliche und makroökonomische Gesamtwirtschaft abzielten. »In einem sog. marktwirtschaftlichen System«, schrieb er, »ist jede expandierende Wirtschaft von der Gefahr bedroht, dass die Nachfrage hinter dem

45 Es waren die Forschungsanalysen des damaligen WWI, die schon früh aufdeckten, dass das sogenannte deutsche Wirtschaftswunder vor allem ein »Ausbeutungswunder« gewesen ist, zurückzuführen auf den langen, mehr als anderthalb Jahrzehnte dauernden Lohnstopp der deutschen Arbeiterschaft (die Besatzungsmächte hatte ihn von den Nationalsozialisten übernommen) und auf die entsprechende lohnpolitische Zurückhaltung der Nachkriegsgewerkschafter.

46 »Die Gewerkschaften«, sollte er schließlich im September 1959 schreiben, »haben nur eine Verantwortung gegenüber der Arbeiterschaft, nicht aber gegenüber Unternehmungen des internationalen Kapitalismus« (Die Gewerkschaften in der Zeitenwende, in: WISO 17/1959, S. 773–797 (Nachdruck in: Viktor Agartz: Gewerkschaft und Arbeiterklasse. Die ideologischen und soziologischen Wandlungen in der westdeutschen Arbeiterbewegung, hrsg. von Lutz Ziegenbalg, München 1971, S. 104–140, und in: Agartz: Wirtschaft, Lohn, Gewerkschaft, S. 164–188).

Warenangebot zurückbleibt. Daher bedarf es einer Konjunkturpolitik, die sicherstellt, dass das volkswirtschaftliche Gleichgewicht gewahrt bleibt. Diese Konjunkturpolitik ist durch eine aktive Strukturpolitik zu ergänzen, um alle verfügbaren Arbeitskräfte und ihren Zuwachs zum Einsatz zu bringen. Sowohl für eine aktive Konjunktur- wie auch Strukturpolitik ist die Lohnpolitik das wichtigste Instrument. Die Lohnpolitik darf nicht allein dynamisch, sie muss auch expansiv sein. Sie darf sich nicht damit begnügen, den Reallohn an die volkswirtschaftliche Entwicklung nachträglich heranzubringen. Sie muss versuchen, die wirtschaftliche Expansion von sich aus zu forcieren, um durch bewusste Kaufkraftsteigerung eine Ausweitung der Produktion herauszufordern.«[47]

Obwohl er mit seinen Thesen zur expansiven Lohnpolitik durchaus Zustimmung und Unterstützung auch in führenden wirtschaftswissenschaftlichen Kreisen finden sollte, reagierten Medien, Politik und Wirtschaft abermals und zumeist mit großem Entsetzen auf solch vermeintlich wirtschafts- und staatspolitische »Verantwortungslosigkeit«. Vielen frustrierten Gewerkschaftern dagegen sprach er damit aus der Seele. Sie nahmen seine Thesen als Weck- und Racheruf, sodass sich der von Agartz und anderen Gewerkschaftssozialisten vertretene »gewerkschaftliche Radikalismus« mit dem von Otto Brenner und der IG Metall, aber auch vom stellvertretenden DGB-Vorsitzenden Georg Reuter und anderen führenden Gewerkschaftern vertretenen »gewerkschaftlichen Aktivismus« zu verbinden begann. Gemeinsam gingen sie auf dem dritten DGB-Bundeskongress im Oktober 1954, wie anfangs erwähnt, in die gewerkschaftspolitische Offensive. Doch schon wenige Wochen nach dem Frankfurter DGB-Kongress wurde Agartz offen beschuldigt, gegen den Bundesvorstand des DGB zu agitieren und die Einheit der Gewerkschaftsbewegung zu gefährden. Vor allem seine innergewerkschaftlichen christlich-sozialen Gegner machten gegen den vermeintlich zum Klas-

47 Viktor Agartz: Expansive Lohnpolitik, in: Mitteilungen des WWI der Gewerkschaften 12/1953, S. 245–247 (mehrfacher Nachdruck, u. a. in Agartz: Wirtschaft, Lohn, Gewerkschaft, S. 112–117, und in Bispinck u. a.: Wirtschaftsdemokratie, S. 151–157).

senkampf Aufreizenden öffentlich mobil und drohten mit der Spaltung der Gewerkschaftsbewegung. Hin- und hergerissen von der ihnen eigenen Spannung zwischen programmatischer Radikalität und politischem Pragmatismus begannen nun auch viele sozialdemokratische Gewerkschafter auf Distanz zu gehen und ihre programmatischen Ansprüche zugunsten des Pragmatismus aufzugeben. Je mehr man über Agartz in der bundesdeutschen Öffentlichkeit zu sprechen begann, desto einsamer wurde es um ihn, bis ihn eine DGB-interne Affäre im Sommer/Herbst 1955 zu Fall brachte (auch der sogenannte Brenner-Flügel ließ ihn nun fallen) und ihm den vorzeitigen Vorruhestand bescherte.

Doch was wie das unrühmliche Ende einer bemerkenswerten Karriere aussah, war für Agartz selbst der Beginn eines gleichsam »dritten Lebens«, in dem er zum Herausgeber einer gewerkschaftspolitischen Zweiwochenzeitschrift – der *WISO. Korrespondenz für Wirtschafts- und Sozialwissenschaften* – und zum politisch-intellektuellen Fixpunkt einer linken Neuformierungsbewegung wurde, die als gleichsam erste Generation der »Neuen Linken« später selbst von ihren politischen Erben vollkommen verdrängt wurde.[48] Während sich im antimilitaristischen Kampf gerade eine neue Generation politisierte und Teile des alten, sozialdemokratisch-gewerkschaftlichen Milieus zum Kampf gegen die sich anpassenden Organisationsführungen aufriefen, veröffentlichte die *WISO*-Zeitschrift sechs Jahre lang, von 1956 bis 1961, bemerkenswert gehaltvolle Analysen und Kritiken des sich vollziehenden gesellschaftspolitischen Integrationsprozesses der sozialdemokratischen Gewerkschaftsbewegung, aber auch bedeutende Analysen zur politischen Ökonomie der deutschen und europäischen Nachkriegszeit sowie zahllose Beiträge für eine zumeist neomarxistisch inspirierte Kultur- und Gesellschaftstheorie. Eine immer systematischer ausformulierte Kritik der Theorie und Praxis westdeutscher Gewerkschaftspolitik, die naturgemäß auf deren

48 Ausführlicher dargestellt habe ich diese Revolte der »1956er« an anderen Orten; v. a. in Christoph Jünke: Der vergessene Aufbruch: Die linke Neuformierung 1954/55 und ihr Scheitern 1957/58, in ders.: Streifzüge durch das rote 20. Jahrhundert, Hamburg 2014, S. 103–121.

Viktor Agartz mit seinen Anwälten Diether Posser (li.) und Gustav Heinemann (re.) während des Prozesses vor dem Bundesgerichtshof Ende 1957.

Lohn- und Tarifpolitik sowie auf die Mitbestimmungspolitik abzielte, war hierbei die Grundlage dieser Neuorientierung.

Ein erster Höhepunkt dieser gewerkschaftspolitischen Selbstkritik war ein umfangreicher Grundsatzbeitrag, den Agartz im Vorfeld des vierten DGB-Kongresses vom Oktober 1956 veröffentlichte. Er zeichnet darin die historisch konjunkturelle und geistesgeschichtlich heterogene Substanz und Entwicklung der wirtschaftsdemokratischen Mitbestimmungspolitik in bemerkenswerter Prägnanz nach und verdeutlicht dabei ihren ebenso fortschrittlichen Charakter wie ihre Illusionen und Fallstricke. Eine von Planwirtschaft und Sozialisierung strukturell losgelöste und betrieblich eingehegte Mitbestimmung steckte ihm zufolge in einer ebenso historischen wie konzeptionellen Sackgasse und war ihm einzig noch ein im Sinne der kapitalistischen Wirtschafts- und Unternehmensverfassung disziplinierender Faktor, das Produkt eines ebenso historisch bedingten wie historisch gescheiterten Reformismus. Das idealistisch überschießende Bewusstsein des radikaldemokratischen Antifaschismus war vorbei, die Möglichkeit eines reformistischen Weges zum Sozialismus »für eine absehbare Zeit nicht mehr gegeben. Die Chance diesen zu beschreiten, hat die deutsche Gewerkschaftsbewegung in den Auseinandersetzungen der Jahre 1948 bis 1956 völlig verspielt.« (Siehe Text 7)

Schon bald sollte er diese Analyse noch verschärfen. Zum 1. Mai 1959 schrieb er, dass die die »Phrase vom sozialen Kapitalismus« tragende Mitbestimmung nicht mehr sei als »eine Ersatzlösung«, deren Handhabung das gewerkschaftliche Bewusstsein klassengebunden antagonistischer Interessengegensätze zwischen Arbeitern und Unternehmern wieder »verwischt, teilweise sogar aufgehoben« habe: »Wir haben die Merkwürdigkeit vorliegen, dass der im Aufsichtsrat vertretene Gewerkschaftsvorsitzende überhöhte Abschreibungen mit beschließt, um dann bei Lohnforderungen sich selbst an diesen willkürlichen Kosten, die er mit beschlossen hat, zu orientieren. Die heutige Handhabe der Mitbestimmung hat dazu geführt, dass die Gewerkschaftsführungen echte Lohnbewegungen blockieren, weil falsche Kosten es unmöglich machen, in der Lohnpolitik aktiv zu werden. So hat die Mitbestimmung die Gewerkschaftsführer gezwungen, der eigenen Gewerkschaftsarbeit Grenzen zu ziehen, um die ›Rentabilität‹ nicht zu gefährden.« (Siehe Text 8)

Einmal mehr hatte sich also die (wirtschaftsdemokratische) Idee blamiert, da sie vom (Klassen-)Interesse geschieden war. Entsprechend hatte sein wirtschaftsdemokratischer Neuordnungskurs, sein Versuch eines sozialdemokratischen Übergangsprogramms, Agartz selbst, da er nicht bereit war, ihn aufzugeben, in die gesellschaftspolitische Opposition der zweiten Hälfte der 1950er-Jahre getrieben und ihn so auch in die Nähe zu den oppositionellen Kommunisten gebracht – ohne dass er ein solcher geworden wäre. Agartz teilte mit diesen den sozialistischen Antikapitalismus und den politisch-intellektuellen Bezug auf die marxistische Theorie des staatsmonopolistischen Kapitalismus. Doch hatte er in der Analyse und in den politischen Konsequenzen derselben weniger die sowjetischen Theoretiker und ihre »Volksfrontstrategie« vor Augen als vielmehr Rudolf Hilferding und Hendrik de Man und deren wirtschaftsdemokratische Transformationsstrategien. Von allem politischen Pragmatismus befreit, sollte deswegen sein »drittes Leben«[49] von einer ebenso politischen wie intellektuellen Radikalität, von einer offenen Rückkehr zu seinen marxistischen Wurzeln geprägt werden, die seine späteren Interpreten in unzulässiger und verfälschender Weise vor allem auf sein zweites Leben zurückprojizieren sollten.[50] Gegen die bürokratisch erstarrten und gesellschaftlich integrierten Gewerkschaftsführungen plädierte der ausgebürgerte und marginalisierte Linkssozialist wider Willen nun tatsächlich für eine klassenkämpferische Erneuerung gesellschaftspolitischen Denkens und Handelns und propagierte das, was Jahrzehnte

49 Ausführlich zu diesem hier leider nur ansatzweise thematisierten »dritten Leben« Christoph Jünke: Das dritte Leben des Viktor Agartz, in: Mitteilungsblatt des Instituts für soziale Bewegungen 40/2008, S. 39–60.

50 Der von Lutz Ziegenbalg herausgegebene Agartz-Sammelband (Agartz: Gewerkschaft und Arbeiterklasse) versammelt einen kleinen Teil dieser späten Agartz-Schriften.

später als *social movement unionism* bezeichnet werden sollte, also jene *neue soziale Gewerkschaftsbewegung*, über die man in den letzten beiden Jahrzehnten auch auf der deutschen Linken wieder diskutiert hat.[51]

Auch über »Wirtschaftsdemokratie« wird heute wieder ausführlicher debattiert. Der mögliche Lernprozess jedoch, für den Agartz' Arbeiten historisch und politisch-theoretisch stehen, wurde einmal mehr verdrängt und vergessen (das erste Mal im neokapitalistischen Übergang zu den 1960ern, das zweite Mal im postmodern-neoliberalen Übergang zu den 1990ern).[52] Selbst in ihrer repräsentativdemokratischen Fassung einer tatsächlich umfassenden paritätischen Mitbestimmung war und blieb »Wirtschaftsdemokratie« keine Option für das Kapital. Das Kapital duldet die Demokratie von Staatsbürgern, Lohnarbeitern und anderen nur als eine *politisch-formale* Demokratie, nur weil und nur so lange es in ihren gesellschaftlichen Strukturen eine strukturelle Trennung von ökonomischer und politischer Sphäre gibt. Deswegen hat sich das Kapital allüberall im 20. Jahrhundert,[53] und nicht zuletzt im Nachkriegsdeutschland, mit verbissener Vehemenz und erfolgreich gegen das strukturelle Übergreifen einer tatsächlichen wirtschaftsdemokratischen Mitbestimmung in Betrieb und Gesellschaft gewehrt. Auch und gerade dies lehren die von den 1940er- bis zu den 1970er-Jahren geführten westdeutschen Mitbestimmungskämpfe: Eine wirkliche Ausweitung der Demokratie auf die Wirtschaft kann es strukturell nicht geben, denn dann wäre die betreffende Gesellschaft keine bürgerlich-

51 Viktor Agartz: Die Nachkriegsentwicklung im kapitalistischen System Westdeutschlands und die sozialistischen Gegenwartsaufgaben, Dortmund 1958.

52 Die weiter oben aufgezeigte Linie von Erich Potthoff über Peter von Oertzen und die sich um Otto Brenner formierenden linken IG Metaller bis zu Fritz Vilmar findet im neuen Jahrhundert in Alex Demirović einen neuen einflussreichen Vertreter. Sein Werk »Demokratie in der Wirtschaft. Positionen – Probleme – Perspektiven« (Münster 2007) schließt die Wirtschaftsdemokratie mit Mitbestimmung gänzlich unkritisch kurz und behauptet historische Kontinuitäten und Einheitlichkeit, wo Brüche und (umkämpfte) Differenzen zu konstatieren wären. Den Namen Agartz sucht man auch bei ihm vergebens, während der von Nell-Breuning natürlich nicht fehlen darf.

53 Vgl. hierzu Ellen Meiksins Wood: Demokratie contra Kapitalismus. Beiträge zur Erneuerung des historischen Materialismus [1995], Köln 2010.

Viktor Agartz 1957

kapitalistische Gesellschaftsformation mehr. Soll dagegen Demokratie in der Wirtschaft wirklich herrschen, kann und darf diese nicht mehr kapitalistisch, nicht mehr nach den Prinzipien von Profit und Konkurrenz organisiert sein.

Das »Agartz-Tabu« hatte und hat also eine über die Person hinausgehende Logik. Mit ihm wurde auch das gesellschaftspolitisch überschießende Bewusstsein der sich im radikalen Aufbruchsgeist der Jahre 1943 bis 1948 niederschlagenden wirtschaftsdemokratischen Neuordnungsvorstellungen tabuisiert. Und möglich wurde diese im Ganzen bemerkenswert erfolgreiche Tabuisierung infolge des historisch einmaligen weltwirtschaftlichen Booms der 1950er- und 1960er-Jahre, der erst den damals vor sich gehenden Durchbruch zum westdeutschen Sozialstaat erlaubte. Es war diese Mischung aus Zuckerbrot und Peitsche (siehe oben), die den Verfall der ersten Neuen Linken und damit auch Agartz' seit 1957 zunehmende Isolierung einleiten sollte. Im neuen sozialstaatlichen Kapitalismus gab es zwar noch starke Gewerkschaften, aber keine sozialistische Partei und auch keine alternative Gegenkultur einer klassenbewussten, kämpferischen Arbeiterbewegung mehr. Der Großteil der sozialdemokratischen Arbeiter- und Gewerkschaftsbewegung Westdeutschlands entschied sich auf ihrem Weg zur Godesberger Programmrevision von 1959 – wenn auch nicht ganz unkritisch, so doch grundsätzlich – für die Integration in die neuen deutschen Verhältnisse. Und die alte sozialdemokratische Spannung zwischen programmatischer Radikalität und politischem Pragmatismus, zwischen wirtschaftsdemokratischer Theorie und Praxis sollte sich auf diesem Wege auflösen. Entsprechend versöhnten sich Kapitalismus und Demokratie für viele Jahrzehnte. Aus der alten Idee einer systemtransformierenden Wirtschaftsdemokratie wurde die bloße Mitbestimmung im Hier und Jetzt (die in Wirklichkeit keine Mit*bestimmung*, sondern lediglich eine Mit*wirkung* ist), das Streben nach Anerkennung und Partizipation. Aus der Idee einer *Sozialistischen Planwirtschaft im demokratischen Rechtsstaat* wurde der zwar demokratische und soziale, aber bürgerlich-kapitalistische Rechtsstaat, aus der antikapitalistischen Planwirtschaft die vermeintlich soziale Markwirtschaft einer *mixed economy* und aus dem Sozialismus eine unverbindliche ethische Phrase für die sonntägliche und intellektuelle Erbauung. Während im gesellschaftlichen Mainstream fortan politischer Pragmatismus vorherrschte, wurde die programmatische Radikalität zur Heimstatt marginalisierter Minderheiten (zumeist junger Intellektueller). Faktisch gab es nun nur noch ein Entweder-oder, entweder die schrittweise Anpassung der kritischen Theorie an die gesellschaftspolitische Praxis und die Einpassung in den vorherrschenden Status quo oder die schrittweise Abwendung intellektueller Kritik und Theorie von dieser Praxis. Auch hierfür stehen der mit offener Feindschaft und gezielten Geheimdienstmethoden schließlich ausgebürgerte Viktor Agartz und seine gänzlich vergessene *WISO*-Zeitschrift – eine staats- und gesellschaftspolitische Ausbürgerung, an der sich auch und nicht zuletzt die sozialdemokratischen Partei- und Gewerkschaftsführungen aktiv beteiligt haben.

Solchermaßen isoliert und empört nahm Agartz vermeintlich selbstlos daherkommende Angebote führender (ihm seit Langem auch persönlich bekannter) ostdeutscher Gewerkschaftsfunktionäre an, ihm in seinem Kampf gegen die »Opportunisten« publizistisch und auch finanziell unter die Arme zu greifen. Was als vorübergehende Anschubfinanzierung seiner politisch eigenständigen Zeitschrift gedacht war, nahm allerdings, als die WISO, anders als erwartet, kein gewerkschaftliches Massenpublikum erreichen konnte, die Form einer zunehmend existenziellen Abhängigkeit an, gegen die sich Agartz mindestens politisch zu wehren versuchte. Doch als er im 1957 gegen ihn angestrengten Landesverratsprozess hatte zugeben müssen, dass seine Zeitschrift fast vollständig von Ostberlin finanziert wurde, war für seine antistalinistischen Mitarbeiter Theo Pirker, Walter Horn, Leo Kofler und Wolfgang Abendroth der Rubikon überschritten – sie beendeten ihre Mitarbeit an der WISO.[54] Seine zuerst nur taktische und insgeheime Anleh-

54 »So wenig Viktor Agartz von stalinistischen Illusionen gefangen wurde«, schrieb Wolfgang Abendroth 1958, im Anschluss an den Prozess (Das Urteil im Prozess Agartz, in: Wolfgang Abendroth: Gesammelte Schriften, Bd. 3: 1956–1963, Hannover 2013, S. 209), »so hätte er wissen müssen, dass SED und FDGB ihm eines

nung an den Ostblocksozialismus nahm nach dem Landesverratsprozess immer offenere und zunehmend auch politische Züge an. Agartz sollte sie 1960/61, aus politischen wie persönlichen Gründen, zwar wieder aufgeben.[55] Doch da hatten ihn die SPD und die Gewerkschaftsführungen bereits erfolgreich politisch isoliert und tabuisiert. Ende 1958 war es Herbert Wehner persönlich, der den jahrzehntelangen Sozialdemokraten Agartz (»wegen fortgesetzten parteischädigenden Verhaltens«) aus der SPD ausschloss, Anfang 1960 folgten die Gewerkschaften. Und Ende 1961 war dann Schluss selbst mit der *WISO*. Der Ostberliner Geldhahn war zu Beginn des Jahres zugedreht worden, weil ihr kompromisslos sozialistischer Kurs den Ostberliner Machthabern zum politischen Hindernis wurde, als diese – kurz vor dem Mauerbau – ihre Westarbeit auf die Förderung der von Agartz und seinen Genossen massiv kritisierten Deutschen Friedens-Union, auf das Bündnis also mit bürgerlich-pazifistischen Gruppen, neu ausrichteten. Die von Agartz und seinen letzten Anhängern dagegen präferierte neue (links-)sozialistische Partei geriet in immer weitere Ferne, während sich eine nun vor allem studentische Neue Linke auf den Weg zur »Provokationselite«[56] machte und von der »alten Linken« nichts mehr wissen wollte.

So zog sich der Kämpfer gegen die Entideologisierung der Sozialdemokraten und die Erstarrung der Kommunisten in sein Haus in Bensberg bei Köln zurück, wo er Ende 1964, vereinsamt und verbittert, einer schweren Krankheit erlag.

Tages die Rechnung präsentieren würden, und dass jedes Bekanntwerden dieser Zusammenhänge die marxistischen Gruppen in der deutschen Arbeiterbewegung aufs schwerste kompromittieren würde.« »Sein Einblick in die Probleme und Schwächen der Arbeiterbewegung war unübertroffen. Aber Agartz versäumte es völlig, eine sozialistische Kritik des sowjetischen und ostdeutschen Kommunismus zu entwickeln«, schreibt zutreffend auch William D. Graf: The German Left since 1945. Socialism and Social Democracy in the German Federal Republic, Cambridge/New York 1976, S. 174.

55 Vgl. Jünke: Das dritte Leben; Christoph Jünke: Vom linken Sozialdemokraten zum heimatlosen Linkssozialisten: Viktor Agartz, in Klaus Kinner (Hrsg.): DIE LINKE. Erbe und Tradition, Bd. 2: Wurzeln des Linkssozialismus, Berlin 2010, S. 201–222.

56 Siegward Lönnendonker/Bernd Rabehl/Jochen Staadt: Die antiautoritäre Revolte. Der Sozialistische Deutsche Studentenbund nach der Trennung von der SPD, Wiesbaden 2002, S. 400ff.

21/2
24

SOZIALDEMOKRATISCHE PARTEI DEUTSCHLANDS

DER PARTEIVORSTAND

BONN, am 15. Dezember 1958
FRIEDRICH-EBERT-ALLEE 170
Fernsprecher 21901-07
Fernschreiber-Nr. 0886890
Telegr.-Adr. Sopade Bonn

We/Ka.

Herrn
Dr. Vikter A g a r t z
Bensberg - Refrath
Elsterstraße 50

Einschreiben
gegen Rückschein

Der Vorstand der Sozialdemokratischen Partei Deutschlands hat in seiner Sitzung vom 13. Dezember 1958 beschlossen, Sie wegen fortgesetztem parteischädigendem Verhalten gemäß § 29 des Organisationsstatuts mit sofortiger Wirkung aus der Sozialdemokratischen Partei Deutschlands auszuschließen.

Es steht Ihnen das Recht der Beschwerde zu. Sie kann binnen zwei Wochen nach der Zustellung dieses Beschlusses bei dem Schiedsgericht des Parteivorstandes, Bonn, Friedrich-Ebert-Allee 170, eingelegt werden.

Die Einlegung der Beschwerde berührt nicht die sofortige Wirkung des Ausschlusses.

Herbert Wehner.

(Herbert Wehner)

Postscheckkonto: 113684 Köln, Erich Ollenhauer und Alfred Nau - Bankhaus v. Schulz, Tegtmeyer & Co, Bonn, Nr. 1401, Erich Ollenhauer

Offizieller Ausschlussbrief des SPD-Parteivorstandes vom 15.12.1958.

Texte von Viktor Agartz

Zur Auswahl der Texte

Die hierfolgende Auswahl an Texten von Viktor Agartz dient der Dokumentation der in dieser Einleitung vertretenen These, dass sein Leben und Werk auch und nicht zuletzt ein Leben und Werk für und wider die »Wirtschaftsdemokratie« gewesen ist und dass wir es hierbei mit einer Problem- und Entwicklungsgeschichte zu tun haben. Noch immer gibt es keine umfassende Sammlung seiner Aufsätze und Artikel. Die im Anhang angeführten Agartz-Sammelbände sind deswegen zentrale Quellen für alle, die sich mit ihm auseinandersetzen möchten, leiden allerdings unter ihrem unvollständigen und thematisch auch unsystematischen Charakter sowie darunter, dass ihre innere Ordnung die in diesem Falle so besonders notwendige Historisierung und Kontextualisierung der Agartz-Schriften kaum noch erlaubt.

Agartz hat keine zusammenfassende oder gar zeitlose Theorie der Demokratisierung kapitalistischer Wirtschafts- und Gesellschaftssysteme hinterlassen, seine Werke sind vielmehr work in progress. *Und im Falle der Wirtschaftsdemokratisierung sind bei ihm im Wesentlichen drei Phasen auszumachen. In der ersten Phase (1945–1947) vertritt er mit seiner* sozialistischen Planwirtschaft im demokratischen Rechtsstaat *einen umfassenden Systemwechsel (gleichsam als sozialdemokratisches Übergangsprogramm), in der zweiten (1949–1955) propagiert er die umfassende wirtschaftsdemokratische Mitbestimmungspolitik als den Versuch einer Durchsetzung der mit dem fortschrittlichen Bürgertum einhergehenden repräsentativdemokratischen Versprechungen. Die letzte Phase schließlich versucht ab 1956, die auch eigenen Illusionen dieser sozialdemokratisch-gewerkschaftlichen Mitbestimmungspolitik sowohl historisch als auch politisch-theoretisch aufzuarbeiten. Um diese Entwicklungsgeschichte angemessen spiegeln zu können, habe ich jeweils zwei bis drei Texte aus diesen drei Phasen ausgewählt (in zumeist gekürzter Fassung – Kürzungen sind mit [...] gekennzeichnet). Andere, in denselben Texten zumeist mitbehandelte Themen (wie die gewerkschaftliche Lohnpolitik, die Sozialisierungspolitik, seine Analysen zur politischen Ökonomie des Nachkriegskapitalismus oder seine Positionierung in der SPD und manches mehr) konnten und mussten hier aus Platzgründen ausgelassen werden – auch wenn dies die Gefahr einer erneuten Verengung des Blickwinkels provoziert. Gerne hätte ich auch zeitgenössische Texte über ihn einbezogen, doch war dies aus Platzgründen leider nicht möglich.*

1 Kölner Vorschläge für ein neues SPD-Programm (Sommer 1945)

Die nationalsozialistische Wirtschafts- und Kriegspolitik hat zu einer völligen Vernichtung des deutschen Volksvermögens geführt. Darüber hinaus ist der Anspruch an das künftige Sozialprodukt durch die Forderungen der Siegermächte auf noch unbestimmte Zeit für das deutsche Volk beschränkt. Die Fundamente der Wirtschaft für die Sicherstellung der Existenz des deutschen Volkes müssen durch die Arbeit aller Werktätigen neu geschaffen werden. Aus diesem Grunde ist die künftige Organisation der deutschen Wirtschaft so zu gestalten, dass durch eine zentrale Lenkung, durch den Einsatz schöpferischer sozialistischer Persönlichkeiten und Organisationen und durch die Überführung der wichtigsten Produktionsmittel in die öffentliche Hand jede Möglichkeit ausgeschaltet wird, den Wirtschaftsapparat zu Zwecken zu gebrauchen, die den sozialistischen Aufbau stören und den friedlichen Interessen des Volkes zuwiderlaufen. Diese Wirtschaftsorganisation muss die Verfügungsgewalt über Menschen im Interesse Einzelner oder einzelner Gruppen beseitigen und die Grundlage für eine demokratische Wirtschaftsverfassung schaffen. Ausgehend von dieser Grundlage stellt die Sozialdemokratische Partei folgende Forderungen auf:

1. Der öffentliche Besitz an Produktionsmitteln ist systematisch auszubauen. Zu diesem Zwecke sind in die öffentliche Hand zu überführen: a) die Grundstoffindustrien (Bergbau mit Nebenbetrieben, Eisen- und Metallerzeugung, Zement- und Düngemittelindustrie); b) die gesamten Versorgungsbetriebe (Gas-, Wasser- und Elektrizitätswerke); c) der gesamte Güterfernverkehr und Personenmassenverkehr; d) alle Großbanken und größeren Kreditinstitute; e) das gesamte Versicherungswesen.

2. Entsprechend der Ausdehnung des öffentlichen Einflusses auf die Wirtschaft ist der Außenhandel einer fortschreiten-

den Kontrolle mit dem Ziele der Schaffung eines Außenhandelsmonopols zu unterstellen.

3. Soweit ein privatwirtschaftlicher Sektor bestehen bleibt, hat Übernahme der Mehrheit der Gesellschaftsrechte aller Aktiengesellschaften und größeren Gesellschaften mit beschränkter Haftung durch die öffentliche Hand zu erfolgen.

4. Schaffung eines zentralen Lenkungsamtes in Verbindung mit einer staatlichen Planungsstelle unter entscheidendem Einfluss der Konsumentenorganisationen zur Regelung von Fragen der Organisation, der Produktion, des Wiederaufbaues, der Preise, des Einsatzes usw.

5. Die Erfüllung staatlicher Lenkungsmaßnahmen ist durch freiberufliche Wirtschaftsprüfer und bei genossenschaftlichen Betrieben durch die genossenschaftlichen Prüfungsverbände zu überwachen.

6. Entsendung von Vertretern betriebswirtschaftlicher Sekretariate der Gewerkschaften in die Aufsichtsräte.

7. Die Versorgung mit Gegenständen des täglichen Bedarfs ist ausschließlich den Konsumgenossenschaften vorbehalten.

8. Genossenschaftliche Erfassung des Handwerks zum planvollen und rationellen Arbeitseinsatz.

9. Organisation des Wohnungsbaues und der Wohnungsbewirtschaftung durch Staat, Kommunen und Genossenschaften.

10. Aufteilung des Großgrundbesitzes und Überführung in genossenschaftliche Betriebsformen.

11. Öffentliche Kontrolle über Veräußerung und Verpachtung von Grund und Boden. Umstellung der landwirtschaftlichen Erzeugung auf Vieh- und Fettwirtschaft. Lenkung und Kontrolle der Erzeugung durch landwirtschaftliche Genossenschaften. Organisierung des Absatzes ausschließlich durch Genossenschaften.

12. Förderung der gewerkschaftlichen Eigenbetriebe.

Erläuterungen zur Wirtschaftspolitik:

Bei den Aufgaben, vor die wir heute in Deutschland gestellt sind, kann es sich nicht mehr um die Frage handeln, ob in ferner Zukunft unsere sozialistischen Forderungen verwirklicht werden können. Unsere Aufgabe heißt vielmehr: Neuaufbau auf sozialistischer Grundlage!

Eine Reorganisation Deutschlands auf kapitalistischer Grundlage würde dieselben Schwierigkeiten hervorrufen, die sich nach 1918 für die deutsche Wirtschaft einstellten und die sich in der letzten schweren Krise vor 1933 als eine Krise des kapitalistischen Systems offenbarten, die mit alten Mitteln in Deutschland nicht gelöst werden konnte. Damals erhoben die sozialistischen Parteien und vor allen Dingen auch der Allgemeine Deutsche Gewerkschaftsbund die Forderung nach dem Umschalten der Wirtschaft auf die Sozialisierung. Die kapitalistischen Klassen in Deutschland haben stattdessen das Bündnis mit Hitler und die Vorbereitung eines zweiten Weltkrieges als Mittel zur Überwindung der Wirtschaftskrise gewählt. Mit dem Einsatz des ganzen deutschen Volksvermögens haben sie um die Aufrechterhaltung der kapitalistischen Ordnung gespielt und Europa mit Krieg überzogen. Heute ist das deutsche Volksvermögen mehr als dreimal überschuldet. Die Leistungen für die Reparationen und den Wiederaufbau der zerstörten Städte und Industrien können nur dem Mehrwert entnommen werden, der von den Werktätigen in ihrer Gesamtheit geleistet werden muss. Über den Anspruch der Sieger an die deutsche Mehrwertmasse haben wir noch keinen verbindlichen und klaren Überblick. Eines aber können wir mit Gewissheit sagen, die Kapitalisten und andere parasitäre Gruppen haben nicht das Recht, an das Sozialprodukt in Deutschland Ansprüche zu stellen, deren Befriedigung sie über kurz oder lang wieder in den Besitz der Produktionsmittel setzen und damit zur politisch und wirtschaftlich entscheidenden Klasse in Deutschland machen würde.

Die völlige Zerstörung aller seit Generationen aufgesparten Arbeit durch Hitlers Raubkrieg zwingt uns dazu, mit aller Deutlichkeit zum Ausdruck zu bringen, dass die werktätigen Massen unter Führung der sozialistischen Parteien für sich das Recht in Anspruch nehmen, die Kontrolle über Produktion und Verteilung auszuüben. Eine wirkliche Kontrolle von Produktion und Verteilung ist aber nicht möglich ohne die Sozialisierung der dafür reifen Betriebe.

Die kommende politische Entwicklung wird in allen europäischen Ländern zu einem starken Übergewicht der Arbeiterparteien führen. Das wird uns auch in Deutschland die Möglichkeit geben, den Prozess der planmäßigen Wirtschaftsregelung in die richtigen Bahnen zu lenken und mit der Überführung aller zur Beherrschung des Wirtschaftsprozesses notwendigen Produktionsmittel in den Besitz und die Verwaltung der organisierten Gesellschaft die soziale und wirtschaftliche Grundlage zu schaffen für die tatsächliche Überwindung des Nazismus und die geistige und kulturelle Erneuerung unseres Volkes.

Planwirtschaft und Sozialisierung sind untrennbar miteinander verbunden. Es muss deshalb als wichtigste Voraussetzung für den sozialistischen Aufbau der Wirtschaft ein zentrales Lenkungsamt verbunden mit einer staatlichen Planungsstelle geschaffen werden. Die Sozialisierungsmaßnahmen sollen sich auf alle Betriebe erstrecken, die Güter der Massenproduktion in Massenfabrikation herstellen. Hierzu gehören vor allem: der Bergbau, die Industrie der Steine und Erden, der Eisen- und Metallgewinnung, der Maschinen-, Apparate- und Fahrzeugbau, die Elektrotechnik, die chemische Industrie und die Textilindustrie, das Papier und Vervielfältigungsgewerbe, das Baugewerbe, die Wasser-, Gas- und Elektrizitätsversorgung, das Versicherungsgewerbe sowie das Verkehrs- und das Kreditwesen.

Die Sozialisierung kann nur dann wirksam durchgeführt werden, wenn gleichzeitig eine enge Verbindung zwischen Industrie- und Bankwesen geschaffen wird, d. h. wenn die Großbanken ebenfalls sozialisiert werden. Erst die Sozialisierung der Großbanken schafft die Möglichkeit, Emissionen und Kredite unter gemeinwirtschaftlichen Gesichtspunkten zu regeln und Fehlinvestitionen zu vermeiden, die unter dem Einfluss bestimmter Kräftegruppen zu einer besonderen Bevorzugung etwa der Produktionsgüterindustrien gegenüber den Konsumgüterindustrien führen können.

Die Sozialisierung des Großgrundbesitzes, die Schaffung landwirtschaftlicher Produktiv- und Absatzgenossenschaften, die Übertragung der Güterverteilung an die genossenschaftlichen Organisationen sind die Programmpunkte, deren Verwirklichung dazu beitragen soll, unser Gemeinschaftsleben allseitig mit genossenschaftlichen Institutionen zu durchsetzen. Die genossenschaftlichen Institutionen allein können den Geist des Kapitalismus überwinden und dazu beitragen, dass die Güter der Erde gerecht und gleichmäßig an die arbeitenden Menschen verteilt werden.

Durch die Eingliederung aller Klassen in den Arbeitsprozess zur produktiven Gütererzeugung soll auch die gefährliche Reichtumsanhäufung vermieden werden, die niemals Quelle einer wahren Volkskultur, sondern zu allen Zeiten eine der entscheidendsten Kriegsursachen gewesen ist.

Die von uns aufgestellten sozialistischen Programmpunkte können wir in Deutschland nur dann durchführen, wenn die Gewissheit besteht, dass die Siegermächte einem so beabsichtigten friedlichen Wiederaufbau Deutschlands keine Hindernisse in den Weg legen. Wir wissen, dass die Verwirklichung des Sozialismus sich nicht in künstlicher Ablösung von der übrigen Welt vollziehen kann. Wir brauchen dazu mindestens das Verständnis und die Duldung der Nachbarschaft, mit anderen Worten, der Wiederaufbau Deutschlands fällt mit dem Wiederaufbau der übrigen Welt zusammen. Verständnis und Zusammenarbeit aller europäischen Staaten ist hierzu erste und unbedingte Voraussetzung.

Auf unseren Schultern lasten Elend und Not zweier Weltkriege. Das Vermächtnis von Millionen Toten verpflichtet uns, die Ursachen dieser Kriege selbst zu beseitigen. Beide Weltkriege haben ihre tiefen ökonomischen und politischen Wurzeln. Diese Wurzeln bloßzulegen und an ihrer Beseitigung mitzuwirken, muss eine unserer vordringlichsten wirtschaftspolitischen Aufgaben sein. Der Ruch der Uneinigkeit, der seit Jahrhunderten auf den europäischen Völkern liegt als das unselige Erbe einer geschichtlichen Entwicklung, die Europa zerstückelt und zerfetzt hat, ist die Quelle seiner wirtschaftlichen Schwäche – und unserer eigenen deutschen Not. Der Prozess der Wiedergeburt Deutschlands sollte deshalb mit der wirtschaftlichen Vereinigung Europas als einem freiwilligen, aber notwendigen Akt der europäischen Völker beginnen. Dies wäre die Voraussetzung für die gemeinsame Ausnutzung der in Europa liegenden Naturschätze, für eine neue, sinnvolle Arbeitsteilung, für eine neue, großartige Entfaltung der Produktivkräfte im Interesse einer Hebung des Lebensstandards aller Völker, und es wäre gleichzeitig der bedeutendste Schritt zur Überwindung des Nationalsozialismus und zur Realisierung eines Werkes, zu dessen geistiger Konzeption so viele Denker aus allen europäischen Nationen ihren Beitrag geleistet haben. Im Rahmen einer solchen Organisation könnte auch das Problem der Wiedergutmachung und der Reparationen, das ja ein Problem der Verteilung des in Deutschland produzierten Mehrwertes und auf lange Zeit Gegenstand unserer wirtschaftlichen Anstrengungen sein wird, eine gerechte Lösung finden.

Auszug aus: »Das Programm der Sozialdemokratie – Vorschläge für seine Erneuerung«, veröffentlicht in: Reinhold Billstein: Das entscheidende Jahr. Sozialdemokratie und Kommunistische Partei in Köln 1945/46, Köln 1988, S. 270–282. Nicht mitaufgenommen wurden hier die umfangreiche Präambel und die Abschnitte zur Staatspolitik, zur Arbeits- und Sozialpolitik und zur Kulturpolitik (die von anderen Autoren stammen).

2 Sozialistische Wirtschaftspolitik
(Mai 1946)

Mit dem militärischen Zusammenbruch ist auch die deutsche Wirtschaft zusammengebrochen. Die Herrschaft des Nationalsozialismus, der Zweite Weltkrieg und der Zusammenbruch Deutschlands ergaben sich aus einer Entwicklung, die seit Jahren Gegenstand kritischer Untersuchungen der sozialistischen Wissenschaft war. In ihrem allgemeinen Ablauf hat die Entwicklung den wissenschaftlichen Erkenntnissen entsprochen. Das Zeitalter des Imperialismus wurde von den Sozialisten stets als ein besonderes historisches Stadium des Kapitalismus bezeichnet. Die gesamte Wirtschaft nahm monopolistisch-parasitäre Formen an. An die Stelle des freien Unternehmers als der beherrschenden Gestalt der freien Wirtschaft traten Kartelle, Syndikate und Truste. Die Wirtschaftslage der großen Staaten wurde von wenigen Großbanken beherrscht und mächtige internationale Kartelle begannen mit der Neuaufteilung der Welt. Sie leiteten damit den Auflösungsprozess der Nationalstaaten ein. Monopolistische Expansionen bestimmten den internationalen Waren- und Kapitalverkehr. Die Besitzergreifung der Rohstoffquellen durch das Finanzkapital führte zu wirtschaftlichen Kämpfen, die jeden Augenblick ins Politische umschlagen konnten.

Aus dem politischen und wirtschaftlichen Zusammenbruch des Ersten Weltkrieges hatte sich Deutschland schon nach wenigen Jahren zu einem Kapitalismus erhoben, der sich auf imperialistischer Grundlage reorganisiert hatte. In der Weltpolitik trat es mit wachsender Aktivität und Selbstständigkeit auf. Auf wirtschaftlichem Gebiet schritt der Monopolisierungsprozess weiter fort und führte in gewissen Produktionszweigen wie Stahl, Eisen und Chemie zu absoluten Monopolen. Ein ständig wachsender Kapitalexport ging die Straßen teils des alten deutschen Vorkriegsimperialismus, teils auch neue Wege. Der besondere Charakter des deutschen Nachkriegsimperialismus war dadurch gekennzeichnet, dass er an der durch den Ersten Weltkrieg vorgenommenen Aufteilung der Welt nicht teilgenommen hatte. Eine dauernd expansive Neuentfaltung des deutschen Imperialismus musste daher zur wesentlichen Verschärfung der Gegensätze führen. Der Erste Weltkrieg hatte die Thesen des Nationalismus in Europa als überholte historische Theorie bewiesen. In voller Missachtung dieser Erkenntnisse kam es zu einer Neuordnung Europas, durch welche die Zahl der Nationalstaaten erheblich vermehrt wurde. Neue Zoll- und Verkehrsschranken steigerten den nationalen Egoismus und die herrschende Meinung wurde immer blinder gegenüber den dem Kapitalismus immanenten Gesetzen. Die Ausweglosigkeit des deutschen Kapitalismus, der über keine Ventile zur Ablenkung von krisenhaften Spannungen verfügte, wie sie den übrigen kapitalistischen Staaten in Dominien, Protektoraten und Kolonien noch zur Verfügung stehen, musste auf die Dauer zu einer neuen wirtschaftlichen Erschütterung Deutschlands führen. Die Aufrüstung, diese ungeheure negative Konsumtion, war schließlich vollendet und auch der Weg des weiteren Druckes auf die Reallöhne der Werktätigen war kein ausreichendes Mittel mehr, der drohenden Krise zu entgehen. In dieser Lage hat die herrschende Klasse in Deutschland, die ihre neuen Waffen bereits im Todeskampf der spanischen Demokratie erprobt hatte, den kriegerischen Ausweg gewählt. So sehr heute die Welt entsetzt ist über die Gräuel und Verbrechen aller derer, die in Nürnberg auf der Anklagebank sitzen, so fehlt auf dieser Anklagebank das letztlich schuldige soziale System mit seiner inneren Dynamik und somit fehlt diesem Prozess das entscheidende Relief.

Die Folgerungen aus dieser Dynamik des kapitalistischen Systems ergeben sich mit innerer Notwendigkeit. Sie führen hin zu einer *neuen sozialistischen Wirtschaftsordnung.*

Der deutsche Einfluss auf die Gestaltung dieser Wirtschaftsordnung ist heute noch gering. Noch werden die Struktur und der Verlauf der deutschen Volkswirtschaft von den Besatzungsmächten bestimmt. Es ist aber die Aufgabe der Sozialdemokratie, Grundsätze und Richtlinien zu zeigen und diese Wirtschaft in einem dem deutschen Volk gemäßen Stil von Grund auf zu erneuern. Die deutsche Wirtschaft liegt zerstört am Boden. Ihre restlichen Teilbestände sind in einen völlig desorganisierten Markt eingegliedert. In diesem völligen Zusammenbruch sieht die Sozialdemokratie jedoch keinen Grund gegen einen alsbaldigen Beginn der Neugestaltung des Geistes und der Verfassung der deutschen Volkswirtschaft. Nur mit einem klaren, neuen Ziel vor Augen kann der wirtschaftliche Wiederaufbau gelingen. Die Partei lehnt daher jene Ansicht ab, die nach dem Ersten Weltkrieg auch in ihren eigenen Reihen geäußert wurde, dass ein Scherbenhaufen nicht sozialisiert werden könne. Mit dieser Auffassung steht sie in voller Übereinstimmung mit der neueren marxistischen Forschung. Die bürgerlichen Revolutionen haben mit der Erklärung der Grundrechte und staatsrechtlichen Befreiung des Individuums aus einer feudalistischen Hörigkeit geendet. Die wirtschaftliche Unfreiheit blieb aber bestehen, weil der rechtlich freie, aber besitzlose Arbeiter allein auf die Verwertung der eigenen Arbeitskräfte angewiesen war. Ihm gegenüber stand der Besitz und das Klassenmonopol an Produktionsgütern. Somit ergab sich eine unterschiedliche Machtstellung im wirtschaftlichen Vertragsverhältnis. Es ist die Aufgabe der sozialistischen Epoche, neben der rechtlichen auch die wirtschaftliche Freiheit durchzusetzen.

Jeder Deutsche ist sich bewusst, dass die Beseitigung des heutigen Trümmerfeldes nur die Arbeit aller sein kann. Die SPD lehnt es aber ab, über diese Gemeinsamkeit der Aufgabe und über die Einigkeit zum Wiederaufbau nur zu reden, ohne dass ernsthafte Anstrengungen auf allen Seiten gemacht werden, die offenkundigen sozialen Ungerechtigkeiten zu beseitigen. Dies ist die wichtigste Vorbedingung der erstrebten Einigkeit. Die Bereinigung der sozialen Frage ist nicht etwa dadurch bedeutungslos geworden, dass die jetzige Not allgemein ist, großer Besitz im Kriege vernichtet und die Einkommens-Pyramide flacher geworden ist. Sicherlich ist die Not größer geworden und auf weitere Teile des Volkes ausgedehnt. An dieser Art Gleichheit aber liegt der Sozialdemokratie nichts. Diese Not macht die Grundsätzlichkeit unserer Forderungen nur dringender und die Unbedingtheit dieser Forderung sozialer Gerechtigkeit hat mit einer Schürung von Klassenhass nichts zu tun. Sie will im Gegenteil die Gegensätzlichkeit der Klassen durch eine gerechte soziale und wirtschaftliche Verfassung beseitigen. Ohne sie ist kein neuer Aufbau möglich. Der Neuordnung würde die entscheidende Voraussetzung fehlen. Sie muss alle Vorrechte beseitigen, die bestimmten Gruppen des Volkes aufgrund des Besitzes oder der Geburt gewährt werden, der breiten Masse der anderen Volksangehörigen aber verschlossen bleiben.

Außer der historisch gewordenen sozialen Ungerechtigkeit mit ihrer Störung des sozialen Lebens ist das kapitalistische System mit erheblichen funktionellen Systemfehlern behaftet, die seine Überwindung zur unabweisbaren Notwendigkeit machen. Die kapitalistische Verkehrswirtschaft bietet im Gegensatz zur Meinung ihrer wissenschaftlichen Verteidiger keine Gewähr gegen eine Wiederkehr krisenhafter Störungen, keine Gewähr gegen imperialistische Tendenzen, weil diese ihr immanent sind, und keine Gewähr gegen faschistische Entwicklungen. Im Gegenteil, die Krisen haben mit der Entwicklung von Früh- über Hoch- zum Spätkapitalismus an Heftigkeit und Ausdehnung zugenommen. Dabei ist diese Verkehrswirtschaft auch mit ihrem modernen Geld- und Kreditsystem nicht in der Lage, die Kräfte zur selbsttätigen Überwindung dieser Krisen freizumachen. Ohne zentralen Eingriff können die jeweilig eintretenden Schäden nicht behoben werden.

Das System der kapitalistischen Industriewirtschaft ist im Laufe der Zeit immer mehr mit monopolistischen Gebilden der verschiedensten Form durchsetzt worden. Heute kennzeichnen Truste, Konzerne und Kartelle seinen Charakter. [...] Mit der Beseitigung des Konkurrenzprinzips und mit der Bildung des Monopolkapitalismus wurde aus dem Preiskampf ein Preisdiktat, aus dem ökonomischen Marktgesetz ein Marktdekret, aus dem ursprünglich natürlichen Wettbewerb eine Vereinbarung auf Kosten Dritter, aus einem Kampf um den

Kunden ein Kampf gegen den Kunden und aus der Produktionsausdehnung eine Produktionsdrosselung. Die Beseitigung der wirtschaftlichen Unfreiheit des einzelnen Menschen und ebenso die Beseitigung der den Fortschritt hemmenden Fehler im System der kapitalistischen Wirtschaft kann nun nicht erfolgen, indem man lediglich in die volkswirtschaftlichen Verteilungsvorgänge eingreift. Diese Ungerechtigkeiten und Fehler sind in erster Linie mit der kapitalistischen Organisation der Erzeugung verknüpft. Ohne grundsätzliche Neuordnung auch der Erzeugung können daher die vorhandenen Fehler nicht beseitigt werden. Deshalb ist es erforderlich, dass ein bestimmender zentraler Einfluss auf Umfang und Richtung der Produktion erzielt wird. Notwendig ist sowohl eine zentrale Beherrschung des Standes der Beschäftigung als auch ein entscheidender Einfluss auf die Größe und Zusammensetzung des zu verteilenden sozialen Produkts. Diese Forderung enthält keineswegs die Ablehnung einer einzelwirtschaftlichen unternehmerischen Betätigung. Unternehmerische Initiative bedeutet nicht schlechthin die Herstellung eines unzulässigen Klassen-Privilegs. […] Jede Zusammenballung privater Macht wie in den Monopolunternehmungen lehnt dagegen die SPD ab. Über den Umfang, über die Richtung und über die Verteilung der Produktion darf zukünftig nur noch der demokratische Rechtsstaat entscheiden. An die Stelle des privatkapitalistischen Gewinnstrebens hat die staatliche Planung zu treten als Hauptregulator der neu zu errichtenden Wirtschaft.

Diese staatliche Planung kann nicht ersetzt oder überflüssig gemacht werden – wie vielfach die Auffassung vorherrschend ist – durch ein noch so weitgehendes Mitbestimmungsrecht der Arbeitnehmer in den Betrieben. In den Betrieben können immer nur einzelne wirtschaftliche Teilpläne zustande kommen, niemals aber ein volkswirtschaftlicher Gesamtplan. Auf einen solchen Gesamtplan kommt es aber zur Überwindung der kapitalistischen Systemfehler an. In der Führung der Wirtschaft muss also der kapitalistische Unternehmer abgelöst werden. Er kann nicht ersetzt werden durch einzelne Gruppen wirtschaftlich gebundener Arbeitervertreter in den Betrieben, sondern nur durch die aus allgemeiner, gleicher und geheimer Wahl hervorgegangenen Repräsentanten der gesamten im Staat verbundenen Gesellschaft. Diese sozialistische Planwirtschaft im demokratischen Rechtsstaat hat die folgenden sittlichen Hauptforderungen zu erfüllen: a) Die Befriedigung der Elementarbedürfnisse aller Mitglieder des Staates ist in der Rangfolge ihrer naturgegebenen Dringlichkeit sicherzustellen; b) jedem arbeitsfähigen und arbeitswilligen Mitglied muss jederzeit eine Arbeitsmöglichkeit eröffnet werden; c) grundsätzlich ist die freie Wahl des Berufes und des Arbeitsplatzes ein unabdingbarer Bestandteil der ökonomischen Freiheit jedes einzelnen Menschen; d) ein Anteil am gesamten Sozialprodukt kann zukünftig ohne produktive Gegenleistung nur dem noch nicht oder nicht mehr Arbeitsfähigen gewährt werden. Das zukünftige kulturelle Ziel der Produktion nach Überwindung der durch den Krieg verschuldeten Not ist nicht das technisch erreichbare Maximum an materiellen Gütern, also auch nicht eine unbegrenzte Leistungssteigerung durch bis zum Äußersten gesteigerte Investition. Das Ziel der Produktion muss vielmehr zukünftig sein: eine Versorgung der Bevölkerung ohne neue Gefährdung ihrer Existenz mit dem höchstmöglichen Maß an Befriedigung in der Arbeit. Nicht ein Maximum, sondern ein Optimum an Versorgung soll angestrebt werden. [...]

In der sozialistischen Planwirtschaft sieht die SPD nicht einen Selbstzweck. Sie fordert daher die Beschränkung der staatlichen Eingriffe auf das jeweils erforderliche Maß. [...] Unter Einbau marktwirtschaftlicher Elemente des Wettbewerbs muss die Planung unbeschadet ihres umfassenden Charakters mehr und mehr zu den Methoden der indirekten Lenkung übergehen. [...] Die weitgehend dezentralisierte Planungs- und Lenkungsarbeit muss dabei immer von unten nach oben gehen. Dabei sind die Bedürfnisse und Erfahrungen der einzelnen Landschaften und örtlichen Wirtschaftsbezirke ausreichend zu berücksichtigen.

Die Investitionstätigkeit ist zukünftig ausschließlich dem Staat zur vollständigen Kontrolle zu überantworten. Diese Kontrolle hat auf der Grundlage langfristiger zentraler Planung zu erfolgen. Die staatliche Steuerung der Produktion muss im Investitionsbereich wesentlich umfassender und tiefgreifender gestaltet werden als im Bereich der Verbrauchsgüterwirtschaft. Ein besonders wirksames und zugleich elastisches Mittel der zentralen Steuerung der Investition ist die Kreditpolitik. Der neue Aufbau der Wirtschaft kann nur mithilfe staatlicher Kredite vollzogen werden. Kapitalinvestierung und Kreditpolitik liegen daher ausschließlich im Bereich der staatlichen Planung. Art und Umfang der Finanzierung haben sich nach dem Erfordernis der Vollbeschäftigung zu richten.

Ein wichtiges Mittel zur Beeinflussung der Verteilung des Sozialproduktes ist neben der Steuerpolitik die Lohn- und Preispolitik. Diese muss daher nicht nur im Investitionssektor, sondern auch gerade im Verbrauchssektor voll wirksam sein. Die staatliche Einkommenspolitik muss eine gerechte Verteilung des Ertrages der volkswirtschaftlichen Arbeit gewährleisten, wobei die Unterschiede in der Höhe der Einkommen auf das zur Anspornung der Leistung erforderliche Maß beschränkt werden. Der Einkommenspolitik kommt auch eine besondere Bedeutung zu als Lenkungsmittel zur Steuerung des Arbeitseinsatzes gemäß den Zielen des Wirtschaftsplans. Die Löhne und Gehälter sind wichtigste Kostenelemente der Produktion und können schon deswegen nicht von der staatlichen Lenkung ausgenommen werden. Es ist selbstverständlich, dass auf eine mitwirkende Tätigkeit der Gewerkschaften nicht verzichtet werden kann.

Auch eine wirtschaftliche Selbstverwaltung ist in einer sozialistischen Planwirtschaft unentbehrlich. Diese Selbstverwaltung muss jedoch demokratisch aufgebaut sein. Für die Wirtschaftsbereiche der Industrie, des Handwerks, des Handels, der Landwirtschaft usw. sind – so weit noch nicht vorhanden – getrennte Kammern zu bilden. Diese Kammern dürfen jedoch zukünftig keine reinen Unternehmerzusammenschlüsse mehr sein. Sie müssen vielmehr so besetzt werden, dass in gleicher Weise auch die Interessen der in den Unternehmungen unselbstständig Arbeitenden vertreten sind. Diese Kammern werden damit Repräsentanten aller in ihrem Bezirk auf einem bestimmten Wirtschaftssektor berufstätigen Mitglieder der Volkswirtschaft. Diese Kammern sind dann regional in Kammerorganisationen zusammenzufassen und erscheinen in dieser regionalen Zusammenfassung als geeignet, die staatliche Planungs- und Lenkungsarbeit wirksam durch beratende Tätigkeit zu unterstützen. Selbstverständlich ist, dass das Wahlverfahren und die Satzung durch den demokratischen Rechtsstaat verbindlich festgelegt werden müssen. Zur Wahrung der Betriebsinteressen einer Wirtschaftsbranche können Fachverbände auf freiwilliger Grundlage geschaffen werden. Die wirtschaftlichen Interessen der in den Betrieben tätigen Arbeitnehmer müssen kollektiv über die Gewerkschaften wirkungsvoll zur Geltung gebracht werden. Wir weisen dieser Organisation der Selbstverwaltung zwar keine Hoheitsaufgaben zu. Es obliegt ihr aber die Pflicht, die staatliche Wirtschaftsverwaltung durch Beratung zu unterstützen. Zur Wahrnehmung allgemeiner Verbraucherinteressen bilden die Gewerkschaften zusammen mit den Vertretern der Konsumgenossenschaften die geeigneten Organisationen.

Die Sozialdemokratie lehnt aufgrund aller dieser Erwägungen als ungerecht und insbesondere für die heutige Lage des deutschen Volkes ungeeignet ab: a) den Liberalismus in seiner ursprünglichen Form, der dem Privatunternehmer ein vermeintliches Naturrecht ungehemmter Wirtschaftsbetätigung auf sich selbst überlassenen Märkten gab, die vom Staat weder direkt noch indirekt gelenkt werden; b) den Monopolkapitalismus mit imperialistischen Tendenzen, der zu gleichgewichtslosen Märkten führt und das Bestreben hat, die öffentliche Gewalt zugunsten der privaten Macht in den Hintergrund zu verdrängen; c) den Ständestaat, der die Staatssouveränität aushöhlt, alle dynamischen Kräfte des Wirtschaftslebens unterbindet und sie in eine starre Ordnung zwingt; d) einen zentralistischen Staats-Kapitalismus in Form der marktlosen Wirtschaft, eine Wirtschaftsform, die immer die Neigung hat, zu einer politischen Diktatur auszuarten; e) den im Entstehen begriffenen Neu-Liberalismus, der die Bedeutung des Gewinnstrebens und des Wettbewerbes überschätzt, der die Unvermeidlichkeit der Verbrauchslenkung in jeder modernen Volkswirtschaft verkennt und damit praktisch sämtliche Verbraucher der Bevormundung durch das Gewinn-Interesse privater Unternehmer ausliefert.

[...] Nicht nur an der Verwaltung der Wirtschaft, sondern auch innerhalb der einzelnen Unternehmungen ist die demokratische Mitwirkung an der Regelung der betrieblichen Fragen und an Fragen des Unternehmens zu gewährleisten. Bei privaten Großunternehmungen, bei privaten Kapitalgesellschaften ohne Unterschied ihrer Größe ist eine Mitwirkung von Gewerkschaftsvertretern im Aufsichtsrat des Unternehmens gesetzlich vorzuschreiben. Ob eine Kapitalgesellschaft vorliegt, entscheiden nicht allein die Rechtsformen, sondern die wirtschaftlichen und sozialen Tatsachen. Für Unternehmungen dieser Art, für die ein Aufsichtsrat gesetzlich nicht vorgeschrieben ist, muss die Mitwirkung von Vertretern der Gewerkschaft in geeigneter anderer Weise sichergestellt werden.

Aus allen diesen allgemeinen Betrachtungen ergeben sich die Forderungen, die die Sozialdemokratie hinsichtlich der einzelnen Zweige des Wirtschaftslebens zu stellen hat. In der spätkapitalistischen Wirtschaft haben sich monopolistische Formen der Marktbeherrschung besonders weitgehend in den Grundstoffindustrien durchgesetzt. Die starke Kapitalintensität und das damit gegebene überdurchschnittliche konjunkturelle Verlustrisiko begünstigte diese monopolistische Entwicklung. Die spezielle Eignung der Grundstoffe zur kartellmäßigen Behandlung ermöglichte diese monopolistischen Formen. Damit ist aber die Grundstoffindustrie im besonderen Grade geeignet für eine Übernahme durch die öffentliche Hand. Im Hinblick auf die ausgesprochen nationalistische und kriegstreiberische Rolle der schwerindustriellen Unternehmer in Deutschland der letzten 100 Jahre ist die völlige Übernahme der Grundstofferzeugung in die öffentliche Hand auch politisch eine unabweisbare Notwendigkeit.

Eine derartige Übernahme ermöglicht zugleich den wirtschaftlich notwendigen, weitreichenden staatlichen Einfluss auf die gesamte wirtschaftliche Investitionstätigkeit. Die Betriebe des Bergbaues, d.h. Kohlen, Erze, Erdöl und Kali, der Eisen- und Stahlerzeugung, der Eisen- und Stahlbearbeitung bis zum Halbzeug, der NE-Metallerzeugung und der Zementgewinnung, aber auch der synthetischen Erzeugung von Ammoniak, Treibstoffen und Kautschuk sowie der Zellstoff- und Zellwolle-Produktion sind daher in öffentliche Regie zu überführen.

Die öffentliche Versorgungswirtschaft, d. h. Strom, Gas und Wasser, kann ihrer ganzen Natur nach nur monopolistisch betrieben werden. Sie befindet sich bereits zum größten Teil in kommunaler oder staatlicher Regie. Soweit dies nicht der Fall ist, muss die Übernahme dieser Teile noch durchgeführt werden. Konzessionsverträge der öffentlichen Hand mit privaten Unternehmungen stellen für sie keinen ausreichenden Ersatz dar.

In der verarbeitenden Industrie wird die Organisation der Erzeugung überall dort zu einem besonderen Problem, wo die bestmögliche Versorgung der Verbraucher zur kapitalintensiven Massenproduktion in einigen wenigen großen Unternehmungen drängt, wie beispielsweise im Kraftfahrzeugbau. Die Frage, ob öffentliche, freie gemeinnützige oder private Unternehmungen, tritt hier an Bedeutung zurück hinter dem Erfordernis, die vorhandenen Großbetriebe bei strenger Kontrolle der Löhne und Preise zu einem ständigen Wettbewerb um Qualitätsverbesserung und Kostensenkung durch technischen Fortschritt zu zwingen. Unter Umständen kann dies mit besonderem Erfolg durch staatliche Produktionsauflagen geschehen. In jedem Fall bedarf die Kapazitätsbemessung dieser Betriebe der Lenkung durch die staatliche Wirtschaftsverwaltung.

Staatliche Produktionsauflagen können auch ein wichtiges Steuerungs- und Antriebsmittel in der Fertigwarenindustrie mit geringerer Kapitalintensität sein. In diesem Bereich bietet das im Wettbewerb stehende private Unternehmen noch immer den Vorteil der größeren Anpassungsfähigkeit an Verbraucherwünsche und technischen Fortschritt, sofern es strenger Lohn- und Preiskontrolle unterworfen ist. In dem Maße, in dem sich jedoch eine Tendenz zu monopolistischer Marktbeherrschung durchzusetzen beginnt, wächst auch hier die Sozialisierungsreife.

Inwieweit in der Verbrauchsgüterherstellung die privatwirtschaftliche Produktionsweise im Rahmen einer sozialistischen Planwirtschaft noch sinnvoll und tragbar erscheint, bemisst sich nach der Bereitschaft, die Risiken eines durch staatliche Überwachung in bestimmte Schranken verwiesenen Wettbewerbes auf sich zu nehmen.

Aus vorkapitalistischer Zeit hat sich das Handwerk im Ganzen als arbeitsintensive gewerbliche Produktionsweise durch alle Stadien der kapitalistischen Wirtschaft hindurch bis zur Gegenwart behauptet. Seine hohe volkswirtschaftliche Bedeutung ist unbestritten. Der mit einem bescheidenen Bestand an verhältnismäßig einfachen Produktionsmitteln ausgerüstete Handwerker, der im Regelfall die eigene Arbeitskraft in erster Linie mit einsetzt, hat mit dem kapitalistischen Klassenmonopol nichts zu tun. Er hat mit seinem privaten Eigentum an Werkzeugen auch in der sozialistischen Wirtschaft seinen festen Platz. Bei der Neuordnung der deutschen Wirtschaft wird gerade dem Handwerker zukünftig eine besondere wirtschaftliche Rolle zufallen. Nicht nur wird er bei der Behebung aller Zerstörungen des Krieges, beim Wiederaufbau der Städte usw., große Aufgaben vor sich sehen, seine Bedeutung wird auch gerade für den notwendigen Export durch die Herstellung von Qualitätserzeugnissen wachsen. Für die Lösung betrieblicher Gemeinschaftsaufgaben steht dem Handwerker die auch auf diesem Sektor bewährte Organisationsform der Genossenschaft zur Verfügung, deren Anwendung kräftig zu fördern ist. In welchem Umfang die einzelnen Handwerkszweige nach gesamtwirtschaftlichen oder örtlichen Verhältnissen für den Neuzugang von fachlich ausreichend befähigten Berufsanwärtern zu öffnen oder zu schließen sind, ist in der sozialistischen Planwirtschaft Sache der staatlichen Verwaltung. Der staatlichen Lohn- und Preiskontrolle ist das Handwerk ebenso wie alle anderen Betriebe gleichermaßen unterworfen.

Auch der Handel ist an sich nicht kapitalistisch. Er wird auch in der sozialistischen Planwirtschaft bestimmte Funktionen zu erfüllen haben. Bei der gegenwärtigen Armut und bei der Notwendigkeit, jede Kraft produktiver Erzeugung zur Verfügung zu stellen, muss jedoch danach getrachtet werden, dass zukünftig der Weg vom Erzeuger zum Verbraucher möglichst kurz ist. Dieser Weg kann in einer sozialistischen Planwirtschaft weitgehend vereinfacht werden. Aus diesem Grunde werden auch den Konsumgenossenschaften bei der Frage der Organisierung der Verteilung besondere Aufgaben zufallen.

In der Verkehrswirtschaft ist der seiner Natur nach monopolistische Betrieb auf der Schiene bereits so gut wie vollständig in öffentlicher Hand. Soweit es sich bei Verkehrsunternehmungen noch um privatwirtschaftliche oder in gemischtwirtschaftlicher Form arbeitende Betriebe handelt, sind sie in der sozialistischen Planwirtschaft ebenfalls in die öffentliche Regie zu übernehmen. In der Binnenschifffahrt mit ihrer Vielzahl von selbst fahrenden kleinen Eigentümern ist für private oder genossenschaftliche Betätigung unter staatlicher Lenkung und Kontrolle durchaus noch Raum.

In der neuen Wirtschaft wird dem landwirtschaftlichen Bereich als der Ernährungsgrundlage des deutschen Volkes eine besonders hohe Bedeutung zukommen. Hauptträger der agrarischen Erzeugung muss der ordentlich wirtschaftende Bauer auf eigener Scholle sein. Er ist ebenso wenig wie der Handwerker eine kapitalistische Erscheinung. [...] Für den Großgrundbesitzer als einen Hauptträger feudalistischer und kapitalistischer Gesinnung und als einen besonderen Hort militaristischen Denkens ist im neuen Deutschland kein Platz mehr. Die unerlässliche Aufsiedelung muss aber so vorgenommen werden, dass mit ihr nicht eine Produktionssenkung, sondern eine Produktionssteigerung durch Intensivierung verbunden ist. Bei der Besitzreform soll der Grundbesitzer, sofern er unbelastet ist, nicht von Haus und Hof vertrieben werden, sondern nur in seinem Besitz auf das gebietsübliche Ausmaß einer durchschnittlichen Bauernwirtschaft beschränkt werden. Landwirtschaftliche Großbetriebe, die aus produktionstechnischen Gründen oder zum Zweck wissenschaftlicher Forschung als solche erhalten werden müssen, sind von der öffentlichen Hand oder in freien gemeinnützigen Formen zu übernehmen.

Grundsätzlich, besonders aber heute angesichts der durch Luftkriegseinwirkungen und den Flüchtlingszustrom geschaffenen katastrophalen Wohnraumlage bedarf die deutsche Wohnungswirtschaft ebenfalls der Lenkung durch die öffentliche Hand. Unter den Produktionsaufgaben wird die Wohnraumbeschaffung auf Jahrzehnte mit an erster Stelle stehen. Im Eigenheimbau und auch bei anderen Aufgaben kann daneben die private Trägerschaft wirtschaftlich und sozial gerechtfertigt sein und einen wünschenswerten Wettbewerb bedeuten. Die Verwaltung großer Mietwohnungsbestände muss dagegen Aufgabe genossenschaftlicher oder öffentlicher Unternehmungen sein.

Die Kreditwirtschaft ist als Apparat der Geldschöpfung und als ein wichtiges Mittel der Investitionslenkung eine öffentliche Angelegenheit, zumal da für alle Bankeinlagen seit der Krisenerfahrung von 1931 praktisch eine öffentliche Garantie gegenüber Zusammenbruchsgefahren als gegeben angesehen werden muss. Der stärkste Sektor der deutschen Kreditwirtschaft, das Sparkassenwesen, ist bereits entsprechend aufgebaut. Der Großbankensektor bedarf der Überführung in die öffentliche Hand schon aus Gründen der wirtschaftlichen Rationalisierung. Die Kreditgenossenschaften haben zufolge ihrer nicht kapitalistischen Wirtschaftsgesinnung auch in der sozialistischen Wirtschaft ihre volle Berechtigung. Sämtliche Kreditinstitute müssen staatlicher Aufsicht unterworfen bleiben.

Jedes Mitglied der sozialistischen Wirtschaftsgesellschaft hat Anspruch auf umfassenden Versicherungsschutz bei Krankheit, Unfall, Invalidität, Alter, Tod und Arbeitslosigkeit. Die Gewährleistung dieses Schutzes, die bei der gegenwärtigen Zusammensetzung der deutschen Bevölkerung eine Aufgabe von außerordentlicher Schwierigkeit darstellt, ist eine Angelegenheit der öffentlichen Hand. Private Versicherungseinrichtungen auf Gegenseitigkeit unter staatlicher Aufsicht können zur Bereitstellung zusätzlichen Schutzes daneben bestehen bleiben.

[...] [D]ie wirtschaftspolitischen Forderungen, die die Sozialdemokratie aufstellt, dienen dem großen Ziel, den Weg zu einem freiheitlichen Sozialismus zu finden, der nach der Abschüttelung eines gewalttätigen Regimes den friedlichen Neuaufbau der deutschen Wirtschaft ohne Rückkehr zu den individualistischen und rationalistischen Formen eines kapitalistischen Liberalismus erreicht. Die Sozialdemokratie betont die wirtschaftlichen und kulturellen Vorzüge und Eigenarten des deutschen Volkes mit Nachdruck gerade in dem Zeitpunkt, in welchen dem deutschen Volk im drückenden Bewusstsein seiner Niederlage die Einsicht in seine eigenen Werte und die aus diesem Selbstbewusstsein sich ergebende würdige Haltung verloren zu gehen droht. Die so oft von manchen Teilen des deutschen Volkes herausgestellte Überheblichkeit und Aufdringlichkeit, die insbesondere von nationalsozialistischer Seite bis zur Verfälschung des deutschen Volkscharakters geführt hat, lehnt jedoch die SPD als Äußerungen eines verdeckten Minderwertigkeitsgefühls ab. Die SPD wird das Ziel haben, das deutsche Volk zum Selbstbewusstsein zu erziehen, um aufgrund einer Haltung des Stolzes auf die eigene Arbeit es auch zur Achtung vor den Leistungen anderer Völker zu führen.

Die neue deutsche Wirtschaft verlangt weitestgehende Eingliederung in die internationalen Wirtschaftsbeziehungen, um den Bedarf des deutschen Volkes zu decken und um eine größtmögliche Produktivität der deutschen Arbeit zu erreichen. Die früher in Deutschland gemachten Vorbehalte gegen eine sogenannte Abhängigkeit von den Ungewissheiten der Weltwirtschaft sowie jedes Autarkiebestreben hatten strategisch-militärische Hintergedanken und sind bei einer in der ganzen Welt friedfertigen Wirtschaftspolitik als gegenstandslos anzusehen. Für den wünschenswerten Grad einer weltwirtschaftlichen Verflechtung sieht das neue Deutschland nur eine Grenze: Es darf unter keinen Umständen an der Erfüllung seiner vornehmsten Aufgabe behindert werden, die Vollbeschäftigung sicherzustellen und den Umfang einer ausschließlich friedlichen Gesamtproduktion selbst zu bestimmen. [...]

Eine Gesundung des deutschen Wirtschaftskörpers ist nur durch die Wiederherstellung der deutschen Wirtschaftseinheit möglich. Sie wurde in Jalta beschlossen und in Potsdam proklamiert, ist aber bisher der Verwirklichung um keinen Schritt nähergebracht worden. Im Gegenteil, alle Anzeichen deuten darauf hin, dass diese ursprünglich nur militärisch gedachten Zonengrenzen wirtschaftlich den Charakter von wirklichen Landesgrenzen annehmen. Für die Wiederingangsetzung der deutschen Wirtschaft ist aber ein ungehinderter Fluss der Güter, der Transportmittel und Zahlungen innerhalb aller Gebietsteile notwendig. Daher müssen die wirtschaftlichen Grenzen der Besatzungszonen unverzüglich fallen. Dass das Festhalten an verschiedenen Besatzungszonen mit einem freien Güter- und Personenverkehr über die Zonengrenzen durchaus vereinbar ist, zeigt das Beispiel Groß-Berlins. [...]

Es geht heute nicht mehr an, einen Betrieb als eine privatwirtschaftliche Wirkungsstätte zu betrachten; er ist eine volkswirtschaftliche Angelegenheit. Wenn heute noch gesagt wird, dass der Kapitalbesitzer das betriebliche Risiko trägt, so ist diese Behauptung im vollen Umfange zu bestreiten. Bei einem Absinken der Konjunktur werden Arbeitskräfte entlassen, sie fallen der öffentlichen Fürsorge zur Last. Insofern wird das betriebliche Risiko sowohl von dem Arbeitnehmer als auch von der Gesellschaft getragen. Bei Großbetrieben mit besonderer Bedeutung tritt der Staat mithilfe von Krediten, durch Subvention, durch öffentliche Aufträge usw. ein. Weil aber die im Betrieb beschäftigten unselbstständigen Arbeitnehmer mit ihrer Existenz an den Betrieb gebunden sind und weil in jedem Fall die Gesamtheit letzter Risikoträger ist, ist die Forderung begründet, dass die Herrschaftsrechte des Betriebes gemeinsam durch Kapitalbesitzer, Arbeitnehmer und öffentliche Hand ausgeübt werden. Die Notwendigkeit einer Demokratisierung ergibt sich auch aus sittlichen und politischen Gründen. Der Nationalsozialismus ist ausschließlich aus den Kreisen der Wirtschaft finanziert worden. Die Wirtschaft hat so eine Bewegung aufgebaut und großgezogen, die neben der Verfolgung rein imperialistischer Zwecke nach außen im Innern sämtliche sozialen Einrichtungen und Organisationen der Arbeitnehmerschaft zerschlagen hat. Diese politische Bewegung hat nicht nur Deutschland, sondern auch ganz Europa an den Rand des wirtschaftlichen und kulturellen Abgrundes geführt. Das deutsche Volk verlangt nach dieser bitteren Erfahrung eine demokratische Wirtschaftsverfassung. Es kommt noch folgende Überlegung hinzu: Seit 300 Jahren sind wir Deutschen gewohnt, unser politisches Leben überlagert zu sehen von einer Atmosphäre, die wir »den Geist von Potsdam« nennen. Mag es die beamtenmäßige Erziehung oder die Ausbildung des preußischen Unteroffiziers durch den Soldatenkönig gewesen sein oder der Pakt in der Garnisonkirche von 1933, immer wurde die Wirtschaftspolitik von militärischen Bedürfnissen bestimmt und gestützt auf die Macht von Bajonetten durchgesetzt. Nachdem diese Politik vollends in ihrer nationalsozialistischen Übersteigerung das deutsche Volk ins Elend geführt hat, ist heute der Zeitpunkt gekommen, sie endgültig durch eine demokratische Wirtschaftspolitik zu ersetzen. [...] Die heute gegenüber Deutschland verfolgte alliierte Politik vertraut auf die Gewerkschaften, auf die neuen demokratischen Parteien, d.h. in weitestem Maße auf die Stimme des deutschen Arbeiters. Aber gerade diesem Arbeiter entzieht die alliierte Wirtschaftspolitik die Existenzgrundlage, nämlich seine Fabrik. [...]

Auszug aus der wirtschaftspolitischen Programmrede, die Viktor Agartz im Mai 1946, auf dem ersten Parteitag der Sozialdemokratischen Partei Deutschlands (SPD) in Hannover, gehalten hat. Nachgedruckt u. a. in: Viktor Agartz: Wirtschaft, Lohn, Gewerkschaft. Ausgewählte Schriften, hrsg. von Volker Gransow und Michael Krätke, Berlin 1982, S. 11–39.

3 Aktuelle Fragen der Wirtschaftspolitik (Juli 1946)

[...] Die zentralen Probleme der deutschen Wirtschaft sind die Sicherstellung der Ernährung und die Wiederbelebung der Produktion. Beide Aufgaben, die Ernährung der Bevölkerung wie die Gütererzeugung, können aber nur gelöst werden, wenn Deutschland aus dem gegenwärtigen Stadium der Abgeschlossenheit wieder in eine lebendige Verbindung mit der Wirtschaft anderer Nationen gebracht wird. Damit würde gleichzeitig ein Beitrag zur Belebung des internationalen Güteraustausches geleistet werden, von dem auch der Gesundungsprozess der Einzelwirtschaften abhängt. Diesem Ziel stehen heute noch zahlreiche hemmende Faktoren gegenüber. Wir steuern mit riesenhafter Schnelligkeit dem Tiefstand dieser krisenhaften Entwicklung zu. Wenn auch die Ursachen dieser Entwicklung im Kriege mit allen seinen Wirkungen liegen, bedarf es der schnellen Hilfe und der raschen Entscheidung der Besatzungsmächte.

Vor einigen Tagen haben die Herren Oberpräsidenten mit dem Zentralamt in einer Entschließung zum Ausdruck gebracht, dass die Zone den kommenden Winter politisch kaum zu überleben vermag. Ich möchte diese Besorgnis noch einmal besonders unterstreichen. Die Verhandlungen und Besprechungen der letzten Tage geben die Hoffnung, dass entscheidende Beschlüsse gefasst werden, die die Grundlage für einen Neuaufbau der deutschen Wirtschaft gewährleisten. Es wäre daher verfehlt, im Rahmen einer zentralen Wirtschaftspolitik über die Zeitnot die grundsätzlichen Fragen zu vernachlässigen. Genau wie im staatlichen Leben die Verfassung die Basis des Zusammenlebens darstellt, bedarf es in der Wirtschaft einer Organisationsform, innerhalb der der Neuaufbau durchzuführen ist. Drei Ausgangsbetrachtungen führen zu der Verfassungsform, die wir anstreben wollen.

Es erscheint mir verfehlt, den Nationalsozialismus als eine ausschließlich politische Erscheinung zu werten. Der Faschismus ist die politische Ausdrucksform eines bestimmten gesellschaftlichen und wirtschaftlichen Entwicklungszustandes, der sich letztlich nur aus der wirtschaftlichen Sphäre erklären lässt. Mit dem Zusammenbruch des Nationalsozialismus ist auch ein Wirtschaftsstil zusammengebrochen, den wir den kapitalistischen bezeichnen. Gerade darum erscheint es mir wesentlich, darauf hinzuweisen, dass wir in Deutschland in einer latenten wirtschaftlichen Revolution leben, die nach neuen Gestaltungsformen sucht und dem Inhalt des Wirtschaftens einen neuen Sinn geben will. Aufgabe des kapitalistischen Systems war es, ein Maximum an Gewinn zu erzielen. Die dem System eigene Produktions- und Absatzform konnte es möglich machen, dass trotz der Zielsetzung auf ein Maximum an Gewinn die Versorgung mit Gebrauchs- und Verbrauchsgütern voll erfüllt wurde. Keinesfalls lag die Versorgungsaufgabe als primäres Ziel im Rahmen der wirtschaftlichen Betätigung. Die zerstörten Städte und Industrieanlagen, das im Kampf gegen das eigene Volk mutwillig vernichtete Verkehrsnetz, die ungeheuerliche Bedarfsdeckung mit Haushalts- und Gebrauchsgegenständen des täglichen Bedarfs können nicht mit dem primären Ziel auf ein Maximum an Gewinn neu gebaut bzw. befriedigt werden. Diese zu vollbringende wirtschaftliche Leistung kann auch nicht durchgeführt werden mit einem Maximum an Lohn. Es besteht die Gefahr, dass die in der Gewinnfrage und die in der Lohnfrage entgegengesetzten Interessen bei der gegenwärtigen Mangellage sich verständigen und, wenn ich es so nennen soll, bei der vorhandenen Konjunkturlage im einseitigen Interesse auszunutzen versuchen. Es ist einleuchtend, dass diese Sonderinteressen den Gesamtinteressen untergeordnet werden müssen.

Eine zweite Ausgangsbetrachtung macht den folgenden Hinweis notwendig: Das riesenhafte Wachstum der Produktivität der menschlichen Arbeit lag in der technischen Entwicklung begründet. Ein Blick in die Bilanzen der Unternehmungen zeigt uns die Bedeutung, welche das Anlagevermögen im Laufe der letzten Jahrzehnte bekommen hat. Die hohe Anlagenintensität, durch die Technik bedingt, ist nicht zuletzt Grund für die Sorgen, die die Unternehmungen heute bedrücken. Diese technische Entwicklung begleitet heute jede menschliche Regung. Sie ist verknüpft mit dem Schicksal jedes einzelnen Menschen. Sie führt zu wirtschaftlichen Großgebilden als Wesen mit eigener Gesetzlichkeit, die der Beherrschung durch den Menschen entlaufen sind. Daher das Misstrauen gegen die technischen Großgebilde, die die wirtschaftliche Freiheit der Menschen verschlungen haben. In diesen Großgebilden wird der Mensch gezwungen, Teilarbeit zu leisten an einem Prozess, der sich seiner eigenen Einsicht entzieht. Die persönliche Würde des Menschen wird in dem Tauschwert der Ware aufgelöst.

Ein dritter Ausgangspunkt ergibt sich aus dem Ende des Krieges. Der heute noch vorhandene Besitz ist eine Zufälligkeit, kein Verdienst mehr – zufällig darum, weil er der Fliegerbombe entgangen ist. Aus dieser Zufälligkeit können gegenüber denen, die alles verloren haben, keine besonderen Rechte hergeleitet werden. Das bezieht sich auch auf die Wirtschaft. Der arbeitende Mensch hat instinktiv begriffen, dass dieser zufällige Besitz kein Ausgangspunkt für den Neuaufbau der Wirtschaft sein kann. Dieser Neuaufbau kann nur erfolgen, wenn jeder arbeitende Mensch eingesetzt wird mit dem Bewusstsein, ebenfalls Subjekt dieser Neugestaltung zu sein, nicht aber mehr Objekt. Jede wirtschaftliche Entscheidung, die heute gefällt wird, trifft das Schicksal von einzelnen Menschen, mag es die Rohstoffzuteilung, eine Produktionsauflage, mag es die Reparationsleistung oder sonst eine wie auch immer geartete Entscheidung sein. Hieraus resultiert die Forderung der Gewerkschaften nach Mitbestimmung und Mitverantwortung. Das deutsche Volk soll sein Schicksal wieder in die eigene Hand nehmen, es darf daher in der Arbeit von der Bestimmung seines Schicksals nicht ausgeschlossen bleiben.

Die Tatsache einer latenten Revolution, die Entwürdigung des Persönlichkeitswertes durch die technische Entwicklung und der völlig veränderte besitzrechtliche Ausgangspunkt machen es erforderlich, dass sich der Neuaufbau der deutschen

Wirtschaft im Rahmen einer Wirtschaftsverfassung vollzieht, die neben der politischen freien Willensbildung auch die wirtschaftliche Gleichberechtigung gewährleistet. Als vor 150 Jahren die politische Freiheit errungen war, bildeten sich Jahrzehnte später Gewerkschaften zur Vertretung der sozialpolitischen Interessen, da die wirtschaftliche Demokratie dem einzelnen Menschen versagt wurde. Mehr und mehr setzte sich die Erkenntnis durch, dass die Sozialpolitik kein gesondertes Sachgebiet darstellt, das als von der Wirtschaftspolitik gelöst betrachtet werden könnte. Es war daher verständlich, dass sich das Interesse der Gewerkschaften auch bei der zunehmenden Bedeutung des industriellen gewerblichen Lebens wirtschaftspolitischen Aufgaben zuwandte, weil das Abhängigkeitsverhältnis der Sozialpolitik allzu deutlich in Erscheinung trat. Diese wirtschaftspolitische Interessenbindung muss angesichts des völligen Zusammenbruchs bei den Maßnahmen zum Neuaufbau der Wirtschaft und der zukünftigen Planung und Lenkung im Vordergrund stehen.

Auf der Seite der Unternehmer hatten sich neben den Arbeitgeberverbänden, die als sozialpolitische Kontrahenten den Gewerkschaften gegenüberstanden, wirtschaftliche Fachverbände gebildet, die die Interessen auf wirtschaftspolitischen Gebieten vertraten und damit gegenüber den Arbeitgeberverbänden eine sachliche Arbeitsteilung zwischen Wirtschaftspolitik und Sozialpolitik zum Ausdruck brachten. Heute ist der wirtschaftliche Fachverband diejenige Organisationsform, die der inhaltlich gewandelten Gewerkschaft in der Vertretung wirtschaftspolitischer Meinungen entspricht. Beide sind privatrechtliche Vereinigungen im Rahmen der wiedererstandenen Koalitionsfreiheit, losgelöst von jeder staatlichen Kontrolle, sich gründend auf freiwillige Mitgliedschaft der angeschlossenen Mitglieder. Soweit sozialpolitische Aufgaben eine Lösung erfordern, soweit es notwendig ist, Lohn- oder Tarifverträge abzuschließen, ist heute der wirtschaftliche Fachverband in der Lage, diese sozialpolitische Aufgabe sich anzugliedern und als notwendiger Kontrahent den Gewerkschaften gegenüberzustehen.

Zwischen diesen beiden privatrechtlichen Organisationsformen der Wirtschaft stehen die Kammern, vor allem die Industrie- und Handelskammer, als ein Gebilde, das auf regionaler Grundlage die Interessen der Wirtschaft vertritt und in objektiver Weise, losgelöst von den Interessen des Einzelnen oder einer Gruppe, die staatliche Verwaltung auf allen Gebieten der Wirtschaftspolitik fachlich zu beraten und zu unterstützen hat. Aufgabe der Kammer ist es, das Gesamtinteresse der Wirtschaft zu sehen. Zu diesem Gesamtinteresse gehören Unternehmer, Angestellte und Arbeiter gleichermaßen. Ein Neuaufbau der Kammer auf öffentlich-rechtlicher Grundlage, d. h. mit der Gewährung staatlicher Unterstützung, kann daher nur in gemeinsamer Zusammenfassung, d. h. in paritätischer Besetzung mit Arbeitgebern und Arbeitnehmern durchgeführt werden, oder aber die Kammern müssten auf ihre öffentlich-rechtliche Stellung verzichten und als private Unternehmervereine auf der Grundlage freiwilliger Mitgliedschaft ihre zukünftige Aufgabe suchen. Das Letztere würde aber eine Zerstörung des an sich wertvollen Kammergedankens bedeuten.

Ich habe daher der Kontrollkommission der britischen Militärregierung im Namen des Zentralamtes den Vorschlag unterbreitet, die künftige Wirtschaftsverfassung zu gliedern nach wirtschaftspolitisch orientierten Gewerkschaften auf der einen und nach wirtschaftspolitisch orientierten Wirtschaftsverbänden auf der anderen Seite, und zwischen beiden die öffentlich-rechtliche Handelskammer mit paritätischer Besetzung zur ständigen Hilfe und Unterstützung der staatlichen Wirtschaftsverwaltung, als objektive Zusammenfassung der wirtschaftlichen Gesamtinteressen. In dieser Wirtschaftsverfassung gibt es m. E. für einen Arbeitgeberverband keinen Raum mehr. In dieser Wirtschaftsverfassung käme zum Ausdruck das Grundgesetz allen zukünftigen Wirtschaftens, dass von Einzelnen eine Einschränkung des materiellen Interesses gefordert wird und dass damit jedem Einzelnen als Preis die Freiheit des Meinens und Wollens gewährt wird.

Auf der Grundlage einer neuen Wirtschaftsdemokratie will das deutsche Volk arbeiten, will es seine zerstörte Wirtschaft neu aufbauen, will es seine vernichtete Heimat wiedereinrichten, will es Friedensarbeit leisten. Noch aber besteht kein Frieden, nur zu oft wird vergessen, dass noch Kriegszustand ist, dass dieses Deutschland, dessen Größe und Umfang wir noch nicht kennen, keine Souveränität hat, dass dieses Deutschland keine Regierung besitzt, die in der Lage wäre, handelspolitische, wirtschaftspolitische und kreditpolitische verbindliche Erklärungen abzugeben. Bei den Alliierten liegt das Gesetz des Handelns. Ihr Wille und ihr Können bestimmen die Art des Friedens und damit die Struktur der Nachkriegsjahre. Mit einer gewissen Besorgnis verfolgen die Friedensfreunde in Deutschland und im übrigen Europa die Verhandlungen, die der Vorbereitung des Friedensschlusses dienen sollen. Sie stehen unter dem Eindruck, dass der Hauptinhalt des Friedenskonzeptes aus strategischen Erwägungen besteht, wie sie auch dem Industrieplan von Potsdam zugrunde liegen.[1] Damit würde auch diesem Frieden, wie 1918, die Vision eines kommenden Krieges unterstellt. Ich hoffe, dass die Fehler von 1918 nicht wiederholt werden, heute in einem historisch vielleicht noch gefährlicheren Ausmaß. Nach 1918 ist Deutschland weder als Freund noch als Feind behandelt worden. Man konservierte es als Gegner. Heute wird jeder noch leidenschaftlicher nach dem Sinn des Schicksals fragen. Jeder hofft, dass die Aspektlosigkeit und die konstruktive Armut des Friedens von 1918 sich nicht noch einmal wiederholen möge.

Es gibt im heutigen Europa kein grundsätzliches Problem mehr, das nur in einem Land besteht. Damit war die bedingungslose Kapitulation Deutschlands auch die bedingungslose Kapitulation Europas. Das Schicksal, das Deutschland zugedacht ist, wird seine Rückwirkungen in allen europäischen Ländern haben. Wenn wir heute, befreit von der Umklammerung eines militärischen und politischen Machtapparates, diese Erkenntnis aussprechen, begreifen wir den Hochverrat, der durch den Krieg an Europa begangen wurde und den wir

1 [Der alliierte Industrieplan – offiziell »Level of Industry«, inoffiziell »Sparta-Plan« genannt (weil er ein spartanisches Leben verhieß) – regelte seit März 1946 die von den alliierten Sieger- und Besatzungsmächten erlaubten Höchstgrenzen industrieller Friedensproduktion.]

ungeschehen machen müssen. In dieser Zeit, in der die Welt in Kontinenten denkt, peitschte eine dämonische Gruppe von Menschen unseren eigenen Kontinent gegen sich selbst auf, führten wir in Europa einen Bürgerkrieg, denn um einen Bürgerkrieg hat es sich in Wahrheit gehandelt. Daraus ergeben sich aktuelle wirtschaftliche Probleme, die aber nicht nur Probleme, die zugleich eine Idee sind. Innerhalb eines einheitlichen Wirtschafts- und Notstandsgebietes ist die Lösung wirtschaftlicher Aufgaben unmöglich, wenn eine Vielheit von Staaten einem sich widersprechenden Programm gerecht werden will. Die Arbeitsintensität eines Gebietes wächst mit der Zahl der Beziehungen, die seine Wirtschaftseinheiten untereinander haben. Nur ein europäischer Raum kann wirtschaftsfördernden Handel und Währungspolitik treiben, kann die Elektrizität und Gaswirtschaft intereuropäisch rationeller gestalten. Keine Prestigeerwägungen dürfen einer einheitlichen Tarifpolitik für den Verkehr entgegenstehen, dürfen die Schaffung einer europäischen Münzeinheit und Notenbank verhindern.

Nach den Geschehnissen der letzten zehn Jahre haben wir uns des Rechtes begeben, Forderungen zu stellen, und zwar so lange, bis dieses innerlich bisher so unsouveräne Volk sich zur politischen und wirtschaftlichen Demokratie gefunden hat, bis aus dem Untertan ein souveräner Staatsbürger geworden ist. Europa wird uns eines Tages rufen, dann nicht als Schuldige, sondern als gleichberechtigte Partner. Die Erkenntnis wird sich durchsetzen, dass die Verantwortung, weil wir Unmenschen zur Macht kommen ließen und ein großer Teil des Volkes sich nicht dagegen auflehnte, nicht größer ist als die Verantwortung aller europäischer Völker dafür, dass sie nicht rechtzeitig intervenierten. Diesem Ruf Europas müssen wir vorbereitet entgegentreten können. [...]

Auszug aus einem Ende Juli 1946 an der Kölner Universität gehaltenen Vortrag über »Aktuelle Fragen der Wirtschaftspolitik«. Nachdruck in: Viktor Agartz: Partei, Gewerkschaft und Genossenschaft, hrsg. von Hans Willi Weinzen, Frankfurt a. M. 1985, S. 148–162.

4 Zur Verteidigung des gewerkschaftlichen Mitbestimmungskampfes (September 1950)

Die Hattenheimer Gespräche über das Mitbestimmungsrecht waren abgebrochen worden. Das Bundesarbeitsministerium führte erneut beide Parteien an den Verhandlungstisch.[1] Als dann das negative Ergebnis zu eingehenden Beratungen zwang und die höchsten verfassungsmäßigen Organe der Gewerkschaften, Bundesvorstand und Bundesausschuss, ihren Willen vor der Öffentlichkeit bekundeten, die Forderungen auf Mitbestimmung in der Wirtschaft mit allen gewerkschaftlichen Kampfmitteln durchzusetzen, gab es zunächst eine erstaunte Bestürzung, die in allen journalistischen Kommentaren ihren Niederschlag fand. Bislang hatte man betont die Haltung der deutschen Gewerkschaften als verantwortungsbewusst, als maßvoll und konstruktiv gekennzeichnet und mit Anerkennung nicht gespart. Und nun diese plötzliche, anscheinend überraschende Wandlung. Manche Blätter sprachen von einer Radikalisierung des Gewerkschaftsbundes, analysierten Gruppeneinflüsse, und an die Stelle der gezollten Achtung trat eine sich stets steigernde aggressive Kritik. Als sich dann Mitte des Jahres die Subventionspolitik der Regierung änderte und sich ferner teils echte, teils spekulative Preiserhöhungen aus dem internationalen Rüstungsboom auch auf dem deutschen Inlandsmarkt bemerkbar machten und als dann im Verfolg dieser aus der Preisentwicklung veränderten sozialpolitischen Lage die Gewerkschaften dazu übergingen, die Lohntarife aufzukündigen, begann ein Trommelfeuer von Vorwürfen, die über demagogische Hetzreden zuletzt in der Forderung gip-

1 [Diese von Januar bis April 1950 geführten »Hattenheimer Verhandlungen« wurden wissenschaftlich dokumentiert in dem von Gabriele Müller-List bearbeiteten Quellenband: Montanmitbestimmung. Das Gesetz über die Mitbestimmung der Arbeitnehmer in den Aufsichtsräten und Vorständen der Unternehmen des Bergbaus und der Eisen und Stahl erzeugenden Industrie am 21. Mai 1951 (Quellen zur Geschichte des Parlamentarismus und der politischen Parteien, Vierte Reihe, Bd. 1), Düsseldorf 1984.]

felten, die Gewerkschaftsführung einsperren zu lassen. Ein bekannter französischer Journalist schrieb zu diesen Auswüchsen, Franzosen seien an den Ton eines gewissen bürgerlichen Milieus nach den Junitagen 1848 erinnert worden.

Die Gewerkschaften haben seit Kriegsende zu allen sie interessierenden Fragen, nicht nur der Wirtschaftspolitik, Stellung genommen. Wer die zahlreichen Erklärungen, Denkschriften, Gutachten, Gesetzvorschläge und Kongressbeschlüsse einer Durchsicht unterzieht, wird unvoreingenommen eine Einheitlichkeit und eine Konsequenz der Anschauungen und der Zielsetzung feststellen müssen. Er wird vor allem feststellen müssen, dass das gewerkschaftliche Wollen nicht ein wahlloses Behandeln jeweils aktueller Tagesprobleme darstellt, dass es auch nicht aus Forderungen besteht, die, aus der Tagessituation geboren, opportunistischen Charakter tragen. Weder auf kulturellem noch auf internationalem oder auf sozialpolitischem und sozialrechtlichem, ja selbst nicht auf wirtschaftspolitischem Gebiet entstammen die Vorstellungen allein dem Kreis des jeweiligen Sachgebietes. Diese Anschauungen wurzeln sämtlich in einer Gesamtlage, die sich nach dem Krieg ergeben hat. Insofern sind sie in erster Linie gesellschaftspolitischer Natur.

Es sei mir daher gestattet, diese Voraussetzungen kurz zu charakterisieren. Im Aufbau der deutschen gesellschaftlichen Ordnung hat sich ein Strukturwandel größten Ausmaßes vollzogen. Diese Wandlung in der Zusammensetzung des sozialen Körpers begann schon in den Jahren des Ersten Weltkrieges, als die damalige Inflation große Schichten des Mittelstandes und des großbürgerlichen und mittelständlerischen Rentnertums zerschlug. Die dann seit 1933 beginnenden Eingriffe in die Substanz der sozialen Schichtung sind allerdings die tiefgreifendsten gewesen. Sechs Millionen jüdische Staatsbürger, teils dem gewerblichen Mittelstand, teils zu einem gewichtigen Teil den kulturellen und wissenschaftlichen Gruppen angehörend, wurden aus dem Volkskörper gewaltsam ausgeschieden. Es entspricht dem Wesen aller totalitären Gruppen, jedes selbstständige Denken auszumerzen. Daher wurde dem geisteswissenschaftlichen Element unserer Hochschulen, insbesondere der Philosophie und der Soziologie das Rückgrat gebrochen. Es erfüllt mit tiefer Niedergeschlagenheit, wenn man, wie in diesen Tagen auf dem ersten Weltkongress für Soziologie und politische Wissenschaften, feststellen muss, dass Deutschland auf diesem geisteswissenschaftlichen Gebiet, in dem es einmal eine Führung hatte, heute keine Rolle mehr spielt. Ausgeschieden wurden die ehemaligen aristokratischen und militärischen Schichten, die in früheren Jahrzehnten nicht ohne Einfluss waren. Man mag sich im Einzelnen zu diesen verschiedenen sozialen Gruppen stellen, wie man will, ihr unbestreitbarer Einfluss als geistiges Element innerhalb des Volkskörpers kann nicht bezweifelt werden. Mit dem Ende des Krieges flutete ein Heer von Vertriebenen über die Grenzen, restlos verarmt und entwurzelt und das Übrige vollendete die Geldreform. Übrig blieben Zusammenschlüsse von Kriegs- und Währungsgeschädigten, von Flüchtlingen und Schutzvereinigungen, eine Zahl von 20 Millionen Menschen, die alle nur ein Negatives vereinigt, ihre erlittenen Verluste und ihre Leiden. [...]

Deutschlands gesellschaftliche Struktur ist zerstört, daher ist auch sein geistiges und öffentliches Leben gelähmt. Wenn heute der Versuch unternommen wird, die deutsche Politik an das Jahr 1933 anzuknüpfen, so muss eine solche Politik auf unüberwindliche Schwierigkeiten stoßen, weil alle Tradition, an die anzuknüpfen wäre, in der sozialen Wirklichkeit ausgelöscht ist. Es bleibt nichts anderes übrig, als von neuen Grundlagen ausgehend eine gesellschaftliche Ordnung neu zu schaffen und den deutschen Sozialkörper neu aufzubauen. Ich darf einschaltend bemerken, dass in diesem Tatbestand eine der Ursachen für unsere kritische Betrachtung liegt, die wir einer liberalen Wirtschaftspolitik entgegenbringen. Man mag in Ländern wie der Schweiz oder in den USA, deren sozialer Körper intakt ist, dem Einzelnen bei der Produktion materieller Güter einen größeren Spielraum zuweisen. Einer solchen Wirtschaftspolitik fehlt aber in einem Lande, deren gesellschaftliche Gliederung zerbrochen ist, jede soziologische Fundierung.

Als die Gewerkschaften ihre Forderung nach Mitbestimmung der Öffentlichkeit übergaben, knüpften sie an eine Entwicklung an, die schon nach dem Ersten Weltkrieg eingesetzt hatte, damals jedoch trotz verfassungsmäßiger Zusicherungen nicht Wirklichkeit geworden war. Kurz nach Ende des Zweiten Weltkrieges wurden bereits Forderungen nach Änderung des Kammerwesens und der Neubesetzung der Aufsichtsräte in gleicher Weise erhoben, wie sie heute in der Gewerkschaftsvorlage niedergelegt sind. Um diese Gewerkschaftsvorlage haben sich viele spekulative Mutmaßungen ergeben.[2] Zur Klarstellung sei mitgeteilt, dass die Ausarbeitung der Gesetzestexte nebst Begründung eine Arbeit des Bundesvorstandes und des Bundesausschusses war, unterstützt durch einen Arbeitskreis von Parlamentariern und Politikern mehrerer politischer Parteien, der unter Leitung des stellvertretenden Vorsitzenden [Matthias] Föcher häufiger getagt hat. Wer sich die gewerkschaftliche Vorlage genauer ansieht, wird feststellen müssen, dass die formulierten Vorschläge der Gewerkschaften a) nichts enthalten, was zu dem früheren Betriebsräterecht eine Beziehung hat, ferner b) dass diese Vorschläge als »Vorschläge zur Neuordnung der deutschen Wirtschaft« gekennzeichnet sind. Das frühere Betriebsräterecht hatte Fragen des innerbetrieblichen Arbeitsrechts zum Gegenstand. Die Forderungen nach Neuordnung der Wirtschaft haben einen völligen anderen Gegenstand zum Inhalt und betreffen eine Demokratisierung wirtschaftlicher und betrieblicher Organisationsformen und die gleichberechtigte Anerkennung aller in der Wirtschaft tätigen Menschen.

Dass durch eine Realisierung dieser Forderung das soziale Verhältnis innerhalb eines Betriebs allein noch nicht gelöst ist, ist den Gewerkschaften bekannt. Es war daher eine völlige Verkennung des gewerkschaftlichen Wollens, wenn am letzten Verhandlungstag zwischen den beiden Parteien von Unternehmerseite der Vorschlag gemacht wurde, gerade diesen innerbetrieblichen Problemkreis zu diskutieren und in die Verhandlungen einzubeziehen.

2 [Gesetzesvorschlag des Deutschen Gewerkschaftsbundes für das Gebiet der Bundesrepublik Deutschland zur Neuordnung der Deutschen Wirtschaft, Mai 1950.]

Kernpunkte der gewerkschaftlichen Forderungen sind jene neuralgischen Punkte, an denen eine Einigung scheiterte, die paritätische Neuordnung der Industrie- und Handelskammern und die der Aufsichtsräte größerer Kapitalgesellschaften.

Paritätische Besetzung der Industrie- und Handelskammern

Die Industrie- und Handelskammern sind gegründet worden als Selbstverwaltungsorgane im Zuge jener Vorstellungen, die vor 100 bis 150 Jahren sich entwickelten und den Gedanken der Selbstverwaltung auf den verschiedensten Gebieten verwirklicht haben oder zu verwirklichen versuchten. Die Aufgabe der Handelskammern war es, die Gesamtinteressen eines Bezirkes wahrzunehmen und die Behörden durch Mitteilungen, Anträge und Erstattung von Gutachten zu unterstützen. In jedem Falle waren die Handelskammern eine regionale Zusammenfassung von Betrieben, nicht aber eine bezirkliche Interessenvertretung der Unternehmer. Schwerlich hätte man einer Interessenvertretung das Recht der öffentlichen Körperschaft verliehen, ja man hätte vermutlich kein besonderes Gesetz über Handelskammern erlassen. Man wäre auch nicht dazu übergegangen, die Errichtung von Industrie- und Handelskammern abhängig zu machen von der Zustimmung des zuständigen Ministers. Die Handelskammer unterliegt der ministeriellen Aufsicht. Geschäftsführung und Vermögensverwaltung werden von der staatlichen Verwaltung überwacht. Ihre Beiträge gelten als öffentliche Lasten und werden in der gleichen Weise wie Steuern eingezogen. Alle diese Merkmale, wie auch die spätere Erweiterung ihrer Funktionen, zeigen den ausgesprochenen Charakter einer Selbstverwaltungskörperschaft, in keinem Falle aber den eines regionalen Unternehmerverbandes.

Jedes Unternehmen hat heute öffentliche Bedeutung, wobei die Intensität dieser Bedeutung unterschiedlich ist je nach der Größe des jeweiligen Betriebes. Schon in den rückliegenden Jahrzehnten, vor allen Dingen aber bei dem stetigen Wachsen technisierter Großbetriebe kann die öffentliche Hand nicht zulassen, wenn große Betriebe durch Konkurs aus dem

Wirtschaftsleben ausscheiden. Die Stützungsmaßnahmen gegen Ende der 1920er-Jahre sind noch in aller Erinnerung. Insoweit wird das sogenannte Risiko des Eigentümers abgefangen durch die öffentliche Hand. Diese Notwendigkeit ist nicht auf Deutschland allein beschränkt. Man denke nur an die schon über Jahrzehnte laufende Stützungsaktion für Schweizer Hotelbetriebe. Und gerade gegenwärtig sehen wir staatliche Stützungsmaßnahmen in der amerikanischen Uhrenindustrie. In diesen Tagen ist der italienische Staat eingesprungen, um den größten italienischen Maschinenkonzern in Turin vor dem Zusammenbruch zu bewahren. Nebenbei handelt es sich bei den angeführten Beispielen um Vorgänge in den Ländern, die uns als Beispiel liberaler Wirtschaftspolitik gepriesen werden. Neben der öffentlichen Hand, und dies ist von gewerkschaftlicher Seite oft genug in mündlichen und schriftlichen Darlegungen nachgewiesen worden, trägt die in den einzelnen Unternehmen beschäftigte Arbeitnehmerschaft ein größeres betriebliches Risiko als der juristische Eigentümer des Kapitals. Aus diesem Grunde können die Gewerkschaften die Repräsentanz eines Unternehmens nicht dann anerkennen, wenn in ihr nur ein Teil der betrieblichen Trägerschaft in Erscheinung tritt. Die Gewerkschaften sehen den Betrieb als eine Einheit, als eine arbeitsteilige Gemeinschaft, die allein verkörpert wird durch alle in dieser Gemeinschaft verbundenen Menschen. Die Gewerkschaften halten daher unerschütterlich an der Gleichberechtigung von Kapital und Arbeit fest und hieraus ergibt sich ihre Forderung nach paritätischer Besetzung der Kammern. Richtig ist zwar, dass die Kammern, vor allem seit dem Ersten Weltkrieg, in ihrer Bedeutung zugunsten der wirtschaftlichen Fachverbände zurückgetreten sind. Es muss aber die Aufgabe sein, diese wirtschaftlichen Selbstverwaltungskörperschaften für die Zukunft besonders zu aktivieren.

Wechselt man in der Betrachtung hinüber auf die politische Ebene, so bejahen die Gewerkschaften die demokratische Bedeutung der Gemeinden und Kreise. Sie sind der Auffassung, dass der Tätigkeitsbereich dieser örtlichen Selbstverwaltungskörperschaften wesentlich erweitert und intensiviert werden sollte. Je mehr die Gemeinden und Kreise nach eigenem Ermessen und nach eigener Verfügungsfreiheit handeln, desto mehr fühlt sich jedes Gemeindemitglied angesprochen. Dabei sollte in den Gemeinden und Kreisen das ehrenamtliche Element eine wesentlich größere Bedeutung haben und in stärkerem Umfange in die praktische Verwaltungsarbeit einbeschlossen werden. Es ist keine Demokratie, wenn man Gemeindeparlamente, Kreisparlamente, Länderparlamente, Bundesparlament sozusagen stufenweise aufeinander baut oder wenn man von Aachen bis zur Elbe, wie es mal ausgerechnet wurde, alle vier Kilometer einen Minister aufstellen kann. Diese formale Gliederung erschöpft sich in einer Staatstätigkeit, an der der Staatsbürger nicht mitwirken kann. Er bleibt allein beschränkt auf die Ausübung seiner Wahlpflicht. Die Gewerkschaften sehen eine Demokratie dann verwirklicht, wenn der Bürger an allen öffentlichen Angelegenheiten, und dazu gehört vor allem die Wirtschaft, direkt beteiligt ist. Es ist keine Demokratie, wenn der Bürger nur das Recht hat, sich gegen behördliche Anordnungen zur Wehr zu setzen.

In Parallele zu dieser für die politische Ebene gültigen Auffassung wünschen die Gewerkschaften paritätische Handelskammern als Selbstverwaltungskörperschaften auf der regionalen wirtschaftlichen Ebene. Es ist eine völlige Verkennung und Verdrehung unserer Absichten, wenn diese Forderung abgetan wird als Forderung zur Erfüllung eines gewerkschaftlichen Machtanspruches, eine Beweisführung, die umso merkwürdiger und erstaunlicher wirkt, wenn heute nur ein Teil der Wirtschaft diese Macht allein in den Händen hält. Die Gewerkschaften erheben diese Forderung aus echtem demokratischem Verlangen, weil sie glauben, dass nur durch die tätige Mitwirkung der Arbeitnehmerschaft und durch ein Heranbringen der Arbeitnehmer an eine demokratische Selbstverwaltung die Demokratie aufgebaut und erhalten bleiben kann.

Paritätische Besetzung der Aufsichtsräte

Die zweite Kernforderung, die im Endergebnis nichts anderes will als das, was über die Handelskammern gesagt worden ist, verlangt die paritätische Besetzung der Aufsichtsräte größerer Unternehmungen. Die technische Entwicklung zum Großbetrieb hat es mit sich gebracht, dass bei den Kapitalgesellschaften die Geschäftsführung des Unternehmens vom Eigentum an dem Unternehmen getrennt worden ist. Die Geschäftsführung wird in den meisten Fällen ausgeübt von angestellten Fachkräften. Die Entwicklung ist jedoch bei dieser Spaltung der ursprünglichen Unternehmerfunktion nicht stehen geblieben. Mehr und mehr hat sich gezeigt, dass bei dem Anwachsen von Großbetrieben der Eigentümer darauf verzichtet, selbst seine Eigentumsfunktion durch Stimmabgabe oder Mitspracherecht geltend zu machen. Wer früher eine Aktie der Vereinigten Stahlwerke oder der IG Farbenindustrie oder ähnlicher Gebilde kaufte, kaufte dieses Wertpapier durchweg nicht in der Absicht, Eigentümer dieser Unternehmungen zu werden. Er kaufte es ausschließlich aus der Vorstellung, dass dieses Wertpapier eine sichere Kapitalanlage bedeute und durch die Gleichmäßigkeit der Dividende eine über dem üblichen Zinssatz liegende Verzinsung bringen würde. Niemand wird im Ernst behaupten wollen, dass der Käufer einer Aktie der Vereinigten Stahlwerke mit diesem Kauf beabsichtigt hat, Eigentümer etwa der Hanomag in Hannover oder der Ofenfabrik Küppersbusch zu werden. In den meisten Fällen kennt der Aktionär »seinen« Betrieb überhaupt nicht. Die Aktien großer Unternehmungen waren weit überwiegend Anlagepapiere geworden, für die der Eigentümer auf Ausübung des Eigentumsrechtes von vornherein verzichtete.

Wenn große Gebilde der eben erwähnten Arten Aktionärszahlen von 300 000 bis 400 000 aufweisen, so war es schon technisch nicht möglich, diese sogenannten Eigentümer zu einer Hauptversammlung zusammenzurufen, abgesehen davon, dass die Besitzer einzelner Aktien nicht gewillt waren, die Kosten für eine Reise zur Hauptversammlung aufzubringen. Wer sich die Hauptversammlungsprotokolle dieser großen Unternehmungen ansieht, wird feststellen, dass 80 bis 90 Prozent des Aktienbesitzes über das Depotstimmrecht durch Vorstandsmitglieder von großen Banken vertreten wurde.

Bindungen von Eigentum und Rechten aus dem Eigentum bestanden nicht mehr zu jener Schicht führender Wirtschaftsfunktionäre, die allein im Besitz wirtschaftlicher Macht verblieben. Diese Inhaber der tatsächlichen Macht, ohne irgendeinen soziologischen Standpunkt, waren immer geneigt, sich denjenigen politischen Kräftegruppen zuzuwenden, die die größten Erfolgschancen zu gewähren schienen. Dass die meisten dieser Wirtschaftsfunktionäre der ehemaligen NSDAP angehörten, erklärt sich aus dieser Sachlage. Gleichzeitig gibt sie aber auch die Begründung dafür, wenn dieselben Personen erklären, man sei kein Nazi gewesen.

Eine betriebswissenschaftliche Untersuchung behandelte die Änderung des Aktiengesetzes von 1937, wodurch das Aufsichtsrecht zugunsten des Vorstandes stark beschnitten wurde. In überzeugender Weise wurde in dieser Untersuchung nachgewiesen, dass diese Herausstellung und weitere Isolierung der Vorstände nur dem Zweck gedient habe, sie besser beherrschen zu können. Diese heute auf sich selbst gestellte wirtschaftliche Elite braucht die Öffentlichkeit, benötigt insbesondere die soziale Stützung. Zahlreiche dieser führenden Funktionäre erkennen die gesellschaftspolitische Bedeutung der Gewerkschaften, während andere eine reaktionäre Haltung an den Tag legen. In der Erfüllung der Forderung nach Neuordnung der Aufsichtsräte sehen die Gewerkschaften allein eine Möglichkeit, ein von der Eigentumsseite nicht mehr herstellbares Beziehungsverhältnis neu ordnen zu können.

Vor wenigen Tagen ging der erste Weltkongress der soziologischen und politischen Wissenschaftler, der aus 36 Ländern mit über 200 wissenschaftlichen Delegierten besetzt war, zu Ende. Der hervorragendste Kenner der Arbeitswissenschaft und der Betriebssoziologie, der Pariser Professors Georges Friedmann, sprach über die menschlichen Probleme der industriellen Maschinenwelt. Er wies darauf hin, dass in den industrialisierten Ländern heute Millionen und Abermillionen Werktätiger in den Fabriken, in den Büros, auf den Bauplätzen und in den Bergwerken tätig seien, deren Arbeit nur noch aus schematisierten Bewegungen beständen. Die Rationalisierung, die Konzentrierung des industriellen Hirns in einer einzelnen Abteilung hat es mit sich gebracht, dass der werktätige Mensch seine eigene Initiativkraft, seinen Verantwortungssinn und sein persönliches Denkvermögen verliert. Um überlegen zu können, um eigene Initiative hervorzubringen, benötige der Mensch eine Arbeit, die sich erst auf weite Sicht wiederholt, also einen Beruf. Demgegenüber verlange die heutige Arbeit die Ausschaltung des Denkens der Arbeiter. Diese Erscheinung habe sich in den letzten Jahrzehnten in allen industriellen Ländern verbreitet und ihre Folge sei der Verlust des kritischen Geistes bei Millionen von Menschen. Die Demokratie sei aber ohne den kritischen Geist ihrer Bürger nicht lebensfähig. Friedmann verlangt, dass man nicht nur den Menschen einen umfassenden Beruf lernen lassen soll, sondern, weil man das Rad der Geschichte nicht zurückdrehen kann, man dem Arbeiter wie im allgemeinen öffentlichen Leben, so auch im industriellen Unternehmen die Mitbestimmung und die Mitverantwortung im Betrieb übergebe. Diese Ausführungen wurden von den Delegierten des Kongresses mit stürmischem Applaus aufgenommen. Die Gewerkschaften können mit Genugtuung feststellen, dass die internationale Wissenschaft hinter ihren Forderungen steht.

Wer die Verhandlungen von Hattenheim bis Maria Laach miterlebt hat, wird empfunden haben, dass der gewerkschaftlichen Forderung eine konstruktive Konzeption nicht entgegengestellt werden konnte. Die ablehnende Haltung der Arbeitgeber kam aus zwei Richtungen, die beide erfüllt waren mit gesellschaftspolitischen Ressentiments. Einmal wurde immer wieder dargelegt, dass eine Realisierung des Mitbestimmungsrechtes einen Eingriff in die bestehende Rechtsordnung des Eigentums darstelle. Der Eigentumsbegriff, dessen Verletzung angedroht sei, dürfe in keiner Weise verwässert werden. [...] Der andere oft angeführte Grund war ausgesprochen gesellschaftspolitischer oder psychologischer Natur, wenn er auch in dieser Weise nicht geäußert wurde. Sicherlich ist es dem Vorstand eines Unternehmens nicht gleichgültig, wenn der Betrieb durch den Wechsel der Aktienmehrheit in die Gewalt eines Konzerns übergeht. Der Vorstand wird die Einengung seiner Befugnisse zwar bedauern, wird aber stets die Empfindung behalten, dass er im Rahmen der gleichen sozialen Schicht verblieben ist. Ein Mitbestimmungsrecht der Arbeiter wird aber als ein Einbruch in die eigene soziale Sphäre, als eine soziale Herabsetzung, vielleicht sogar als eine soziale Degradierung empfunden. Dem aufmerksamen Verhandlungsteilnehmer konnte während der gesamten Dauer der Verhandlungen nicht entgehen, dass gerade aus dieser soziologischen Quelle die tiefsten Hemmnisse entstanden sind und auch heute noch bestehen.

Weil aber die deutsche Situation eine Neuordnung des gesellschaftlichen Körpers zu seiner weiteren Existenz benötigt, ist die Frage der Mitbestimmung gerade aus diesem Grunde eine unabdingbare Forderung. Die Gewerkschaften sind bereit, wie der Beschluss ihrer verfassungsmäßigen Organe bekundet hat, mit allen gewerkschaftlichen Mitteln für diese Neuordnung zu kämpfen. Dieser Kampf geht nicht nur um die Gleichberechtigung von Kapital und Arbeit, sie geht um die künftige Lebensordnung des deutschen Volkes und um den Aufbau einer politischen, wirtschaftlichen und sozialen Demokratie. Die unter Führung des Bundesarbeitsministers geführten Verhandlungen über das Mitbestimmungsrecht sind gescheitert. Seit dieser Zeit ist eine gesteigerte Abwehr gegen die gewerkschaftlichen Forderungen festzustellen. Diese Aggressivität wächst so, dass bewusst auf eine sachliche Beweisführung verzichtet wird. Mit großem geldlichem Aufwand soll die öffentliche Meinung, sollen Politiker und Parlamente beeindruckt und beeinflusst werden.

Solange das Mitbestimmungsrecht abgelehnt und daher nicht verwirklicht ist, hat sich für die Gewerkschaften eine neue, andere Lage ergeben. Man hat in den schwierigsten Jahren nach dem Zweiten Weltkrieg die Rolle der Gewerkschaften wegen ihrer sachlichen Grundhaltung immer wieder anerkennend herausgestellt, insbesondere hat man das Verantwortungsbewusstsein der Gewerkschaften unterstrichen. Man hat die Rolle der Gewerkschaften in den ersten Jahren nach dem

Zusammenbruch, in den Zeiten der Reichsmarklöhne, des Lebensmittelmangels, geduldet, als man es noch als zweckmäßig ansah, in betonter Zurückhaltung zu beharren. Heute ist nun die Lage anders, damit aber auch die Lage der Gewerkschaften. Es gibt keine Verantwortung ohne Rechte, und wenn bei Beginn des Bauarbeiterstreiks die Bundesregierung in einer Pressekonferenz erklärte, dass niemand berechtigt sei, seine privaten Interessen über die der Allgemeinheit zu stellen, so bedauern wir, dass solche Ermahnungen immer dann kommen, wenn es sich um die Interessen der von den Gewerkschaften vertretenen Arbeitnehmerschaft handelt. Wenn nach der Geldreform Industrie und Handel nicht die geringsten Hemmungen hatten, die Marktlage für sich auszunutzen, so kann der Arbeitnehmerschaft nicht verwehrt werden, ihren Lohn den veränderten Verhältnissen anzupassen. Eine Tarifkündigung oder ein Streik ist nicht unvernünftiger als alles das, was wir mit der Geldreform bei der Einkommensverteilung und bei den Preisen erlebt haben. Man kann das eine nicht gutheißen und das andere ablehnen. Eine Marktlage ausnutzen, nun, das ist ein Grundelement der freien Wirtschaft, das auch derjenige anerkennen muss, gegen den es sich richtet. [...]

Kein Neuaufbau ohne Gewerkschaften

Noch ein anderer wirtschaftlicher Komplex steht im Mittelpunkt gewerkschaftlicher Politik. Der Deutsche Gewerkschaftsbund und die in erster Linie interessierten drei großen Gewerkschaftsverbände Bergbau, Metallindustrie und Chemie haben sich sofort nach Ende des Krieges für eine Neuordnung der Grundstoffindustrien aktiv zur Verfügung gestellt. Es entsprach der alliierten Forderung, die Konzerne der Grundstoffindustrien als wirtschaftliche und politische Machtzentren aufzulösen. Mit diesem Wunsch war gleichzeitig die Vorstellung verbunden, die Grundstoffindustrien neu zu ordnen mit dem Ziel, größte wirtschaftliche Ergebnisse in den neugeordneten Unternehmungen zu erlangen. In den zurückliegenden Jahren ist ausreichend die gewerkschaftliche Vorstellung über diese Neuordnung dargelegt und begründet worden.

Im Bergbau ist es möglich geworden, trotz gelegentlicher sachlicher Meinungsverschiedenheiten immer eine gemeinsame Grundlage für eine Lösung zu finden, die der paritätisch besetzte deutsche Kohlenbeirat und die ehrenamtlich tätigen paritätisch besetzten Fachausschüsse gemeinsam als Ziel anstrebten. Ein einstimmig gefasster Vorschlag des Kohlenbeirates und der Kohlenbergbauleitung ist vor wenigen Tagen der alliierten Kontrollkommission zugeleitet worden. Auf der Eisenseite hatte die Militärregierung die eisenschaffende Industrie schon vor drei Jahren aus dem Verband der alten Konzerne herausgelöst und verselbstständigt. Die eingesetzten Stahltreuhänder haben ebenso wie die Ausschüsse in der Kohle ihre Arbeiten darauf gerichtet, leistungsfähige Unternehmungseinheiten für die Eisenschaffung zu bilden. Die eisenschaffende Industrie zeigt darüber hinaus eine verfassungsmäßige Besonderheit auf, als die Aufsichtsräte der 25 ausgegliederten Werke zur Hälfte mit Vertretern der Gewerkschaften besetzt sind und dass in der innerbetrieblichen Verfassung Maßnahmen teils verwirklicht, teils in der Entwicklung sind, die den gewerkschaftlichen Vorstellungen über eine Mitbestimmung entsprechen. Letztlich kann die Tatsache nicht negiert werden, dass trotz schwierigster Verhältnisse durch Kriegsschäden, durch Demontagen, durch Restitutionen es möglich geworden ist, gerade unter dieser Betriebsverfassung die von alliierter Seite gestattete Produktionshöhe von 11,1 Millionen Tonnen Stahl nicht nur zu erreichen, sondern sogar zu überschreiten. Gleich günstige Ergebnisse liegen für die chemische Industrie, insbesondere für den verbleibenden Restteil der früheren I.G. Farbenindustrie leider nicht vor.

Es war zu erwarten, dass die Bemühungen, die von den Unternehmensleitungen gemeinsam mit den Gewerkschaften aufgewandt worden sind, nicht den Beifall der alten Konzerne finden würde. Je länger sich die Arbeiten der Neuordnung hinauszogen, umso stärker stieg die Hoffnung der Konzerne, ihre frühere Stellung retten zu können. Dabei wurden besonders große Hoffnungen auf eine Besatzungsmacht gesetzt, in der Erwartung, dass man nach den wirtschaftspolitischen Vorstellungen dieser Besatzungsmacht auf längere Sicht mit günstigeren Ergebnissen werde rechnen können. [...] Es ist den Gewerkschaften bekannt, dass zwischen den Sachbearbeitern der amerikanischen Hohen Kommission und den Vertretern der alten deutschen Konzerne gute gesellschaftliche Beziehungen bestehen. Es sei gleichzeitig vermerkt, dass solche Beziehungen zu den deutschen Gewerkschaften nicht gesucht worden sind. [...]

Im Fernen Osten kämpfen Kolonialvölker um ihre nationale Selbstständigkeit und gegen alte agrarische Feudalverfassungen. Die amerikanische Politik dürfte inzwischen erkannt haben, welche Ergebnisse erzielt werden können, wenn man sich nicht mit progressiven Kräften verbindet. Auch in Deutschland sollte sich die amerikanische Hohe Kommission ernstlich überlegen, ob sie gewillt ist, Scheinlösungen einer Dekonzentration durchzuführen, oder ob es ihre Absicht ist, mit den fortschrittlichen demokratischen Elementen eine gesunde deutsche Wirtschaft aufzubauen. Die amerikanische Hohe Kommission sollte bei ihren wirtschaftspolitischen Maßnahmen in der deutschen Grundstoffindustrie auch daran denken, dass seit Wochen europäische Verhandlungen über eine Zusammenfassung der europäischen Eisen- und Stahlindustrien und der Kohle stattfinden, an denen die Gewerkschaften seit Beginn aktiv mitarbeiten.

Wenn in den nächsten Wochen Entscheidungen über die Neuordnung der Grundstoffindustrien gefällt werden, werden die Interessen der deutschen Gewerkschaften auf das unmittelbarste berührt. Als in den Tagen des deutschen Zerfalls Bergarbeiter und Stahlarbeiter sich ihrer Betriebe annahmen, standen die Gewerkschaften, auf sich selbst gestellt, vor einer fast unlösbar erscheinenden Aufgabe. Die Wiederaufrichtung dieser beiden Grundstoffindustrien gibt ein Beispiel dafür, was erreicht werden kann, wenn Gewerkschaften, Unternehmensleitungen und Belegschaften den Versuch unternehmen, sich auf einen gemeinsamen Weg zu einigen. Ansätze zu einer modernen Betriebsverfassung sind gelegt, vieles, insbesondere eine gemeinwirtschaftliche Regelung der Eigentumsfrage, steht noch aus, muss aber in Kürze und beschleunigt in Angriff genommen werden. Sicherlich wird auch dann das Geschrei über die Verletzung des Eigentums, über die bedrohte Freiheit des Staatsbürgers verstärkt anheben.

Die große Mehrzahl der führenden Funktionäre der deutschen Gewerkschaften ist gerade im Kampf um die Freiheit durch Gefängnisse, Zuchthäuser und Konzentrationslager geschleppt worden. Der menschliche und politische Anstand sollte es verbieten, Anwürfe zu erheben gegen Menschen, die in ihrem Ringen um die Freiheit oftmals mit dem Tode bedroht waren. [...] Ein Neuaufbau unseres Volkes ist aber ohne die maßgebliche Mitwirkung der Gewerkschaften nicht möglich, weil sie allein die Kräfte in sich vereinigen, mit denen ein Neuaufbau durchführbar ist. Die Gewerkschaften kämpfen nicht nur um die Lösung materieller Fragen, sondern gleichzeitig um ein soziales, demokratisches und freiheitliches Deutschland.

Auszug aus: Viktor Agartz: Die Gewerkschaften in der Bundesrepublik. Kundgebung des Bundesvorstandes des Deutschen Gewerkschaftsbundes am 26. September 1950 in Düsseldorf, hrsg. vom DGB-Bundesvorstand, Düsseldorf 1950. Titel und Zwischenüberschriften wurden vom Herausgeber geändert.

5 Die Gewerkschaft ÖTV und das Mitbestimmungsrecht (Februar 1952)

Der Begriff der Mitbestimmung ist inzwischen zu einem politischen Schlagwort geworden, das mannigfache Deutungen erfahren hat. Wir können sicher sein, dass die verschiedenartigsten Auslegungen und Sinndeutungen noch nicht ihr Ende gefunden haben. Teils wird die Mitbestimmung als eine wirtschaftspolitische Strukturänderung angesehen, teils als eine sozialpolitische Maßnahme, auch als ein politisches Vorgehen des Gewerkschaftsbundes und der angeschlossenen Gewerkschaften. Es ist nicht abzusehen, welche Sinndeutungen dem Worte Mitbestimmung noch zugemessen werden und wie es schlagwortartig plakatiert werden wird. Der Deutsche Gewerkschaftsbund gebrauchte, als er seinen Gesetzesvorschlag einreichte,[1] nicht das Wort »Mitbestimmung«. Der Entwurf sagt in seinem Titel, dass sein Inhalt verstanden werden soll als ein Beitrag zur Neuordnung der deutschen Wirtschaft. Es ist Ihnen bekannt, dass dieser Vorschlag nur zu einem Teil realisiert wurde, und zwar für die beiden Grundstoffindustrien Kohle und Eisen. Wir wissen inzwischen auch, dass die sonstigen gewerkschaftlichen Vorstellungen über die Neuordnung der Wirtschaft einen anderen Gang genommen haben. Teile des Gesetzesvorschlages über die Neuordnung sind in dem Entwurf eines Betriebsverfassungsgesetzes, wie er heute dem Parlament vorliegt, kombiniert worden mit sozialpolitischen Betriebsfragen im Sinne des alten Betriebsrätegesetzes.

Ich möchte nur kurz einige wesentliche und entscheidende Gesichtspunkte des Gesetzesvorschlages, den der Deutsche Gewerkschaftsbund allen Abgeordneten des Bundesparlamentes zugestellt hatte, hervorheben. Wenn ich dabei weiterhin das Wort Mitbestimmung verwende, so ist es immer gedacht im

1 [Gesetzesvorschlag des Deutschen Gewerkschaftsbundes für das Gebiet der Bundesrepublik Deutschland zur Neuordnung der Deutschen Wirtschaft, Mai 1950.]

Hinblick auf die Neuordnung im Sinne der gewerkschaftlichen Forderungen. Diese Mitbestimmung gliedert sich in eine überbetriebliche und in eine betriebliche Neuordnung. Am Anfang des Vorschlages wird ein Zusammenwirken zwischen Arbeitgebern und Arbeitnehmern in einem Bundeswirtschaftsrat als überbetriebliche Koordinierung empfohlen. Hierbei handelt es sich um die Wiederbelebung eines Organs, dessen Aufgaben nicht unmittelbar aus den heutigen Anschauungen der Gewerkschaften stammen, sondern das sich anlehnt an den Artikel 165 der ehemaligen Weimarer Verfassung. Der Inhalt dieses Verfassungsartikels hatte seinerzeit eine Realisierung erfahren im damaligen vorläufigen Reichswirtschaftsrat. Der heutige Bundeswirtschaftsrat soll ein Gremium sein, das die Aufgabe hat, der Gesetzgebung gegenüber anzuzeigen, in welcher Weise eine legislative Entscheidung in wirtschaftlichen, finanzpolitischen und sozialpolitischen Gesetzesvorschlägen möglich ist. Dieser Bundeswirtschaftsrat ist nicht ein Organ der beiden Teile der deutschen Wirtschaft, also Arbeitgeber und Arbeitnehmer, und keineswegs ein verfassungsmäßiges Organ, weil im Gegensatz zum früheren Reichswirtschaftsrat dieser Bundeswirtschaftsrat sich ausschließlich beschränken soll auf die Begutachtung und die Erörterung von Gesetzesvorschlägen im angegebenen Sinne.

Der Gesetzesvorschlag des Deutschen Gewerkschaftsbundes, also das, was um die Mitbestimmung im weitesten Sinne diskutiert wird, enthält des weiteren zwei Forderungen, die den gesamten gewerkschaftlichen Überlegungen das Schwergewicht geben.

Paritätische Besetzung der Industrie- und Handelskammern

Zunächst ist es die Forderung nach einer Umbildung der bestehenden Industrie- und Handelskammern in paritätischer Besetzung mit Unternehmensvertretern und Arbeitnehmern oder deren Vertretungen. Immer wieder wird die Frage aufgeworfen, warum die Gewerkschaften einer solchen Umgestaltung eine so hervorragende Bedeutung beimessen.

Die Industrie- und Handelskammern sind, was viel zu oft in den Diskussionen über diese Frage bewusst oder unbewusst übersehen wird, keine regionalen Wirtschaftsverbände, die aufgrund eines Koalitionsrechtes zustande gekommen sind. Die Industrie- und Handelskammern sind vielmehr Selbstverwaltungskörperschaften der Wirtschaft, beinahe 150 Jahre alt, aus den damaligen Vorstellungen über Selbstverwaltungsaufgaben, wie sie insbesondere durch die stein-hardenbergsche Reform für die Gemeinden und Gemeindeverbände entwickelt worden ist, entstanden. Es ist nicht die Aufgabe der Kammern, die Interessen der Inhaber von Unternehmungen zu vertreten. Ihre Aufgabe ist es, in den jeweiligen regionalen Bezirken die Interessen der Gesamtwirtschaft dieses Bezirkes zum Ausdruck zu bringen.

Es gab eine Zeit, in der die politische Willensbildung in einem Staate nach Eigentum und Vermögen zustande kam. In Deutschland liegt diese politische Wertung der Einzelpersönlichkeit erst etwa 30 Jahre zurück. Diese klassenmäßige Bewertung besteht in der Wirtschaft auch heute noch unverändert fort. Den in den Betrieben tätigen Menschen wird das Recht, subjektiver Bestandteil der Wirtschaft zu sein, weiter vorenthalten. Ihr Wille, ihre Vorstellung über die bezirklichen Wirtschaftsaufgaben darf nicht zum Ausdruck kommen. Es ist aber in einem demokratischen Staate besonders bedeutungsvoll, dass eine Regierung als geschäftsführende Verwaltung und die nachfolgende Exekutive nicht einseitig informiert werden. Eine Information ist auch nicht möglich über zwei getrennte Kammersysteme, weil es dann der Verwaltung überlassen bleibt, sich für eine bestimmte Ansicht zu entscheiden. Ein solches Wahlrecht der Verwaltung ist nicht vertretbar. Notwendig ist eine einzige Willensbildung, die gemeinsam erarbeitet werden muss.

Nun wird der Einwand gemacht, die Handelskammern hätten eine ganze Reihe von speziellen Fragen zu bearbeiten, die den Arbeitnehmer kaum oder gar nicht interessieren dürften. Aber auch die speziellen Interessen des Betriebes, mögen sie nun finanzpolitischer, kostenmäßiger und sonstiger Art sein, interessieren den Arbeitnehmer einfach deshalb, weil er mit dem Risiko seiner Existenz durch alle Entscheidungen berührt wird. Außerdem haben die Kammern einen Katalog von Aufgaben auch sozialer Art, die sicherlich mit dem gleichen Interesse vom Arbeitnehmer gesehen werden.

Unseres Erachtens haben die Kammern, insbesondere so, wie wir sie uns denken und für die Zukunft vorstellen, noch eine besondere Aufgabe, die man gerade im Kreise einer Gewerkschaft, in der die Arbeitnehmer des öffentlichen Dienstes organisiert sind, beachten muss. Wenn wir uns die heutige Organisation unserer Bundesrepublik anschauen, aufgeteilt in elf Länderverwaltungen, so ist bei sämtlichen Sachkennern keine Meinungsverschiedenheit darüber vorhanden, dass eine der dringlichsten Aufgaben, die vor uns liegen, in einer Rationalisierung unserer Verwaltung besteht. Man diskutiert mit Recht die ungeheure steuerliche Belastung. Man wendet sich gegen Steuersätze, die sicherlich viele Überspitzungen aufweisen, aber nur sehr wenige Gruppen und Organisationen beschäftigen sich mit der Frage, wie die Ausgabenseite dieses Verwaltungsaufbaues durch eine Rationalisierung und durch eine Vereinfachung des gesamten politischen Apparates vermindert werden kann. Ich darf auch aussprechen, dass die Gewerkschaften aus Gründen der einheitlichen Sozialpolitik, des Arbeitsrechtes, der Lohnpolitik, der Steuerpolitik und vieles mehr notwendigerweise unitarisch sind und daher eine einheitliche Verwaltungsorganisation als Ziel sehen. Ich werde nicht allzu viel Widerspruch finden, wenn ich sage, dass die Demokratisierung eines Staatswesens nicht darin besteht, stufenweise Parlamente aufeinanderzuschichten. Es kommt entscheidend darauf an, dass der Staatsbürger an die Verwaltung unmittelbar herangebracht wird (*Zuruf: Sehr richtig!*), und wir sind darum der Meinung, dass gerade der Länderverwaltung gegenüber Einschränkungen erforderlich sind dergestalt, dass diese Länderadministrative in eine echte dezentralisierte demokratische Selbstverwaltung umgebaut werden muss. Denn nicht die Vielheit und Größe der Behörden ist das Entscheidende, sondern die Art und Größe der staatlichen Aufgaben.

Eine Entlastung der Verwaltung im Sinne einer echten Demokratisierung muss darin bestehen, dass einmal diese Exekutive umgebildet werden muss zugunsten von Körperschaften des öffentlichen Rechtes, insbesondere und in erster Linie zugunsten der Gemeinden und Gemeindeverbände, die offensichtlich bei der Neuordnung unseres Staatswesens zu kurz gekommen sind. Ferner kämen Selbstverwaltungskörperschaften in Betracht, und bei unserer gewerkschaftlichen Forderung vor allem Selbstverwaltungskörperschaften der Wirtschaft. Durch paritätisch besetzte Kammern können eine ganze Reihe von Fragen, die heute durch die Verwaltung erledigt werden, in Selbstverwaltungsaufgaben umgewandelt werden. Das trifft z. B. zu für das Lehrlingswesen, speziell für die Ausbildung der Lehrlinge, und für das Berufsschulwesen und anderes mehr. Ich brauche nur daran zu erinnern, dass wir in der Sparkassenaufsicht eine Regelung ähnlicher Art vor uns haben, dass wir gleichartige Formen besitzen in der Wasserwirtschaft und in der Energieversorgung.

Insofern sehen wir in der Forderung nach paritätischer Besetzung der Industrie- und Handelskammern einen Weg zu einer echten Demokratisierung der Verwaltung, weil Aufgaben, die bisher bei der Verwaltung allein liegen, nun von den in der Wirtschaft tätigen Menschen selbst wahrgenommen werden. Dies sind einige Hinweise, weil ich glaube, diese gewerkschaftliche Auffassung vor einem Kreis von Delegierten des öffentlichen Dienstes andeuten zu sollen.

Mitbestimmung in den Unternehmen

Die zweite entscheidende Forderung liegt in der Umbesetzung und Neuorganisation der Organe größerer Unternehmungen. Sie alle wissen, dass die Mitbestimmung im Betrieb nicht gleichmäßig auf alle Unternehmungen, unabhängig von ihrer Größe, Anwendung finden soll. Wir sind der Meinung, dass paritätisch besetzte Industrie- und Handelskammern unter anderem auch ein Organ wären, die Mitbestimmung in den Klein- und Mittelbetrieben in der diesen Betriebsgrößen gemäßen Art und in einer Form zu realisieren, dass damit in diesen Betrieben besondere Störungen ferngehalten werden. Wir kennen seit Jahrzehnten die Arbeitsweise der Handwerkskammern, in denen teilweise ein Drittel, teilweise die Hälfte der Mitglieder von Arbeitnehmerseite gestellt wird. Ähnliches trifft zu für die Landwirtschaftskammern. Ich glaube sagen zu dürfen, dass die Erfahrungen, die in den zurückliegenden Jahrzehnten und Jahren bei den Handwerkskammern gemacht worden sind und auch heute noch gemacht werden, nicht ungünstig angesehen werden können. Wenn wir die Forderung nach paritätischer Besetzung der Industrie- und Handelskammern auch hier wieder anschneiden, so deshalb, weil wir in dieser Neuordnung zu echten Selbstverwaltungskörperschaften Ansätze zu einer Wirtschaftsdemokratie sehen, und zwar gerade durch das Heranbringen des Staatsbürgers an Aufgaben, denen er bislang als Untertan gegenüberstand.

Gestatten Sie mir hier aber einige Bemerkungen über einen Entwicklungsvorgang, der für die gewerkschaftliche Forderung von entscheidender Bedeutung gewesen ist. Wir sehen unter den vielen Tausenden von Unternehmungen solche, in denen das Eigentum am Betrieb und die unternehmerische Leistung in einer Person vereinigt sind. Unternehmer und Eigentümer sind in diesem Falle identisch. Wir kennen dann eine zweite Gruppe von Unternehmungen, wo diese beiden Funktionen getrennt sind, in der die unternehmerische Leistung ausgeführt wird von angestellten Personen und der Eigentümer unmittelbar an der unternehmerischen Leistung des Betriebes keine Beteiligung mehr hat. Diese Trennung trifft zu für die meisten deutschen Aktiengesellschaften. Diese zweite Entwicklungsstufe hat eine dritte Form geschaffen, die uns besonders interessiert. In dieser dritten Unternehmungsgruppe ist ebenfalls wie bei den Aktiengesellschaften die unternehmerische Leistung vom Eigentümer getrennt. In dieser dritten Stufe verzichtet aber der Eigentümer bewusst auf die Ausübung von Funktionen aus dem Eigentum. Das ist der Fall in allen großen Wirtschaftseinheiten. Ein Beispiel soll diese Trennung von Unternehmungsleistung, Eigentum und Rechte aus dem Eigentum verdeutlichen.

Der IG-Farbenindustrie-Konzern besaß vor seiner Zerschlagung ein Aktienkapital von 1,36 Milliarden Mark. In der letzten ordentlichen Hauptversammlung waren von diesem Kapital 835 Millionen vertreten, d. h. rund Zweidrittel des Nominalkapitals. Von diesem anwesenden Kapital entfielen 18 Millionen Mark auf private Eigentümer von Aktien, 17 Millionen Mark waren von Banken vertreten, die aber selbst als Eigentümer von eigenen Aktien auftraten, und 800 Millionen Mark wurden vertreten durch Beauftragte von Banken. Die tatsächlichen Eigentümer, also die Aktionäre dieser 800 Millionen Mark, traten selbst nicht in Erscheinung. Eine solche Zusammensetzung einer Hauptversammlung, wie sie auch in anderen Konzerngebilden nachgewiesen werden kann, zeigt uns immer wieder, dass Aktien von anlagesuchenden Personen gekauft und verkauft werden, ohne dass der Aktionär den Betrieb kennt, ja ihn meistens niemals gesehen hat. Am allerwenigsten denkt der Käufer einer Aktie daran, dass er durch den Erwerb eines Teiles des Aktienkapitals Eigentümer dieses Betriebes wird. In allen diesen Fällen der großen Wirtschaftseinheiten hat das Eigentum seine funktionale Bedeutung verloren.

Noch eine andere Zahl dürfte als Größenordnung für die Beurteilung der Verhältnisse in unseren großen wirtschaftlichen Komplexen von Interesse sein. Von der gesamten Kapitalsumme aller deutschen Aktiengesellschaften entfallen fünf Sechstel des gesamten Aktienkapitals auf etwa 850 bis 900 Gesellschaften. Damit liegt das kapitalmäßige Schwergewicht bei einer verhältnismäßig kleinen Zahl von Unternehmungen. Durchweg ist in diesen Unternehmungen und Unternehmungsgruppen ein Eigentümer, wie er begrifflich in der Vorstellung privatrechtlich gesehen wird, nicht mehr vorhanden. Es war daher auch nicht erstaunlich, als mit der heutigen Bundesregierung in den Vorverhandlungen über das Mitbestimmungsgesetz für Eisen und Kohle diskutiert wurde, dass den gewerkschaftlichen Vertretern nicht Eigentümer dieser Grundstoffindustrien gegenübersaßen, sondern Manager, da die tatsächlichen Eigentümer der Eisen- und Kohleindustrie für die Zwecke dieser Vorverhandlungen nicht festgestellt werden konnten. Verhandelt wurde also mit angestellten leitenden Personen, nicht aber mit den Vertretern des tatsächlichen Eigentums. Auch die Bundesregierung hat diese soziologische Wandlung in der Repräsentation dieser Unternehmungen ohne Beanstandung akzeptiert.

In diesen großen Unternehmungseinheiten, deren Entstehungsgeschichte und Entstehungsursache hier nicht interessiert, ist das Verhältnis des arbeitenden Menschen zu seinem Betrieb zerrissen. Auch besteht infolge der Strukturentwicklung dieser Unternehmungen in der Wandlung und im Zustand der inneren betrieblichen Verfassung keine Beziehung mehr zur Leitung dieser Unternehmungen. Ebenso fehlt das innere Verhältnis des arbeitenden Menschen zu seiner täglichen Arbeit, weil die betrieblich notwendige Arbeitsteilung den gesamten Produktionsprozess in Teilfunktionen zerlegt hat. Aus diesen Verhältnissen haben sich mannigfache soziale und soziologische Erscheinungen ergeben, von denen der arbeitende Mensch an seinem Arbeitsplatz täglich besonders betroffen wird. Vor allem wird die menschliche Arbeitsleistung gerade in diesen Großbetrieben nur noch als Kostenfaktor gewertet, wobei im günstigsten Fall eine Reihe von sozialpolitischen Einrichtungen und Maßnahmen eine Milderung des Arbeitsverhältnisses herbeiführen soll. So entwickelt sich teils in staatlicher Form, besonders aber auch in betrieblichen Einzelmaßnahmen, eine bestimmte Art der Fürsorgetätigkeit.

Bei der Diskussion um das Mitbestimmungsrecht gerade in diesen großen Unternehmungen ist sehr häufig im Auslande ein Missverständnis aufgetreten, weil die Forderungen der deutschen Gewerkschaften von der Grundlage des besonderen Gesellschaftsrechtes jedes Landes aus gesehen worden sind. Dieses Missverständnis zeigte sich auch immer wieder in Gesprächen mit unseren ausländischen Gewerkschaftskollegen. Im Gegensatz zum Auslande, vor allen Dingen in den beiden angelsächsischen Staaten, zerfällt das Führungsorgan unserer deutschen Aktiengesellschaften in zwei völlig getrennte Funktionen. Die unmittelbare Geschäftsführung liegt ausschließlich bei dem Vorstand dieser Gesellschaften, dessen

Aufgaben durch die Aktienrechtsreform von 1937 unter den damaligen Anschauungen des Führerprinzips besonders verselbstständigt worden sind. Ein zweites, vom Vorstand unabhängiges Organ ist der Aufsichtsrat, dem eine unternehmerische geschäftsführende Funktion nicht zuerkannt ist. Der Aufsichtsrat hat nicht das Recht, in die Geschäftsführung einzugreifen, er beschränkt sich auf die Kontrolle und auf die Aufsicht über die Geschäftsführung. Diese scharfe Trennung ist im Gesellschaftsrecht der angelsächsischen Länder nicht vorhanden. In der Führung der großen Gesellschaften gibt es nur ein Organ, in dem zwar die beiden Funktionen nach deutschem Recht auch enthalten sind, jedoch ausschließlich ausgerichtet auf die geschäftliche Führung des Betriebes. Wenn deshalb von gewerkschaftlicher Seite eine paritätische Besetzung im Aufsichtsrat der großen Aktiengesellschaften verlangt wird, so sieht der ausländische Gewerkschaftskollege nur die seiner Vorstellung und Kenntnis nach vorhandene Funktionsregelung in seinem eigenen Lande. Dieses andere Rechtsdenken musste daher nicht nur zu Missverständnissen führen, sondern bedurfte sehr häufig in einzelnen Rücksprachen der genauen Klärung.

Die Führung großer wirtschaftlicher Unternehmungen liegt in den Händen von Personen, die – wie schon gesagt – eine funktionale Beziehung zum Eigentum nicht mehr haben. Dies ist auch in den übrigen westlichen Industrieländern der Fall, und wir wissen, dass in den Vereinigten Staaten von Amerika diese leitenden Personen von den eigentlichen Unternehmern begrifflich klar geschieden werden und für die die angelsächsische Sprache eine besondere Bezeichnung entwickelt hat, für die in Deutschland leider noch kein entsprechendes Wort vorhanden ist. Ich meine die Bezeichnung dieser leitend angestellten Personen als *Manager*. Ich möchte hier schon andeuten und bitte das bei meinen weiteren Ausführungen zu beachten, dass zu diesem Manager, dessen Aufgabe die betriebliche Führung ist und der gegenüber dem funktionalen Eigentum neutralisiert ist, eine absolute Parallele besteht zu jenen leitenden Personen, die in den öffentlich-rechtlichen

Unternehmungen für die betriebliche Führung verantwortlich sind. In diesen Unternehmungen, mögen sie in Staats- oder Gemeindeeigentum liegen, ist der Manager dem öffentlichrechtlichen Eigentum gegenüber neutralisiert.

Soziologisch ist diese Gruppe der Manager nach ihrem gesellschaftspolitischen Standort wissenschaftlich in keiner Weise untersucht, obwohl dieser Gruppe unzweifelhaft eine besondere Bedeutung beizumessen ist. Eines hat die Entwicklung allerdings gezeigt, dass die Gruppe der Manager, denen die Beziehung zum Eigentum fehlt, politisch und gesellschaftspolitisch natürlich labil ist und wegen dieser Labilität von einem besonderen politischen Interesse ist. Ich habe einmal früher bei der Behandlung dieser Fragen in einem anderen Zusammenhang gesagt, dass sich diese große Gruppe der Manager in einer besonderen soziologischen Situation befindet, die sich von dem eigentlichen Unternehmer begrifflich scharf trennen lässt. Weil in Deutschland das, was wir unter Wirtschaft verstehen, immer in engster Verbindung zur Politik sich befunden hat, kommt jenen Personen, die insbesondere für die großen Unternehmungseinheiten verantwortlich sind, eine nicht unbedeutende Machtstellung über ihren eigenen betrieblichen Raum hinaus zu, weil das Verhältnis zur Politik in Deutschland historisch bis heute gegeben ist. Ferner ist für die Gruppe der Manager charakteristisch, dass sie keiner soziologisch wirtschaftlichen oder sonst gearteten Kontrolle unterliegt, denn die heutige Zusammensetzung nicht nur der Hauptversammlung, sondern vor allem gerade der Aufsichtsräte durch Legitimations-Aktionäre bedeutet nichts anderes, als dass industrielle Manager durch finanzpolitische Manager kontrolliert werden, weil – wie schon ausgeführt – eine Beziehung zum funktionalen Eigentum nicht mehr vorhanden ist.

Es scheint mir notwendig, diese Tatbestände und die verfassungsmäßige Struktur unserer Großunternehmungen noch einmal andeuten zu sollen, weil aus dieser Kenntnis des betrieblichen Verfassungsverhältnisses die Forderungen der Gewerkschaften nach Mitbestimmung sich zu einem wesentlichen Teil erklären.

Neoliberale Einwände gegen die Mitbestimmung

Der Deutsche Gewerkschaftsbund hatte seine Vorschläge dem Parlament und der Regierung eingereicht und unter besonderen Umständen und aus besonderen Gründen wurde das Sondergesetz für Eisen und Kohle mit sehr vielen Schwierigkeiten und keineswegs in der von den Gewerkschaften gedachten Weise realisiert. Seit dieser Zeit ist eine umfangreiche Literatur über das Mitbestimmungsrecht entstanden, interessanterweise nicht so sehr von gewerkschaftlicher Seite als von der anderen Seite. Es ist auch nicht zufällig, dass vor allem jene Nationalökonomen, die sich der neoliberalistischen Schule zurechnen, eingehende und gewissenhafte Überlegungen über das Mitbestimmungsrecht veröffentlicht haben. Welches sind nun die Ergebnisse dieser Überlegungen, die aus der neoliberalistischen Schule vorgetragen wurden? Wir finden zunächst die Feststellung, dass das Mitbestimmungsrecht eine unausgereifte Idee sei mit absolut schiefen Fronten und mit zu erwartender Konfliktlage. Dann aber wird betont und von der neoliberalistischen Schule besonders unterstrichen, dass das Mitbestimmungsrecht ein Bestandteil einer kollektivistischen Anschauung sei und daher von den Grundsätzen dieser Schule abgelehnt werden müsse. Eine angeblich kollektivistische Durchdringung unserer Wirtschaft müsse zu Formen führen, die sich mit den westlichen Auffassungen über die Freiheit des Individuums nicht vereinbaren ließen. Weil diese Behauptung immer wiederkehrt, ist es notwendig, diesem Vorwurf nachzugehen.

Kollektivistisch ist, wenn begrifflich sauber und logisch gedacht wird, der Gegensatz zu individualistisch. Nun wissen wir, dass ein Individuum in einer Gesellschaftsordnung, wie sie für die modernen Staaten charakteristisch ist, nicht isoliert dasteht, sondern immer gesellschaftlich gebunden ist. Einmal ist jedes Individuum gebunden durch die natürlichen Beziehungen, die es in jeder Ordnung vorfindet, ferner aber durch die sittliche Verpflichtung, sich dieser Gemeinschaft, in der es steht, einzuordnen. Insofern ist jede Wirtschaft kollektivistisch.

Wenn man den Versuch unternimmt, den individuellen und freiheitlichen Unternehmer aufzuspüren, nicht nach dem Lehrbuch der Neoliberalisten, sondern nach der täglichen Praxis, so findet man diese Unternehmer von überaus zahlreichen Organisationsformen umklammert. Der Unternehmer gehört dem Arbeitgeberverband an, einem Wirtschaftsverband, einem Fachverband, einer Handelskammer, und diese vier Formen sind das mindeste, durch das der individuelle und freie Unternehmer organisatorisch eingegliedert ist. Diese Organisationen sind außerdem in zentralen Vereinigungen zusammengefasst. Neben den genannten Vereinigungen bestehen zahlreiche andere mit speziellem Zweck, mögen sie die Ausfuhr oder sonst eine wirtschaftliche Aufgabe sich als Ziel gesetzt haben. Alle diese Organisationen geben Richtlinien und Weisungen. Sie ordnen Verfahrensfragen für die einzelnen Unternehmer an und sie bestimmen sein Verhalten. Es ist notwendig, einmal deutlich auszusprechen, dass es in Deutschland keinen Berufsstand gibt, der so stark und so vielseitig organisiert ist und dessen Organisationsgefüge den stärksten kollektivistischen Charakter trägt (*Beifall*), als der des deutschen Unternehmers. Frei ist der Unternehmer nur in der Gewinnerzielung, sofern nicht auch hier Preisabsprachen Bindungen bestimmter Art schaffen. Auch in dieser Hinsicht kann gesagt werden, dass eine interne Kartellisierung in dem Ausmaß, wie sie heute praktiziert wird, kaum in der rückliegenden Zeit vorgelegen hat.

Hinter dem Vorwurf des Kollektivismus steckt etwas anderes. Diese Sauberkeit der Begriffsformulierung, wie ich sie andeutete, ist gar nicht gemeint, wenn man von der Gefahr der kollektivistischen Umgestaltung der Wirtschaft spricht. Der Begriff, der dem Vorwurf zugrunde liegt, ist plan- und wahllos. Entscheidend allein ist, dass er einen diskriminierenden Zweck verfolgt. Unter Kollektivismus wird entgegen seines tatsächlichen Begriffsinhalts eine Zwangsbewirtschaftung gemeint. Dabei ist eine Zwangsbewirtschaftung immer nur möglich in einer liberalen Wirtschaft, weil die Automatik dieser liberalen Wirtschaft nicht regelmäßig funktioniert, sodass, wie gegenwärtig unsere Regierung als Vertreterin der Marktwirtschaft Zwangsbewirtschaftung bei Eisen, Stahl, Schrott usw. durchführen muss. Dann wieder bezeichnet man als kollektivistisch bestimmte Formen von Wirtschaftssystemen, wie sie beispielsweise in England, in Schweden oder Norwegen sich entwickelt haben. Selbstverständlicherweise ist auch das russische Wirtschaftssystem kollektivistisch. Kollektivistisch ist alles das, was der wirtschaftlich herrschenden Gruppe nicht passt. (*Sehr gut*) Wir haben nur ein einziges Mal seit dem Ende des Krieges erfahren, was kollektivistisch bedeutet und gesagt bekommen, was nicht kollektivistisch ist.

Es ist noch nicht lange her, dass die deutsche Bundesregierung den neoliberalistischen Professor [Wilhelm] Röpke beauftragt hat, über die Wirtschaftspolitik der Bundesregierung ein Gutachten zu erstatten. Die Bundesregierung hat diesem Gutachten ein Vorwort gewidmet, in dem sie sich mit dem Inhalt dieses Gutachtens identifiziert. Das Gutachten trägt die Unterschrift des Bundeskanzlers. Röpke hat in diesem Gutachten die vorher erwähnte Mischform eines Wirtschaftssystems in England und Schweden als nicht eindeutig kollektivistisch gebrandmarkt, dann aber vor allem Russland als reinen kollektivistischen Staat verurteilt. Röpke stellt dann nach seiner Verurteilung des russischen Systems die Mischform seinem Idealtypus gegenüber, indem er zu dieser Mischform sagt, dass dieses System weder eindeutig kollektivistisch noch eindeutig kapitalistisch sei. Es lohnt sich, die röpkesche Formulierung wörtlich zu zitieren: »Die hervorstechende Wandlung in der Wirtschaftsstruktur der restlichen, weder eindeutig kollektivistischen noch länger eindeutig kapitalistischen Welt sind Unklarheit, Verschwommenheit der Richtlinien, Grundsatzlosigkeit, zersetzender Einfluss politischer und sozialer Machtgruppen und zunehmende Auflösung.« Diese Formulierung zeigt somit, dass das wirtschaftliche Ideal, das dem sogenannten halb- und ganzkollektivistischen System gegenübersteht, das kapitalistische System ist.

Ich persönlich habe, und möchte das offen gestehen, unter der sehr verschämten Bezeichnung des heutigen deutschen

Wirtschaftssystems als sozialer Marktwirtschaft nie etwas anderes als das kapitalistische System verstanden. (*Lebhafter Beifall*) Es erscheint mir bedeutungsvoll und vor allem notwendig, und darum habe ich diesem Einwand einen besonderen Raum gegeben, dass wir erkennen sollen, dass alles, was nicht kapitalistisch ist, mit dem Vorwurf des Kollektivismus getroffen wird. Insofern ist heute in dem gebrauchten Sinne kollektivistisch alles, was nicht kapitalistisch ist. Der Vorwurf des Kollektivismus, der gegen das Mitbestimmungsrecht erhoben wird, hat aber selbst in der diffamierend gebrauchten Form mit Kollektivismus gar nichts zu tun, weil das Mitbestimmungsrecht am System unserer Wirtschaft nicht das Geringste ändert.

Ein weiterer Einwand gegen das Mitbestimmungsrecht gilt der Kritik an der Risikoverteilung. Lassen sich die Arbeitnehmer im Betrieb, so wird argumentiert, von den Interessen des Betriebes leiten, dann fällen sie in den paritätisch besetzten Aufsichtsräten Entscheidungen zulasten eines fremden Risikos, nämlich des Risikos der angeblichen Eigentümer, während die Unternehmensvertreter als die andere Hälfte der Parität ihre Entscheidungen des eigenen Risikos treffen. Diese immer wiederkehrende Kritik ist in doppelter Richtung interessant. Einmal wird das betriebliche Risiko nur auf der Seite des Kapitals gesehen. Die im Betrieb tätigen Menschen sind nach dieser Auffassung lediglich kalkulatorische Größen, sie sind Bestandteil der Betriebsrechnung, sie sind Unkosten. Zum andern muss aber nachdrücklich darauf hingewiesen werden, dass diejenigen Personen, die als Unternehmensvertreter die andere Hälfte des Aufsichtsrates besetzt haben, ebenfalls keine Beziehungen zum Eigentum mehr haben, weil es sich um Manager handelt. Auch sie fällen Entscheidungen zulasten des zwar noch juristisch vorhandenen Eigentümers, des Aktionärs, und somit, wieder formaljuristisch gesehen, zulasten fremden Eigentums. Somit ist der zweite Einwand gegen das Mitbestimmungsrecht weder berechtigt noch aufrechtzuerhalten.

Werden aber die Arbeitnehmer in den Aufsichtsräten zentral gelenkt, so ist die weitere Überlegung, werden sie organisatorisch zusammengefasst, dann tritt notwendigerweise eine

Machthäufung in den Händen der Gewerkschaften ein, ohne dass die Gewerkschaften verfassungsmäßig zu einer solchen Machtkonzentration legitimiert seien.

Das Mitbestimmungsrecht hat im Vorstand einen Arbeitsdirektor obligatorisch vorgeschrieben. Dieser Arbeitsdirektor wird von gewerkschaftlicher Seite vorgeschlagen und kann nicht gegen ihre Stimme gewählt werden. Er ist ordentliches Vorstandsmitglied und soll es sein. Die Funktion des Arbeitsdirektors entspricht, und dies ist der Grund für das gewerkschaftliche Verlangen, allen modernen arbeitswissenschaftlichen Erkenntnissen, wie uns die außerordentlich umfangreiche Literatur der Vereinigten Staaten von Amerika zeigt. In den Vereinigten Staaten wird seit vielen Jahren über das Problem der Menschenführung in den Betrieben diskutiert. Wenn kraft der gewerkschaftlichen Forderung heute Arbeitsdirektoren in Großbetrieben obligatorisch vorgeschlagen sind, so bedeutet dies nichts anderes, als dass das Personalwesen, das heute durchweg auf der mittleren oder unteren Ebene der betrieblichen Verwaltung liegt, in das Gremium des Vorstandes heraufgezogen wird. Zur Gefahr einer zentralen Lenkung über die in den Aufsichtsräten vorhandenen Gewerkschaftsvertreter ist mit aller Deutlichkeit zu sagen, dass die Gewerkschaften nicht im Entferntesten die Absicht haben, Unternehmer zu sein, und dass sie sich ferner nicht mit dem Gedanken tragen, Betriebe leiten zu wollen. Wenn aber in den heutigen großen Wirtschaftseinheiten, und diese stehen in erster Linie zur Diskussion, das investierte Kapital im Aufsichtsrat vertreten wird, wenn man peinlich für die Erhaltung dieses Kapitals im Betrieb Sorge trägt, wenn man Abschreibungen ansammelt, um stets Ersatz für abgenutzte Maschinen zur Verfügung zu halten, dann ist nicht einzusehen, warum nicht die gleichen Interessen dem Menschen gewidmet werden sollen wie dem toten Kapital und warum dem Menschen nicht die gleiche Fürsorge, die gleiche Sorge für den Ersatz seiner Kräfte in den Betrieben zuteilwerden soll. (*Lebhafter Beifall*) Warum soll dem Betriebsfaktor Mensch nicht die gleiche Bedeutung wie dem Produktionsfaktor Kapital durch eine Vertretung im Aufsichtsrat zufallen? Bei dieser paritätischen Besetzung des Aufsichtsrates handelt es sich doch darum, dass mit der Kontrolle und der Aufsicht über die Geschäftsführung sichergestellt wird, dass der arbeitende Mensch im Betrieb zumindest in gleicher Weise Beachtung findet, wie das dem Betrieb zur Verfügung gestellte Kapital.

Der arbeitende Mensch in seinem Betrieb

Sicherlich wird die Behandlung der gegen das Mitbestimmungsrecht vorgebrachten Einwände die Gegner des Mitbestimmungsrechtes nicht befriedigen, und sie werden immer wieder die Frage stellen, was in Wahrheit die deutsche Gewerkschaftsbewegung mit ihrer Forderung bezweckt. Ich halte es für meine Pflicht, auch auf diese Frage gerade vor Ihrem Kreise eine völlig ungeschminkte Antwort zu geben. Bei einer klaren Beantwortung dieser Frage ist einmal die Aufgabe zu sehen, die den Gewerkschaften durch die Mitbestimmung im Betriebe erwächst, zum andern die Begrenzung der Aufgaben, die bei der Realisierung des Mitbestimmungsrechtes in gleicher Weise deutlich gesehen werden sollten.

Die Mitbestimmung als allgemeine Erscheinung ist keine deutsche Angelegenheit allein. Es gibt in den verschiedensten Ländern Unterschiede, die sich aus der Tradition der Arbeiterbewegung, aus der sozialen Stellung, die die Gewerkschaften in den einzelnen Ländern haben, ergeben und ebenso aus dem System der Wirtschaftsordnung, das in den verschiedensten Ländern unterschiedlich ist. Es gibt in den Vereinigten Staaten ein Co-Management. Auf der Grundlage und Entwicklung der amerikanischen Gewerkschaften wird von diesen eine Auffassung vertreten, welche dahin geht, das bestehende kapitalistische System anzuerkennen. Der amerikanische Arbeitnehmer kennt nicht aus seiner geschichtlichen Vergangenheit die politische Bedeutung des Kapitalismus, wie wir ihn in Deutschland kennen. Die amerikanischen Gewerkschaften sehen in erster Linie ihre Aufgabe darin, den Gewinn des Betriebes auszuhandeln. In England gibt es eine Art der *Partnership*, die sich auf bestimmte wirtschaftspolitische Zielsetzungen erstreckt. In

Frankreich gibt es Betriebskomitees entsprechend der syndikalistischen Entwicklung der französischen Gewerkschaften. In Norwegen gibt es Unternehmensausschüsse, in Holland die Stiftung der Arbeit. Lediglich in Belgien gibt es Versuche, die Mitbestimmung gesetzlich zu regeln. Wir sehen überall Ansätze zur Schaffung neuer Grundlagen des betrieblichen Zusammenlebens, wie es auch zum Ausdruck kommt in der außerordentlich umfangreichen wissenschaftlichen Literatur über einen Begriff, für den wir in Deutschland noch keine Prägung haben, nämlich über die *human relations,* d. h. die menschlichen Beziehungen im Betrieb. Alle diese Entwicklungstendenzen auf internationaler Ebene zeigen, dass ein Bedürfnis und eine Bereitschaft bestehen, die menschlichen Grundrechte im Betrieb und in der Wirtschaft ebenso zu sichern wie im politischen Raum.

Bei Betrachtung der deutschen Verhältnisse darf man nicht vergessen, wenn man die deutsche Arbeitnehmergeschichte zurückschauend überfliegt, dass die deutsche Arbeitnehmerschaft aus ihrer traditionsreichen Geschichte einen Glauben an die Zukunft in sich trägt. Mit diesem Glauben verbindet sich die Hoffnung, alle enttäuschenden Erfahrungen der Geschichte ein für alle Mal unmöglich zu machen. Wir alle kennen aus der deutschen Geschichte, und sie trägt viele Besonderheiten gegenüber der Entwicklung in anderen Ländern, die klassenmäßige Schichtung, das klassenmäßige Denken und seine Auswirkung auf der politischen Ebene. Wie steht heute der arbeitende Mensch in seinem Betrieb? Fremdbestimmt ist sein Arbeitsplatz, auf den er keinen Einfluss hat. Dieser Arbeitsplatz unterliegt, weil eben fremdbestimmt, dem Wechsel von Betrieb zu Betrieb, gegebenenfalls bis zur Arbeitslosigkeit. Der arbeitende Mensch hat keinen Einfluss auf die Arbeitsmittel, auf die Technik des Betriebes und auf ihre Anwendung. Weiterhin fremdbestimmt und von ihm unabhängig ist der Arbeitszweck. Die Arbeitsteilung macht für den Einzelnen das Erzeugnis, an dem er zu arbeiten hat, fast zu einem Geheimnis. Einflusslos steht der arbeitende Mensch der Arbeitsorganisation im Betrieb gegenüber. Er hat auf den Ablauf der

Produktion keinen Einfluss. Daher besitzt er auch kein Verhältnis mehr zum Arbeitsprozess. Fremdbestimmt ist weiter das Ergebnis des Produktionsprozesses und die marktmäßige Verwendung der erzeugten Ware, da der Betrieb trotz der gemeinsamen Arbeit das alleinige Verfügungsrecht über das Endprodukt und damit über das Sozialprodukt hat. Stellt man so die wesentlichen Merkmale, die den arbeitenden Menschen in den Großbetrieben charakterisieren, heraus, dann ist es völlig verständlich, dass der arbeitende Mensch über sein eigenes betriebliches Schicksal mitbestimmen möchte. Die Mitbestimmung wird sicherlich bei ihrer Durchsetzung entsprechend den Vorstellungen der Gewerkschaften manche Milderungen und Verbesserungen in den Betrieben möglich machen. Man braucht sich nur der Mühe zu unterziehen und durch die Betriebe der eisenschaffenden Industrie zu gehen, die seit beinahe fünf Jahren eine Mitbestimmungsverfassung kennen. Jeder objektive Betrachter wird feststellen müssen, dass in diesen Unternehmungen die betriebliche Atmosphäre eine andere ist als in denjenigen Betrieben, die diese betriebliche Verfassung nicht kennen.

Größe und Grenzen der Mitbestimmung

Wenn ich in dieser Weise bestimmte Aufgaben der Mitbestimmung erläutert habe, bin ich auch verpflichtet, die Begrenzung der Mitbestimmung zu sehen, damit klare Vorstellungen über die gewerkschaftlichen Forderungen bei jedem Funktionär und jedem Mitglied vorherrschen.

Die Mitbestimmung auf der betrieblichen Ebene wird, selbst wenn die Mitbestimmung in dem gedachten Sinne und mit der geforderten Zielsetzung realisiert ist, den kapitalistischen Charakter dieser Unternehmungen nicht verändern. Die Mitbestimmung ändert nichts an der Tatsache, dass jeder Betrieb weiterhin in der jeweiligen Marktlage bleibt und den kapitalistischen Konjunkturschwankungen unterworfen und ausgesetzt ist. (*Zuruf: »Sehr richtig!«*) Diese natürliche Begrenzung des Mitbestimmungsrechtes sollte besonders deutlich gesehen werden. Mit der Mitbestimmung an sich tritt keine

Änderung in der Wirtschaftspolitik ein. Wohl wird sich der demokratische Aufbau der bisherigen Betriebsverfassung und der gesellschaftlichen Organisation verbessern, die grundsätzlichen Forderungen der deutschen Gewerkschaften werden aber durch das Mitbestimmungsrecht und das Mitbestimmungsgesetz nur teilweise berührt.

Wir haben zukünftig in manchen Unternehmungen einen Arbeitsdirektor, der von den Gewerkschaften vorgeschlagen ist, beauftragt mit der besonderen Aufgabe der Menschenführung im Betrieb. Dieser Arbeitsdirektor ist aber gleichzeitig Vorstandsmitglied des Unternehmens und hat damit die Sorge für den Betrieb gemeinsam mit seinen übrigen Vorstandskollegen zu tragen. In den Unternehmungen wird ein Betriebsrat sein zur Vertretung der Interessen der Belegschaft, und es wird gewerkschaftliche Delegierte in den Aufsichtsräten geben, wie es in der Eisen- und Kohle-Industrie bereits der Fall ist. Diese drei Funktionsbereiche betreffen aber immer nur den jeweiligen Betrieb. Sie berühren nicht das übergeordnete gewerkschaftliche Ziel. Während Delegierte der Gewerkschaften in einzelnen Aufsichtsräten sich dem Spezialinteresse dieser Betriebe zu widmen haben, bleibt aber im Ganzen die gewerkschaftliche Bewegung verantwortlich für alle Arbeitnehmer des gesamten Industriezweiges ohne Rücksicht darauf (*Beifall*), ob in dem einen oder anderen Betrieb dieses Industriezweiges eine Mitbestimmung verwirklicht ist oder nicht. Über das Mitbestimmungsrecht hinaus steht als Gesamtaufgabe die Interessenvertretung aller Arbeitnehmer.

Wenn man in dieser Weise sehr nüchtern und sehr unproblematisch das betriebliche Mitbestimmungsrecht untersucht, kann von selbst eine neue Frage aufgeworfen werden. Zugegeben ist, dass sich in der Demokratisierung des Betriebes manche Änderungen ergeben, warum aber wird dann der Kampf um die Mitbestimmung so unerbittlich und hart geführt, wenn es sich um diese, die Verfassung und Struktur der Unternehmungen ändern sollende Maßnahmen handelt? Auch diese Frage muss grundsätzlich beantwortet werden, weil sie in der Debatte über die Mitbestimmung in den Hintergrund zu treten scheint.

Seit dem Ende des Krieges besteht eine veränderte gewerkschaftliche Situation. Anstelle der früheren Richtungsgewerkschaften ist heute eine Einheitsgewerkschaft vorhanden. Die früheren Richtungsgewerkschaften verfügten besonders im Anfang ihrer Entwicklung über eine politische Theorie, die im Zuge der Entwicklung manche Wandlungen erfahren hat. Die überkommenden Bestandteile der jeweiligen politischen Theorie der früheren Richtungsgewerkschaften sind heute nur noch bedingt anwendbar. Hinzu kommt das große Vakuum von 1933 bis 1945, wo eine Fortentwicklung der gewerkschaftlichen Anschauungen unterbrochen wurde. Heute steht die Einheitsgewerkschaft vor der Notwendigkeit, dass sie sich unabhängig von der Erledigung ihrer überaus zahlreichen Arbeiten, die aus der täglichen Situation erwachsen, eine Grundlage schafft, von der aus die gewerkschaftliche Position und damit die gesamte Gesellschaftsordnung betrachtet werden kann. Eine solche politische Theorie ist nicht in einigen Jahren zu erarbeiten. Die heutige Gewerkschaftsbewegung in ihrer anderen, neuen Formierung benötigt aber für die Bewältigung ihrer Arbeiten eine Grundlage, von der aus sie die bestehende Gesellschaftsordnung kritisch untersuchen kann und von der aus sie in der Lage ist, die allgemeine soziale Ordnung zu beeinflussen. Erst diese Grundlage gibt ihr die Voraussetzung, Einfluss zu nehmen auf Regelungen allgemeiner Art, Einfluss zu nehmen auf die Gesetzgebung und auf die Exekutive. Eine solche Grundlage zu schaffen ist aus dem Grunde nicht ohne Schwierigkeit, weil gerade die Wissenschaft, die der Gewerkschaftsbewegung hierbei behilflich sein sollte, die Soziologie und die Politik als Wissenschaft, bei der herrschenden allgemeinen Verworrenheit in der Welt ebenso verwirrt ist und noch der weiteren wissenschaftlichen Klärung und Entwicklung bedarf.

Der Krieg hat die deutsche gesellschaftliche Struktur zerstört. Es ist beinahe unmöglich, eine bestimmte soziale Struktur in dem westdeutschen Raum festzustellen. Eines ist aber erkennbar und ich glaube, dass Sie alle mit mir die Meinung teilen, dass gerade in den letzten beiden Jahren mit beinahe progressiver Entwicklung sich auf der Seite des funktionalen Eigentums eine gesellschaftliche Form kristallisiert, die ich soziologisch als die Form einer typischen Klassengesellschaft bezeichnen möchte. Dieser Klassengesellschaft fehlt zwar die tragende Idee der früheren Zeit und sie erhält ihre soziale Stellung nur vom Betrieb her, weil sie auch alle sozialen Probleme nur vom Betrieb aus sieht und erhält. In diese klassenmäßige Gruppierung gehört auch zum Beispiel die Gründung jener Mittelstandsgruppe, die in den letzten Monaten aus Landwirtschaft, Handwerk und Hausbesitz gegründet ist. Dieser Gruppe des funktionalen Eigentums steht andererseits im Schichtenaufbau unserer Gesellschaft gegenüber jene Gruppe, die allein über ihre Arbeitskraft verfügt und gezwungen ist, diese zur Erhaltung der Existenz einzusetzen, und zwar in einem Zwangslohnverhältnis. Diese Gruppe verfügt nicht über funktionales Eigentum und ist von sich aus nicht in der Lage, die Ordnung in der Wirtschaft zu bestimmen. Auch hat diese Gruppe nur eine sehr geringe Chance der eigenen Daseinsgestaltung. Der allein bestimmende Faktor für die Wirtschaftspolitik, auch für die Wirtschaftspolitik als System, ist einmal die Verfügungsgewalt über das funktionale Eigentum und ferner die Verfügungsgewalt über das Sozialprodukt und seine Verteilung.

Diese Schichtungen stehen sich heute im sozialen Ringen um die soziale Struktur mit unterschiedlich gelagerten Interessen gegenüber. Man mag noch so ideale Vorstellungen von der Harmonie des menschlichen Zusammenlebens haben, man mag aus einer religiösen Schau heraus sich mit ganzer Hingabe ethischen Grundsätzen widmen, so glaube ich aber trotzdem, dass diese Gegensätzlichkeit im gesellschaftspolitischen Raum und auf der wirtschaftspolitischen Ebene nicht übersehen werden kann, wie vor allem die Entwicklung der beiden letzten Jahre deutlich klargemacht hat. Zwischen diesen Gruppen mit ihren verschieden gelagerten Interessen ist eine Partnerschaft in ihrem echten, wahrhaften Sinne nicht gegeben, weil alle Voraussetzungen für diese Partnerschaft fehlen und die nur gegeben sind bei der gleichen sozialen Stellung aller Gruppen. (*Lebhafter Beifall*) Man sollte daher auch bei uns endlich auf ein Wort verzichten, das in letzter Zeit so oft gebraucht wird, nämlich den Begriff des Sozialpartners, weil es diese Partnerschaft in Wahrheit nicht gibt. (*Lebhafter Beifall*)

So gesehen wird man erneut die Frage stellen, was denn die Mitbestimmung bedeutet und warum um sie mit Heftigkeit und Energie gekämpft wird? Nun, die Gewerkschaften haben ein Programm, das in jahrzehntelanger Erfahrung entwickelt wurde und rahmenmäßig auf dem ersten Bundeskongress in München eine gewisse Formulierung gefunden hat. An der Spitze dieses Programms steht die Neuordnung der Wirtschaft und die Umgestaltung der Gesellschaftsordnung. Diese beiden Programmpunkte, und das wissen die Gewerkschaften sehr genau, lassen sich nur im politischen, parlamentarischen Raum verwirklichen. Die Mitbestimmung durch ihre Forderung nach einem Vertreter im Vorstand, durch die Forderung nach Parität im Aufsichtsrat, durch die Forderung nach paritätischer Besetzung der Industrie- und Handelskammern ist erstmalig ein Einbruch in eine gesellschaftliche Schichtung und ein Vorstoß in eine gesellschaftliche Ordnung, die bislang als unverletzlich gegolten hat. (*Beifall*) Die Mitbestimmung wird gewertet als ein Eindringen in die Funktion des Eigentums (zwar nicht in das Eigentum selbst), wie zahlreiche Artikel und Abhandlungen über Enteignung bis zur Anberaumung eines Prozesses vor dem Bundesverfassungsgericht zeigen. Soziologisch bedeutet die Mitbestimmung die Anerkennung der Gewerkschaften als ein Kollektivum, zwar nicht als Person, sondern als Organisation auf der gesellschaftspolitischen Ebene. Die Mitbestimmung ist insofern eine Parallele zur Anerkennung der Gewerkschaften ebenfalls als Kollektivum, und zwar als Tarifpartner nach dem Ersten Weltkrieg. Gerade wegen dieses Eindringens in eine bisher als unverletzlich angesehene Schichtung besteht der erbittertste Widerstand gegen die Entsendung von Delegierten von Gewerkschaften in die Aufsichtsräte. Man ist bereit, einzelne Vertreter aus dem Betrieb für den Aufsichtsrat anzuerkennen, nicht aber Delegierte der Gewerkschaften, weil gerade darin die Anerkennung des gesellschaftspolitischen Einbruches zum Ausdruck kommt.

Es ist dabei nicht uninteressant festzustellen, dass der erbittertste Widerstand gegen diese Forderung aus den Gruppen jener Unternehmer und Eigentümer erwächst, die von der gewerkschaftlichen Forderung selbst unmittelbar nicht betroffen sind. Dieser Widerstand erklärt sich vornehmlich aus der gesellschaftspolitischen Bedeutung des Problems. Nur aus dieser Sicht gesehen ist auch der Widerstand verständlich, der gegen die Forderung nach paritätischer Besetzung der Industrie- und Handelskammern geleistet wird. Die Mitbestimmung ist eine betriebswirtschaftliche und betriebstechnische Angelegenheit. Die Mitbestimmung ist weiterhin ein Eingriff in die bisherige betriebliche Verfassung und daher gesellschaftsrechtlicher Natur. Drittens aber ist die Mitbestimmung eine gesellschaftspolitische Frage erster Ordnung, wie der Widerstand und die Opposition ausweisen.

Wenn ich so auf einer Seite die Problemstellung, die Aufgaben und Zielsetzung der Mitbestimmung gekennzeichnet habe, muss ich auf der anderen Seite auch wieder die Begrenzung der Mitbestimmung herausstellen. Diese Begrenzung liegt darin, dass die Mitbestimmung keine wirtschaftliche und keine wirtschaftspolitische Lösung darstellt, weil sie keine Änderung des Systems herbeiführt und herbeiführen kann, zumal eine Änderung des Systems nicht vom Betrieb aus zu sehen ist, weil der einzelne Betrieb nicht in der Lage ist, Wirtschaftspolitik zu treiben.

Einige Worte möchte ich noch zu einem Einwand der Gegner des Mitbestimmungsrechtes sagen, weil durch die Delegation aus den Kreisen der Gewerkschaften betriebsfremde Personen in dem Aufsichtsrat Sitz und Stimme bekommen. Das deutsche Aktienrecht setzt allgemein fest, dass Angestellte eines Betriebes nicht im Aufsichtsrat einer Aktiengesellschaft sitzen können, denn schlechterdings kann man eine Aufsicht nicht über sich selbst durchführen. Aus diesem Grunde besteht notwendigerweise jeder Aufsichtsrat in seiner Zusammensetzung nur aus betriebsfremden Personen. Es wird zwar gesagt, dass die von der Kapitalseite nominierten Vertreter Vertreter der Eigentümer seien und auf diese Weise mit den

Interessen des Betriebes verbunden wären. Es ist früher schon von mir die Frage aufgeworfen, warum die Vertreter von Kapitalinteressen eine andere Wertung für den Betrieb erfahren sollen als die Vertreter der im Betrieb tätigen Menschen. Ich habe ebenso dargelegt, dass in den großen Wirtschaftseinheiten die juristischen Eigentümer nicht im Aufsichtsrat vertreten sind, sondern dass diese sogenannten Eigentümer bewusst oder unbewusst durch Manager der Banken eine Vertretung finden. Die gegnerische Argumentation ist durchaus schief gesehen. Wie schon gesagt, will man zwar Mitglieder der Belegschaft im Aufsichtsrat anerkennen, aber keine Delegierten der Gewerkschaften, genauso wie man früher den Lohn mit dem einzelnen Arbeitnehmer im Betrieb abschloss, aber sich dagegen wehrte, mit der Vertretung der Betriebsbelegschaft, den Gewerkschaften, zu einem Tarifvertrag zu kommen.

Ich muss noch einmal auf die besondere soziologische Seite des Problems hinweisen. Wenn ich dargelegt habe, dass die Mitbestimmung in erster Linie als der Ansatz zu einer gesellschaftspolitischen Neuordnung anzusehen ist, so ist selbstverständlich, dass Gesellschaftspolitik nicht von einzelnen Belegschaften gemacht werden kann, vielmehr nur von der gewerkschaftlichen Gesamtorganisation (*Beifall*). Das Gleiche trifft für eine wirtschaftspolitische Neuordnung zu. Wenn daher die Gewerkschaften auf ihrem Standpunkt beharren, Delegierte der Gesamtorganisation in die infrage kommenden Gremien zu entsenden, so liegt in dieser Forderung die Erklärung, dass weder Wirtschaftspolitik noch Gesellschaftspolitik von betrieblichen Gruppen ihren Ausgang nehmen, sondern allein von der gewerkschaftlichen Gesamtorganisation. Auf der anderen Seite ist damit zwar das klassenmäßige Bestreben verständlich, dem gesellschaftspolitischen Einbruch dadurch entgegenzutreten, indem man den betrieblichen Belegschaften Zugeständnisse zubilligt, selbst bis zur Gewinnbeteiligung hin, um die einzelnen Betriebsbelegschaften von dem gesamtgewerkschaftlichen Ziel wegzuführen.

Wir alle kennen die politische Bedeutung und den Einfluss, den in früheren Jahren die sogenannte Wirtschaft auf die staatliche Politik und den Gang der politischen Ereignisse ausgeübt hat. Wir alle wissen auch um die Auffassung nach dem Ende des Zweiten Weltkrieges und um die Stimmung der arbeitenden Menschen, diese rückliegenden Ereignisse ein für alle Mal unmöglich zu machen, damit eine weitere Sorge für die Zukunft nicht mehr zu befürchten ist. Es war gerade das bange Fragen der arbeitenden Menschen, ob die alten Mächte erneut wieder in die Lage kommen könnten, ihren ehemaligen gesellschaftspolitischen Einfluss zu gewinnen mit der Möglichkeit, Deutschland erneut in politische Gefahren und Abenteuer zu stürzen. Dass diese Gefahren in den großen wirtschaftlichen Unternehmenseinheiten gegeben waren, lag in der Bedeutung des gesellschaftspolitischen Einflusses, den die Vertreter der großen Gebilde auszuüben in der Lage waren. Auf die gleiche Überlegung stützten sich die alliierten Maßnahmen zur Dekonzentration und Dekartellisierung, wobei zwar die Besatzungsmächte völlig falsche Wege gegangen sind, weil sie diese Gefahren nur in den Größenordnungen und in der Form sahen, nicht aber in der gesellschaftspolitischen Situation. Durch die paritätische Besetzung der Aufsichtsräte und durch den hierdurch erfolgten Einfluss auf die gesellschaftspolitische Struktur ist eine gewisse Sicherheit dafür gegeben, dass die großen Wirtschaftskomplexe sowohl politisch wie auch gesellschaftspolitisch in einem gewissen Umfang neutralisiert werden und ferner eine Neutralisierung erfahren in der Auseinandersetzung der angedeuteten klassenmäßigen Schichtungen unserer heutigen gesellschaftlichen Ordnung. Diese Tatsache wird gerade von jenen Kreisen am meisten erfühlt, die von der Mitbestimmung praktisch am wenigsten berührt werden.

Mitbestimmung im öffentlichen Dienst

Damit komme ich zu einem speziellen Problem Ihrer eigenen Gewerkschaft. Ich habe eben gesprochen von Konzernen und Konzerneinheiten, in denen ein funktionales Eigentum nicht mehr vorhanden ist und wo der Manager die Leitung des Betriebs bestimmt. In diesen Unternehmungen gibt es aus dem Eigentum heraus keinen eigentlichen Arbeitgeber mehr, sondern Manager, wo die umfassende Arbeitgeberfunktion des eigentumsmäßig bestimmten Unternehmers fehlt. Es erscheint geradezu typisch, dass es in den Vereinigten Staaten von Amerika, wo die klassenmäßige Schichtung und das kastenmäßige Denken nicht in gleicher Weise vorhanden sind, wie wir es in Deutschland aus der jahrzehntelangen Entwicklung kennen, zwar einen Arbeitgeberverband gibt, jedoch nur für diejenigen Unternehmungen, wo die Unternehmerleistung und das Eigentum noch in einer Hand vereinigt sind. Neben diesem Arbeitgeberverband gibt es einen völlig selbstständigen Verband der Manager. In Deutschland ist eine solche Entwicklung wegen der vorherrschenden kastenmäßigen Anschauungen leider unterblieben. Die Frage nach einer Partnerschaft würde vermutlich mit einer solchen Organisation nicht nur eine andere Bedeutung, sondern auch ein anderes Gesicht bekommen. In Deutschland betrachtet sich der Manager trotz der eigenen Angestelltenfunktion und wegen seiner Stellung als Generaldirektor oder Direktor – eine Benennung, auf die er gesellschaftlich besonderen Wert legt – als Arbeitgeber und fühlt sich klassen- und kastenmäßig mit den Vertretern des funktionalen Eigentums in gleicher Weise verbunden.

Ich habe bereits eingangs gesagt, dass in den öffentlichen Unternehmungen insoweit zu den großen privatwirtschaftlichen Wirtschaftseinheiten eine Parallele besteht, die auch in diesen öffentlichen Betrieben das funktionale Eigentum neutralisiert. Ihre Gewerkschaft hat nun gegenüber der öffentlichen Hand und vor allen Dingen gegenüber den Unternehmungen der öffentlichen Hand die Forderung erhoben, das für die übrige Wirtschaft formulierte Mitbestimmungsrecht in analoger Weise auch auf die Betriebe der öffentlichen Hand anzuwenden. Ich brauche diese von Ihrer Gewerkschaft erhobene Forderung vor diesem Kreis nicht näher zu erläutern. Demgegenüber wird nun von den Vertretern der öffentlichen Hand entgegengehalten, das allgemeine Mitbestimmungsrecht könne in gleicher Weise aus dem Grunde für Unternehmungen der öffentlichen Hand nicht infrage kommen, weil der Betrieb bereits Eigentum des gesamten Volkes sei, und ein Teil des Volkes könne der Gesamtheit gegenüber nicht als Partner auftreten. Wenn Sie sich einmal der Mühe unterziehen, über den Eisernen Vorhang hinweg in die Sowjetische Besatzungszone zu schauen, so finden Sie auch dort ein Gesetz über die Mitbestimmung. Dieses Gesetz lehnt die Mitbestimmung im Sinne unserer gewerkschaftlichen Formulierung ab, weil die dortigen Betriebe volkseigene Betriebe seien, weil diese Betriebe somit Eigentum des Volkes wären und aus diesem Grunde die Mitbestimmung über die Wahl der Parlamente realisiert sei. In dieser Zone gäbe es keine privaten Eigentümer mehr. Das Eigentum liege in Händen der öffentlichen Hand und daher erübrige sich eine unmittelbare Vertretung in diesen volkseigenen Betrieben. Als ich die Stellungnahme des Arbeitgeberverbandes der öffentlichen Hand zur Forderung des gewerkschaftlichen Mitbestimmungsrechtes durchgesehen hatte, fand ich die gleiche formale Betrachtung und somit eine völlige Übereinstimmung mit jener Begründung, die das Gesetz über die Mitbestimmung in der Sowjetischen Besatzungszone formuliert hatte. (*Heiterkeit und Beifall*)

Diese formale Betrachtung, wie sie von den Vertretern der öffentlichen Hand und wie sie auch in der Sowjetischen Besatzungszone gesehen wird, hält der Wirklichkeit gegenüber nicht stand. Es gibt in jedem Unternehmen Spannungen und diese Spannungen sind im Allgemeinen auf zwei Grundursachen zurückzuführen. Ein Spannungsverhältnis erklärt sich aus den Beziehungen, in denen der Eigentümer des Betriebes dem Nichteigentümer gegenübersteht. Vielleicht sind Spannungen dieser Art in der Sowjetischen Besatzungszone und auch in den öffentlichen Unternehmungen in einem beschränkten Umfange aufgehoben. Es gibt aber noch ein zweites Spannungsverhältnis, das nicht aufgehoben ist und bestehen bleibt und selbst im sozialisierten Betrieb immer vorhanden sein wird. Je nach dem Standort, auf dem jemand innerhalb der betrieblichen Gliederung steht, ergeben sich unterschiedliche Betrachtungen. Es ist keineswegs gleichgültig, von welch einer Betriebsstufe aus man zu den Fragen des Betriebes Stellung nimmt. Die Leitung eines Betriebes wird betriebliche

Fragen anders sehen und werten als derjenige Mensch, der zur betrieblichen Leitung in einem Weisungsverhältnis steht. Aus diesem Verhältnis der Über- und Unterordnung ergeben sich nicht nur beträchtliche Unterschiede, sondern auch Meinungsverschiedenheiten und möglicherweise Spannungen, die des Ausgleiches bedürfen.

Wenn die öffentliche Hand erklärt, dass das Eigentum am Betrieb sich in öffentlicher Hand befindet und sich somit ein Mitbestimmungsrecht erübrige, erscheint mir diese Argumentation völlig unmöglich. Gerade weil es sich um einen öffentlichen Betrieb handelt, muss dieser Betrieb, ganz allgemein gesehen, erst recht unter Beweis stellen, dass die Demokratisierung dieses Betriebes besonders vorbildlich durchgeführt ist. (*Lebhafter Beifall*) Auch der Hinweis auf den Charakter des öffentlichen Eigentums dürfte nicht durchschlagen, weil dieses öffentliche Eigentum in ähnlicher Weise neutralisiert ist wie das Eigentum in den großen privatwirtschaftlichen Unternehmenseinheiten und weil in öffentlichen Unternehmen, ähnlich wie in den privaten Gesellschaften, Manager diese Betriebe führen und leiten. In beiden Fällen ist der neutralisierte Charakter des Eigentums ohne Einfluss auf die soziologische Stellung des Managers.

Es dürfte zweckmäßig sein, über das Verhältnis des Parlamentes als der Vertretung der öffentlichen Interessen zu den Betrieben der öffentlichen Hand einige Worte zu sagen. Das Parlament hat gesetzgeberische Funktion und es hat ferner die Aufgabe, die von ihm beschlossenen Gesetze auf ihre Anwendung hin zu kontrollieren. Die Führung von Unternehmungen der öffentlichen Hand liegt aber nicht beim Parlament, sondern ruht bei der Verwaltung, und diese Verwaltung ordnet die Geschäftsführung der öffentlichen Unternehmungen genauso durch Manager wie in den privaten Wirtschaftseinheiten. (*Lebhafter Beifall*) Wir stehen am Anfang einer Entwicklung und man sollte in einem hoch industrialisierten Staate Überlegungen darüber anstellen, in welcher Weise das Parlament, das ja nur bestimmte, und zwar vorwiegend legislative Aufgaben erfüllen kann, seine heute nicht mehr vorhandene Funktion zu den Unternehmungen der öffentlichen Hand aktivieren kann. Ein Parlament ist nicht mehr in der Lage, eine betriebliche Aufsicht zu führen und Kontrollrechte über Unternehmungen auszuüben. Vielleicht wäre es ein Weg, Funktionen dieser Art an repräsentative Selbstverwaltungsorganisationen zu übertragen. Welcher Art diese Organisationen zu sein hätten, bedarf der eingehenden Überprüfung. Sicher ist eine dieser Organisationsarten die gewerkschaftliche Organisation. Wie schon gesagt, werden auch die öffentlichen Unternehmen von Managern geführt. Ihre soziologische Stellung ist nicht anders als die der übrigen Manager, und leider muss festgestellt werden, dass sich im Allgemeinen diese Manager auch in ihrem klassen- und kastenmäßigen Verhalten nicht von denen ihrer übrigen Kollegen unterscheiden. Aus diesem Grunde kann die Gewerkschaft auf ein Mitbestimmungsrecht in den öffentlichen Unternehmungen nicht verzichten. (*Beifall*) Gerade die Eingabe des Arbeitgeberverbandes der öffentlichen Betriebe und das Verhalten mancher Finanzministerien sind der deutlichste Beweis für die Richtigkeit unserer Aussagen und damit für die Notwendigkeit, Betriebe der öffentlichen Hand in gleicher Weise zu behandeln wie die Unternehmungen der privaten Wirtschaft, weil ihre gesellschaftspolitische Eingruppierung nicht voneinander abweicht.

Ich bitte Sie, sich der Bemerkungen über die gesellschaftspolitischen Auswirkungen der Mitbestimmung zu erinnern. Wenn heute der Versuch unternommen wird, die Beschäftigten des öffentlichen Dienstes von den Arbeitnehmern der übrigen Wirtschaft durch ein besonderes Betriebsverfassungsgesetz für den öffentlichen Dienst zu trennen, so liegt hier ein besonders durchschlagender Beweis für die Auswirkungen gesellschaftlich differenzierter Betrachtungen vor, zumal durch diese Sonderbehandlung erreicht werden soll, die gewerkschaftliche Front zu spalten. Eine besondere Betriebsverfassung für die Beschäftigten des öffentlichen Dienstes ist mehr als eine formale Angelegenheit, sie entspricht einer klassenmäßigen Strategie, die in gesellschaftspolitischer Hinsicht nicht leichtgenommen werden sollte.

Ich habe versucht, einige Grundgedanken des Mitbestimmungsrechtes, seine Aufgaben und seine Begrenzung aufzuzeigen. Die Bedeutung, die das Mitbestimmungsrecht für den gesellschaftlichen Umbau hat, ist unverkennbar. Im Hinblick auf eine Demokratisierung des gesellschaftlichen Lebens muss und kann allein die gewerkschaftliche Arbeit bei den dauernden Bemühungen um die Realisierung des Mitbestimmungsrechtes gesehen werden. Die Mitbestimmung darf aber andererseits nicht die gewerkschaftlichen grundsätzlichen Ziele überschatten und diese in den Hintergrund drängen, wenn versucht werden sollte, die Mitbestimmung zu verabsolutieren. Das grundsätzliche gewerkschaftliche Ziel besteht im Kampf um eine Wirtschaftspolitik und eine Wirtschaftsordnung, wie wir sie aus unserer Schau entwickeln wollen, damit eine demokratische und soziale Republik das Endergebnis unserer Arbeit wird. (*Stürmischer Beifall*)

Erstveröffentlichung: Viktor Agartz: Die Gewerkschaft ÖTV und das Mitbestimmungsrecht, Stuttgart 1952. Nachdruck in: Agartz: Partei, Gewerkschaft und Genossenschaft, hrsg. von Hans Willi Weinzen, Frankfurt a. M. 1985, S. 191–211. Die Zwischenüberschriften wurden vom Herausgeber eingefügt.

6 Wider die Mitbestimmung als Ersatzlehre (Oktober 1954)

Sehr geehrte Versammlung! Meine lieben Kolleginnen und Kollegen! Der Gründungskongress des Deutschen Gewerkschaftsbundes in München vom Oktober 1949 befand sich bereits an einer Wende. Er stand aber zugleich am Anfang einer neuen Konsolidierung von politischen und wirtschaftlichen restaurativen Kräften und Bestrebungen. [...] Gerade wegen der damals schon erkennbaren Wende in der Verteilung von Gesellschafts- und Wirtschaftsmacht beschloss der Kongress vier Grundsatzforderungen, die wegen ihrer Bedeutung heute noch einmal wiederholt werden sollen. Dieser Kongress forderte:

1. Eine Wirtschaftspolitik, die unter Wahrung der Würde freier Menschen die volle Beschäftigung aller Arbeitswilligen, den zweckmäßigsten Einsatz aller volkswirtschaftlichen Produktivkräfte und die Deckung des volkswirtschaftlich wichtigsten Bedarfs sichert.

2. Mitbestimmung der organisierten Arbeitnehmer in allen personellen, wirtschaftlichen und sozialen Fragen der Wirtschaftsführung und Wirtschaftsgestaltung.

3. Überführung der Schlüsselindustrien in Gemeineigentum, insbesondere des Bergbaus, der Eisen- und Stahlindustrie, der Großchemie, der Energiewirtschaft, der wichtigen Verkehrseinrichtungen und der Kreditinstitute.

4. Soziale Gerechtigkeit durch angemessene Beteiligung aller Werktätigen am volkswirtschaftlichen Gesamtertrag und Gewährung eines ausreichenden Lebensunterhalts für die infolge Alter, Invalidität oder Krankheit nicht mehr Arbeitsfähigen.

Diese Grundsatzforderungen bringen unmissverständlich zum Ausdruck, dass es den Gewerkschaften ernst war und ernst ist, die Demokratie als Grundlage der Wirtschaft und des öffentlichen Lebens anzuerkennen und durchzusetzen, und ferner, dass diese Demokratie nur dann Bestand hat, wenn ihr die soziale Sicherung des Menschen als Fundament dient. Leider ist unter den innen- und außenpolitischen Einflüssen eine Entwicklung eingetreten, die die Gewerkschaften mit größter Sorge erfüllt.

[...]

Meine Kolleginnen und Kollegen! Wer sich der innenpolitischen Lage der Weimarer Republik erinnerte, wer nach 1933 den Demokratisierungsprozess in den westlichen Ländern, selbst während des Krieges, verfolgen konnte, musste nach dem Zusammenbruch zu dem Ergebnis kommen, dass eine formale, parlamentarische Ordnung in Deutschland nicht ausreichen würde, ein Staatsgebilde demokratisch zu verankern, zumal dem deutschen Volke jede demokratische Tradition als Inhalt des politischen Bewusstseins fehlte. Es gab daher in den sich neu entwickelnden politischen Gruppen und Parteien keine Meinungsverschiedenheit im Grundsätzlichen, dass eine wirtschaftliche und gesellschaftliche Neuordnung erste Voraussetzung für den Aufbau eines neuen Staatswesens sein müsse. Wir wissen heute, wie sehr bei vielen Menschen und Gruppen diese Forderung nur ein Lippenbekenntnis war, bedingt aus dem Wunsch, sich vorerst und für die nächste Zeit von dem untergegangenen Regime zu distanzieren.

So war es selbstverständlich, in den ersten Länderverfassungen Ordnungsgrundsätze aufzunehmen, die dieser allgemeinen Erkenntnis entsprachen und die die allseits empfundenen Auffassungen über eine Demokratisierung von Wirtschaft und Gesellschaft widerspiegeln. Diese unter dem Schlagwort »Mitbestimmung« aufgestellten Forderungen und ihre gesetzliche Verankerung haben Zustimmung und Ablehnung erfahren, haben Hoffnungen und Enttäuschungen hervorgerufen, oftmals, weil dieser Begriff so zahlreiche Deutungen erfuhr, meistens aber, weil er zerredet wurde. Ich möchte daran erinnern, dass der Deutsche Gewerkschaftsbund in seinem damaligen umfangreichen Entwurf nicht den Begriff der »Mitbestimmung« gebraucht hat, sondern diesen Entwurf als einen Beitrag zur Neuordnung der deutschen Wirtschaft kennzeichnete. Ich darf ferner darauf aufmerksam machen, dass die gewerkschaftliche Forderung nach Änderung der betrieblichen Führungs- und Überwachungsorgane, also von Vorstand und Aufsichtsrat, durchaus differenziert gesehen wurde, sowohl hinsichtlich der Größenordnungen der Unternehmen als auch der Verschiedenheit der Branchen. Der gewerkschaftliche Vorschlag lehnte sich jenen realen Verhältnissen an, wie sie das Eigentum an den betrieblichen Produktionsmitteln völlig unterschiedlich in den verschiedensten Unternehmungsformen und Wirtschaftsbereichen widerspiegelt. In Klein- und Mittelbetrieben ist durchweg das betriebliche Eigentum mit der unternehmerischen Funktion in einer oder in mehreren Personen verbunden, während in den Großunternehmungen dieser Zusammenhang nicht mehr gegeben ist. Der sogenannte Eigentümer in der Rolle des Aktionärs hat schon lange auf seine Verwaltungsrechte verzichtet und ist in Wahrheit zum Anleihegläubiger geworden. Die Anonymität des Großbetriebes betrifft aber nicht allein den Kleinaktionär, sie bestimmt auch die Beziehungen der Arbeitnehmer zu ihm. In den Großbetrieben ist die Bindung des arbeitenden Menschen zur Unternehmensverfassung zerrissen. Die arbeitsteilige Produktion hat die menschliche Arbeit auf Teilfunktionen verwiesen. Die Leitung des Unternehmens ist den Arbeitnehmern günstigenfalls dem Namen nach bekannt. Es ist viel zu wenig beachtet worden, dass in den [»Hattenheimer«] Verhandlungen über das Mitbestimmungsrecht in Kohle und Eisen, die bei der Bundesregierung geführt wurden, nicht die Eigentümer, das heißt die Aktionäre, als Vertreter dieser beiden Branchen gesessen haben, da sie niemand, auch sie selbst nicht, als legitimiert empfand.

Über diese Mitbestimmung und gegen die Mitbestimmung ist mancherlei gesagt und geschrieben worden. Uns interessiert heute nicht, was gegen die Mitbestimmung eingewandt wird: dass die Forderung einer kollektivistischen Anschauung entspricht, dass sie mit dem angeblichen Risiko des Kapitaleinlegers im Widerspruch steht oder dass sie gar die Heiligkeit des betrieblichen Eigentums verletze. Es erscheint notwendig, aus der bisherigen Praxis und aus den gemachten Erfahrungen, besonders aber aus der geänderten politischen und gesellschaftlichen Lage, einige Erkenntnisse hier zu formulieren.

Nach dem Zusammenbruch gab es in fast allen europäischen Ländern aus der offen zutage getretenen Bindung von Wirtschaft und Politik nur die eine Erkenntnis, die gesellschaftliche Macht von wirtschaftlichen Großunternehmen in den Dienst gesamtwirtschaftlicher Aufgaben einzubeziehen. In Frankreich wurde die Kohleindustrie sozialisiert. Sozialisiert wurden die Großbanken, die Automobilfabriken, der Verkehr, die Energie und so fort. England verstaatlichte den Kohlenbergbau, die Stahlindustrie und den Verkehr. Deutschland war in seiner Entscheidungsbefugnis nicht frei. Seitens der britischen Regierung lag die bindende Erklärung vor, Kohle und Eisen zu sozialisieren. Gegen eine solche Neuordnung wandte sich die amerikanische Militärregierung. Sie forderte z. B. in Hessen eine getrennte Abstimmung über den Sozialisierungsartikel der Verfassung, der aber mit über 70 Prozent der Abstimmenden gebilligt wurde. Nordrhein-Westfalen beschloss in seinem Landtag die Sozialisierung von Kohle und Eisen mit überwältigender Mehrheit, die aber wieder unter amerikanischem Einfluss nicht verwirklicht werden durfte. Diese Abstimmungen waren typisch für die Mentalität und Überzeugung der damaligen Zeit, und ich glaube sagen zu dürfen: Durch die Missachtung dieser demokratischen Abstimmungen ist die entscheidende Grundlage für das Wiedererstarken der Reaktion in Westdeutschland gelegt worden. (*Stürmischer Beifall – Zurufe: Sehr gut!*) Man soll nicht immer zum Osten schauen mit der Behauptung, die Regierung der Deutschen Demokratischen Republik würde von russischen Panzern gedeckt. Die Struktur und die Ordnung der westdeutschen Wirtschaft sind sicherlich in gleicher Weise auf den Bajonetten der westlichen Besatzungsmächte geformt worden. (*Erneuter stürmischer Beifall*)

In dieser Zeit, als die Kohle- und Eisenindustrie in ihrem alten organischen Aufbau zerschlagen wurde, entstand die

Mitbestimmung in der Grundstoffindustrie als ein Teil der gesamten Neuordnung, wie sie nicht nur uns, sondern auch vielen anderen Einsichtigen vorschwebte. Wir wissen dann um die Änderung der politischen Verhältnisse, um das Vordringen restaurativer Kräfte, um das Hinauszögern und Zurückdrängen aller fortschrittlichen Vorstellungen. Übrig blieb eine Mitbestimmung in abgeschwächter Form als ein Restbestandteil einer umfassenderen und grundsätzlicheren Lösung. Durch den Verlust und den vorläufigen Verzicht auf die gewollten grundsätzlichen Änderungen in den Machtzentren der Wirtschaft und in deren Struktur verlagerten sich Hoffnungen und Erwartungen auf die Mitbestimmung als den verbliebenen Teil einer gedachten größeren Gesamtregelung.

Die Mitbestimmung, so sehr wir sie bejahen, darf aber die gewerkschaftlichen Grundsatzforderungen nicht überlagern, insbesondere darf man nicht den Versuch unternehmen, aus der Mitbestimmung eine Lehre zu machen. Die Mitbestimmung ist nur ein Bestandteil der Neuordnung der Wirtschaft und Gesellschaft, wie sie in München gefordert wird. (*Beifall*) Diese Neuordnung über die betriebliche Mitbestimmung ist das Eindringen in eine gesellschaftliche Ordnung, die bislang als geheiligt und unverletzlich galt. Sie ist ein Eindringen nicht in das Eigentum, aber in Funktionen, die das Eigentum bislang für sich allein reklamierte. Wegen der erklärten Gleichwertigkeit von Sachkapital und arbeitendem Kapital übernehmen nicht mehr allein die Vertreter des Eigentums, sondern in gleicher Weise Vertreter der in den Unternehmen tätigen Menschen gemeinsam die Aufsicht und Kontrolle über die betriebliche Geschäftsführung. Es scheint mir allerdings falsch zu sein, die Mitbestimmung als eine Partnerschaft von Kapital und Arbeit aufzufassen. Die Mitbestimmung versucht, das Verhältnis von organisierter wirtschaftlicher Macht und solidarisch organisierter Arbeitskraft im Sinne demokratischer Kontrolle durch die Beauftragten der Gewerkschaften neu zu regeln. Im Rahmen der gesetzlichen Bestimmung, insbesondere des Aktienrechts, sind diese von den Gewerkschaften Beauftragten sowohl berechtigt als auch verpflichtet und in diesem

Sinne mit dem einzelnen Betrieb verbunden. Die Mitbestimmung als Auftrag und Aufgabe der Gewerkschaftspolitik hat aber nicht den Zweck, individuelle Betriebspolitik zu treiben. (*Lebhafter Beifall*) Es sollte Klarheit darüber bestehen, dass die Mitbestimmung den kapitalistischen Charakter des Unternehmens nicht ändert (*Beifall*), dass sie den Betrieb nicht aus der Marktlage und den Konjunkturschwankungen befreit. Sie ist ein rechtlicher und technischer Prozess mit allerdings großer gewerkschaftspolitischer Bedeutung.

Meine Kolleginnen und Kollegen! Im Rahmen der betrieblichen Mitbestimmung ist das alte Problem der Rolle der Betriebsräte in Betrieben und Gewerkschaften neu gestellt worden.

In Verkennung der Aufgabe, die die Räte nach 1917 in der russischen Revolution wahrscheinlich zu Recht zu spielen hatten, ist durch das Betriebsrätewesen innerhalb der deutschen Gewerkschaftsbewegung eine Doppelgleisigkeit entstanden. Die Betriebsräte erhalten ihr Mandat durch die Betriebsbelegschaften, gleichgültig ob Teile dieser Belegschaften gewerkschaftlich organisiert sind oder nicht. Wenn auch erfreulicherweise der größere Teil der Betriebsräte sich als gewerkschaftliche Funktionäre betrachtet und danach handelt, so kann die Verschiedenartigkeit des Auftrages doch nicht übersehen werden. Diese Doppelgleisigkeit und ihre Gefahren sind gerade durch das Betriebsverfassungsgesetz erneut heraufbeschworen worden. Der Gewerkschafter im Betrieb hat sich immer seiner sozialen Lage bewusst zu sein. Er muss wissen, dass seine soziale Machtstellung im Betrieb allein beruht auf der überbetrieblichen gewerkschaftlichen Solidarität. (*Lebhafter Beifall*) Der Arbeitnehmer hat sein Recht auf Mitbestimmung ja nicht aus sich selbst, sondern allein durch die Gewerkschaften bekommen. Sehen einzelne Betriebsräte diesen Zusammenhang nicht, so sind sie hilflos der Überlegenheit des Managements ausgeliefert. Sie verfehlen dann unvermeidlich ihre eigentliche Aufgabe, die Sonderinteressen des Unternehmens, die zweifellos vorliegen, dem volkswirtschaftlichen Gesamtinteresse einzuordnen, und sie verlieren den Blick dafür, dass alle Arbeitnehmer aller Betriebe als eine solidarische Einheit empfunden werden. Sie unterliegen dann der Gefahr, nur noch ihre Sonderinteressen zu betonen und den Gedanken der überbetrieblichen Solidarität der Arbeitnehmer aufzugeben, der allein in den Gewerkschaften verkörpert ist und nur dort erhalten und gesichert werden kann. (*Beifall*)

In der sozial gespaltenen Gesellschaft der modernen kapitalistischen Produktion braucht die demokratische Legitimation der Gewerkschaften nicht mehr bewiesen zu werden. Die Gewerkschaften repräsentieren die zahlenmäßig bedeutendste Schicht in dieser Gesellschaft. Sie haben den aktivsten Teil dieser Schicht organisiert. Aus dieser Legitimation heraus muss daher das Schwergewicht der gewerkschaftlichen Arbeit im Betrieb bei den gewerkschaftlichen Funktionären liegen (*lebhafter Beifall*), ohne Rücksicht darauf, welche Stellung er selbst im Betrieb bekleidet. Die Gewerkschaft muss über den Funktionär täglich im Betrieb gegenwärtig sein. Diese gewerkschaftliche Anwesenheit muss zum ständigen Bewusstseinsinhalt aller Beschäftigten im Betrieb werden. (*Beifall*) Nur aus einer sehr engen Verzahnung von Gewerkschaft und Belegschaft erhalten doch in Wahrheit die Betriebsangehörigen ihre Stellung garantiert.

Unabhängig von den schwierigen Aufgaben des betrieblichen Funktionärs liegen zahlreiche Branchenprobleme vor, die über die Mitbestimmung in den Bereich der jeweiligen Industriegewerkschaft fallen. Und ich möchte hier durchaus eine Frage einmal anschneiden, die schon seit einiger Zeit intern Gegenstand einer Diskussion ist und mich persönlich mit Sorge erfüllt. Denn die Mitbestimmung als komplexes Mittel der Gewerkschaftspolitik und der volkswirtschaftlichen Gesamtpolitik sollte in die Zuständigkeit des Gewerkschaftsbundes fallen, und zwar als ein gewichtiges Ressort des Deutschen Gewerkschaftsbundes. Die Koordinierung der Branchenprobleme, ihre Eingliederung und Unterstellung in eine wirtschaftliche Gesamtbetrachtung und die gewerkschaftliche Führungsinitiative sind dringende Aufgaben des Deutschen Gewerkschaftsbundes. Man hat einst von der Gefahr einer zentralen

Steuerung der Mitbestimmung gesprochen. Nun, ich persönlich halte diese zentrale Steuerung für ein wichtiges Erfordernis, allerdings nicht in dem Sinne, wie es die Gegenseite annimmt. (*Beifall*)

Wir können das einzelne Aufsichtsratsmitglied nicht aus seiner Verantwortung entlassen, es muss seine Pflichten in eigener Entscheidung sehen. Es sollte aber über die Enge der betrieblichen Betrachtung hinaus erkennen, wie die nationale und internationale Konjunkturlage verläuft. Es sollte Investitionen aus dem Gesichtswinkel der gesamtwirtschaftlichen Interessen sehen. Es sollte Kosten und Preise von einer überbetrieblichen Schau vergleichen können und vieles andere mehr. Es sollte aber vor allem das Bewusstsein vermittelt bekommen, aus einer gewerkschaftlichen Gesamtverpflichtung handeln zu müssen. Es wird häufig von Schulung und Ausbildung gesprochen. Ich weiß sehr wohl, wie nützlich oft Sachverstand sein kann. Sachverstand allein, ohne gewerkschaftliches Einfühlen in die zentralen Grundfragen unseres Wollens, hat die andere Seite auch, ohne dass wir uns darum bemühen müssen. Ebenso wie jedes Betriebsratsmitglied sollte auch jedes Aufsichtsratsmitglied vor der Gefahr bewahrt werden, in ein betriebssyndikalistisches Denken zu verfallen. (*Lebhafter Beifall*) So gesehen, meine Kolleginnen und Kollegen, ist die Mitbestimmung ein Mittel der Gewerkschaftspolitik, ein Hilfsmittel zur Demokratisierung unserer Ordnung aus der Sorge um den arbeitenden Menschen, für den es gilt, die Persönlichkeitswerte wiederzugewinnen. Das kapitalistische Wirtschaftssystem wird dadurch gekennzeichnet, dass der Eigentümer an Produktionsmitteln die Verfügungsgewalt über das funktionale Eigentum besitzt, dass er in gleicher Weise die Verfügungsgewalt innehat, über das Sozialprodukt und seine Verteilung zu bestimmen. An diesem Charakter der kapitalistischen Wirtschaft ändert das Mitbestimmungsrecht nichts. Unsere Forderungen gehen aber dahin, die Prinzipien dieser Wirtschaft zu ändern. (*Lebhafter Beifall*) Daher darf das Mitbestimmungsrecht diese weitergehende Aufgabe der Gewerkschaften nicht überschatten. Insbesondere sollte verhindert werden, dass aus der Mitbestimmung, unbeschadet ihrer Bedeutung, eine Ersatzlehre entwickelt wird, die unsere grundsätzlichen Forderungen in den Hintergrund treten lässt.

Ich habe nicht immer den Eindruck, meine Kolleginnen und Kollegen, dass die Bedeutung der Gewerkschaften für die betriebliche Arbeit ausreichend gesehen wird. Umso mehr finde ich diese Einsicht auf der Gegenseite, und gerade das Betriebsverfassungsgesetz ist hierfür ein klassisches Beispiel. Im Gegensatz zum Mitbestimmungsgesetz hat das Betriebsverfassungsgesetz das Recht zur Benennung von Aufsichtsratsvertretern auf die Betriebsbelegschaften verschoben mit der doch deutlichen Absicht, die Autonomie der Betriebsbelegschaften gegenüber den Gewerkschaften zu verstärken, weil Gruppen dieser Art in stärkstem Ausmaß der außergewerkschaftlichen Beeinflussung zugängig sind. Der neue Entwurf zur Mitbestimmung in Obergesellschaften geht, nach Pressemeldungen, diesen antigewerkschaftlichen Kurs konsequent weiter. In die gleiche Richtung weisen die mannigfachen Formen der sogenannten betrieblichen Sozialpolitik, ein Fragenkreis, zu dem noch einiges zu sagen sein wird. Die Aufblähung dieser sozialen Bereiche soll die Identität von Betrieb und Belegschaft unterstreichen mit dem letztlichen Endzweck, die Belegschaftsvertretung mit dem Management zu verfilzen.

Meine Kolleginnen und Kollegen, in diesem Zusammenhang ist auch eine Klärung der Stellung wie der Funktion des Arbeitsdirektors erforderlich. Der Arbeitsdirektor verfügt im Betrieb über eine Funktion, die für die Gewerkschaften als Forderung ebenso unabdingbar ist wie die paritätische Besetzung der Aufsichtsräte. Das Gesetz über die Mitbestimmung in Kohle und Eisen verlangt, dass innerhalb des Vorstandes ein Ressort zu schaffen ist, das sich mit dem arbeitenden Menschen in seinen vielfältigsten Anliegen und Beziehungen in gleicher Weise zu befassen hat wie die übrigen Ressorts des Vorstandes die anderen im Betrieb eingesetzten Produktionsfaktoren verantwortlich zu verwalten haben. Diese Vorstandsfunktion kann nach dem Gesetz personell nicht gegen die Stimmen der Arbeitnehmer im Aufsichtsrat besetzt werden. Beide Sicherungen, die das Gesetz gewährt, entsprechen der gewerkschaftlichen Auffassung. Andererseits gehört aber der Arbeitsdirektor unvermeidlich zum Management des Unternehmens, da er juristisch Mitglied des Vorstandes ist. Wir wissen, dass dieser Arbeitsdirektor im Vorstand nicht den Ausschlag gibt. Andererseits ist er wegen seiner Zugehörigkeit zum Vorstand rechtlich und praktisch gezwungen, die Sonderinteressen des Unternehmens gegebenenfalls auch gegenüber der Belegschaft, unter Umständen sogar gegen die Arbeitnehmer in ihrer Gesamtheit, zum Beispiel bei einem Streik, mit zu vertreten. Er wird verpflichtet sein, unbeschadet seines Herkommens und seiner persönlichen Haltung, sich der Funktion des Managements zu unterwerfen.

Nach Erlass des Mitbestimmungsgesetzes wurden zahlreiche Personen aus dem Kreis der gewerkschaftlichen Funktionäre in diese Vorstandsfunktion berufen. Es war verständlich, dass zunächst die Trennung nach der Interessenlage zwischen Unternehmensführung und Gewerkschaften nicht klar empfunden wurde. Es wiederholt sich auf industrieller Ebene, was auf dem Gebiet der öffentlichen Verwaltung sich vor Jahrzehnten in ähnlicher Weise abgespielt hatte. Die Arbeitnehmerbewegung hat nach dem Ersten Weltkrieg manche ihrer besten Funktionäre in die staatliche und kommunale Verwaltung abgegeben. Niemand zweifelt heute daran, dass diese verantwortlichen Beamten in die Vertretung des staatlichen und kommunalen Gesamtinteresses eingegliedert wurden. Natürlich werden wir es stets begrüßen, wenn diese Beamtenfunktionen von Persönlichkeiten ausgefüllt werden, die in ihrer ideologischen Haltung den Interessen der Arbeitnehmerbewegung positiv gegenüberstehen. In ähnlicher Weise ist die Stellung des Arbeitsdirektors zu sehen.

Weil dieser Arbeitsdirektor Mitglied des Managements ist, gehört er nicht notwendigerweise auf die Seite der Arbeit, wie sie von den Gewerkschaften vertreten wird. Kapital und Arbeit sind in unserer Gesellschaft Kontrahenten. Auf die Dauer kann aber niemand ungestraft mit sich selbst kontrahieren. (*Beifall*) In der heutigen sozialen Spannung dient jede Verschleierung der Interessengegensätze auf lange Sicht nur demjenigen, dessen Machtstellung in der Gesellschaft die stärkere ist. (*Beifall*) Die Gewerkschaften haben meiner Meinung nach die Pflicht, einer Verschleierung über die Funktionsstellung des Arbeitsdirektors nicht Vorschub zu leisten. Die Gewerkschaften müssen aufgrund ihres Kontrollrechts in den Aufsichtsräten darauf bestehen, geeignete Persönlichkeiten mit der Verwaltung dieser Ressorts zu beauftragen. Sie sollten aber vermeiden, ihre eigene Stellung dadurch zu schwächen und zu verwischen, dass sie die Abgrenzung nicht sehen und in den eigenen Reihen Illusionen erzeugen, die ein noch so hervorragender Gewerkschaftsfunktionär in seiner neuen Funktion als Arbeitsdirektor schlechterdings nicht erfüllen kann. (*Beifall*) Es gilt vielmehr, in das Bewusstsein jedes Gewerkschaftsmitgliedes eindeutig zu verankern, dass eine Vermengung von Funktion aus den Bereichen von Kapital und Arbeit nur die klare Kontrahentenstellung aufhebt. Es muss für uns Gewerkschafter eindeutig sein: Der Arbeitsdirektor ist Arbeitgeber. Er soll auf der Ebene des Spitzenmanagements eine höchstmögliche Berücksichtigung der sozialen Fragen bei unternehmenspolitischen Entscheidungen gewährleisten. Dies kann er nur im Rahmen der gegenwärtigen Wirtschafts- und Unternehmensordnung, und wer mehr von ihm fordert, gibt sich sozialen Illusionen hin. Der Arbeitsdirektor ist eine managerielle Voraussetzung für das Funktionieren der Mitbestimmung, und damit ist der Kampf um diese Einrichtung ein wichtiger Bestandteil der gewerkschaftlichen Mitbestimmung.

Ich habe durchaus Verständnis für die britische Haltung. In Großbritannien würde, so wie es in der verstaatlichten Kohlenindustrie der Fall ist, jeder Gewerkschaftsfunktionär, der zu einem Amte berufen wird, zwangsläufig aus seiner Gewerkschaft ausscheiden. Schon die alte freigewerkschaftliche Bewegung hatte diese Problematik gesehen, ohne sie damals bis zu Ende durchzudenken. Für alle Vorstandsmitglieder in Genossenschaften und gewerkschaftlichen Eigenbetrieben gab es bis 1933 beim Zentralverband der Angestellten eine besondere Gruppe »Vorstandsmitglieder«, die das alleinige Recht hatten, höhere Beiträge zu zahlen. Ich hatte bis 1933 selbst die Ehre, dieser gewerkschaftlichen Landwehrtruppe anzugehören. (*Heiterkeit*)

Meine lieben Kolleginnen und Kollegen! Das durch die Gewerkschaften verkörperte Gesamtinteresse aller Arbeitnehmer, welches, wie bei keiner anderen Gruppe, in seiner Tendenz mit dem Gesamtinteresse der Volkswirtschaft zusammenfällt, bedarf jedoch nicht nur einer betrieblichen Repräsentation. Der moderne kapitalistische Staat ist seit Langem gezwungen, den Idealtyp seiner alten liberalen Vorstellung aufzugeben. Er kann gesellschaftliche und wirtschaftliche Prozesse selbst theoretisch nicht mehr sich selbst überlassen. Diese Erscheinung, als ein unvermeidlicher Vorgang, hat sich in allen industrialisierten Ländern durchgesetzt. Der Staat sieht sich täglich gezwungen, steuernd in das gesellschaftliche und wirtschaftliche Leben einzugreifen. Solange derartige Eingriffe nur von Fall zu Fall und völlig planlos erfolgen – wie es heute in der Bundesrepublik geschieht –, dienen diese Eingriffe nur engherzigen Teilinteressen von Gruppen der herrschenden Klasse. Gerade die amtliche westdeutsche Wirtschaftspolitik charakterisiert sich dadurch, dass sie sozusagen auf Anruf den unterschiedlichsten Verbänden mit teilweise völlig gegensätzlichen Interessen zur Verfügung steht, um sich von allen Teilen der herrschenden Klasse bestätigen zu lassen, wie eindeutig das Auftrags- und Funktionsverhältnis der kapitalistischen Wirtschaft innerhalb der Bundesrepublik verankert ist. (*Beifall*) In einer modernen staatlichen Ordnung sind die Einflüsse von wirtschaftlichen Gruppen anscheinend unvermeidlich. Sie finden in allen Ländern statt. Ein demokratischer Staat hat aber die Verpflichtung, sich nicht nur den Interessen einer einzigen sozialen Schicht zur Verfügung zu stellen, sondern er hat in gleicher Weise die Pflicht, auch die andere größere soziale Gruppe zu beachten und an seine Aufgaben heranzuziehen. Andernfalls wird ein solcher Staat eines Tages damit rechnen müssen, dass er auf den Gehorsam dieser der staatlichen Gewalt unterworfenen Gruppe nicht mehr wird rechnen können. (*Starker Beifall*)

Meine lieben Kolleginnen und Kollegen! Das Parlament, ursprünglich das höchste Vertretungsorgan des Volkes, ist heute ein Kongress von Berufspolitikern und Sachverständigen geworden (*Hört! Hört!*), die von den Parteien zur Wahl vorgeschlagen werden und letztlich von diesen Parteien abhängig sind. Artikel 21 des Grundgesetzes hat diesen Tatbestand anerkannt und damit zugegeben, dass Artikel 38 der Verfassung weitgehend zur Illusion geworden ist. Das Schwergewicht der parlamentarischen Arbeit lag früher in seiner gesetzgeberischen Tätigkeit, in der es in seinem Gesetzes- und Initiativrecht weitgehend unabhängig war. Die Vermengung von wirtschaftlichen, gesellschaftlichen und politischen Problemen hat aber die moderne Gesetzesarbeit zu kompliziert werden lassen, sodass in der politischen Praxis das Gesetzesrecht des Parlaments längst durch die Regierung und damit durch die ministerielle Verwaltung überspielt worden ist. (*Lebhafte Zustimmung*) Im Gegensatz zu früheren demokratischen Vorstellungen sind die Ausschüsse zu Zentren der parlamentarischen Arbeit geworden, deren Ergebnisse nur noch im Plenum des Parlaments ratifiziert werden. [...] In jedem industriellen Staat und in einer industriellen Massengesellschaft ist die Schlüsselstellung der Bürokratie zugefallen. Die Bürokratisierungstendenz der Gesellschaft mit ihrem zwar nicht zu entbehrenden Sachwissen bedarf aber des lebendigen demokratischen Gegengewichts, wenn Staat und Gesellschaft vor autoritären Drohungen und Katastrophen bewahrt werden sollen. [...] In die Wirtschafts- und Finanzpolitik des Staates fällt ein Teil der Entscheidungen über die Verteilung des Sozialproduktes. Die Arbeitnehmer können nicht anerkennen, dass ein Staat demokratisch und sozial geordnet ist, der die Arbeitnehmer bei den unmittelbaren Entscheidungen über diese Verteilung des Sozialproduktes ausschaltet. (*Beifall*)

Aus Überlegungen dieser Art ist schon vor Jahrzehnten die paritätische Vertretung der Gewerkschaften in allen Kammern verlangt worden. Es muss erreicht werden, dass die heute undurchsichtigen Einflüsse auf Verwaltung und Bürokratie und auf die staatliche Willensbildung in einer Weise institutionalisiert werden, dass bei gleichwertiger Beteiligung der gewerkschaftlichen Organisationen diese Einrichtungen öffentlich überschaubar sind. Gerade bei dieser Forderung nach paritätischer Besetzung der Industrie- und Handelskammern handelt es sich um die entscheidendste Frage der Verfassung unserer gesellschaftlichen Ordnung. Und bei dieser Frage entscheidet es sich tatsächlich, ob Westdeutschland zu einer echten Demokratie gelangen wird oder ob es im Halbdunkel der unkontrollierbaren Herrschaft von kapitalistischer Wirtschaft und Bürokratie am Ende auch wieder die äußere Form der politischen Demokratie verspielen wird. (*Lebhafter Beifall*) Meine lieben Kolleginnen und Kollegen! Der Deutsche Gewerkschaftsbund ist jederzeit bereit, die früher begonnenen Besprechungen wiederaufzunehmen. Er erklärt allerdings unmissverständlich, dass er die Frage der Kammerneuordnung und die Schaffung eines Bundeswirtschaftsrates als eine Einheit sieht. [...]

Meine Kolleginnen und Kollegen! Dass die Gegnerschaft gegen die Mitbestimmung mit dem Erstarken restaurativer Kräfte ständig wächst, wurde bereits bei Erwähnung des Betriebsverfassungsgesetzes zum Ausdruck gebracht. Wie man aus der Presse entnehmen kann, ist eine weitere Verschlechterung für die Mitbestimmung in Obergesellschaften geplant, nachdem die Rechtsprechung sich in den Dienst der Mitbestimmungsgegner gestellt hat. In Konzernen und in konzernähnlichen Gebilden liegt die tatsächliche Geschäftsführung stets in der Obergesellschaft, sofern es sich nicht um eine reine Vermögensverwaltung handelt. Die in einem Konzern vereinigten selbstständigen Unternehmungen haben ihre juristische Selbstständigkeit nur nach außen, während sie im Innenverhältnis als unselbstständige Betriebsabteilungen fungieren. Weil die Obergesellschaft die tatsächliche Geschäftsführung in Händen hält, ist die Stellung des Arbeitsdirektors in dieser Obergesellschaft von wesentlich größerer Bedeutung als in den angeschlossenen Betriebseinheiten. (*Beifall*) Wenn, wie anscheinend beabsichtigt, ein Arbeitsdirektor dem Vorstand der Obergesellschaft nicht mehr angehören soll, wird damit die Stellung der noch zugelassenen Arbeitsdirektoren in den

Tochtergesellschaften ausgehöhlt und völlig entwertet. (*Beifall*) Falls der Gesetzgeber noch ernsthaft den Willen hat, sich zur betrieblichen Mitbestimmung zu bekennen, bleibt nur der eine Weg: sie in den Obergesellschaften in vollem Umfange zu verankern. Wer dem Entwurf eines Gesetzes über die Mitbestimmung in den Obergesellschaften, wie wir ihn aus der Presse kennen, zustimmt, unterwirft die Mitbestimmung den Manipulationen der Manager. Es wird den Gewerkschaften nicht möglich sein, eine Regelung anzuerkennen, die die Mitbestimmung in den Tochtergesellschaften zu einer Farce macht. Sollte ein Gesetz mit diesem Inhalt beabsichtigt sein, kann es nur die Gegensätze in den bisherigen Mitbestimmungsbetrieben wachrufen und verstärken. Wir sehen in der Frage der Mitbestimmung in den Obergesellschaften eine Situation gegeben, von der Professor Alfred Weber gesagt hat, dass sie die Gewerkschaften nicht nur berechtige, sondern sogar verpflichte, alle gewerkschaftlichen Kampfmittel zur Verteidigung ihrer Rechte anzuwenden. (*Starker Beifall*)

Meine Kolleginnen und Kollegen! Wenn wir die Mitbestimmung in ihrer Vielfältigkeit als ein bedeutsames Mittel der Gewerkschafts- und Gesellschaftspolitik werten, sehen wir gleichzeitig, wie ich versucht habe es darzulegen, auch ihre Begrenzung. Dieser ganze Fragenkreis darf daher demokratische Grundsatzfragen gerade gegenüber den Grundstoffindustrien nicht verdrängen. Die Grundstoffindustrien, insbesondere Kohle und Eisen, sind über die Mitbestimmung hinaus auch aus anderen Gründen Bestandteile des gewerkschaftlichen Interesses. Nicht nur ruhte in den früheren Jahren in den Bezirken von Kohle und Eisen die stärkste Widerstandskraft gegen die gewerkschaftliche Arbeitnehmerbewegung [...], auch der politische Einfluss auf Staat und Wirtschaft wurde fast stets von der Ruhr aus vorgetragen. Aus diesen rückliegenden Erscheinungen und Erkenntnissen ergab sich die besondere Dringlichkeit der Mitbestimmung in Kohle und Eisen. Aus ihnen erklärte sich ferner die deutsche und britische Forderung nach Sozialisierung von Kohle und Eisen. Aufgrund dieser Erkenntnisse begründete man die sogenannte Dekonzentration der Ruhrkonzerne, wenngleich sicherlich bei der letzteren Maßnahme auch Konkurrenzinteressen mitgewirkt haben.

Zum anderen wussten die Gewerkschaften um die wirtschaftliche Bedeutung der Grundstoffindustrien als tragende Säule der deutschen Wirtschaft. Sie wussten zugleich auch, dass der Betrieb dieser Industrien nur in Unternehmungen mit Größenordnungen sinnvoll ist, die die Anwendung modernster Technik gestattet und die durch ihre wechselseitigen Verknüpfungen eine rationelle Produktion gewährleisten. Es war daher verständlich – und man sollte immer wieder daran erinnern –, dass die Arbeiterschaft nach dem Kriege sich in selbstlosester Weise beim wieder In-Gang-Setzen dieser Unternehmungen bei kärglichster Ernährung fast bis zur körperlichen Selbstaufgabe zur Verfügung stellte. Und es war ebenso selbstverständlich, dass die Arbeitnehmerschaft, vertreten durch ihre Gewerkschaften, sich mit vollem Einsatz an der Neuordnung beteiligte, ohne dass es ihr gelang, alle Schäden abzuwenden, die durch die Anordnungen der Militärregierung entstanden, einschließlich des Einflusses, den Kreise der Altkonzerne mit Unterstützung der Bundesregierung ausübten.

Bis zum Jahr 1945 gab es an der Ruhr einige Großkonzerne, die, historisch gewachsen, aus typisch kapitalistischen Konzentrationsbewegungen heraus entstanden waren, ohne dass man bei Ausgang des Krieges sagen konnte, dass diese Gebilde eine optimale wirtschaftliche Ordnung verkörpert hätten. Es bestanden daher, weil es einer volkswirtschaftlichen Notwendigkeit entsprach, keine Bedenken, eine Neuordnung nach gesamtwirtschaftlichen Überlegungen und Bedürfnissen zu planen. Zur gleichen Zeit ist, wie ich schon sagte, der Kohlenbergbau in England verstaatlicht worden. Nicht aus einer politisch dogmatischen Einstellung heraus, sondern um die starke Zersplitterung des englischen Kohlenbergbaus über diesen allein noch möglichen Weg zu beseitigen. Niemand denkt heute daran, diesen Zustand zu ändern. Auch in Frankreich wurde der Kohlenbergbau verstaatlicht. Die eisenschaffende Industrie erhielt nach den Plänen des gegenwärtigen Präsidenten der Montanunion eine organisatorische Gliederung, die alle Unternehmungen in wenigen Großkonzernen vereinigte und sie damit zu wirtschaftlicher Höchstleistung befähigte. Und mit dieser Produktionsapparatur ging – im Gegensatz zu Westdeutschland – Frankreich in die Montanunion.

In Westdeutschland wurden die Großkonzerne aufgelöst und in zahlreiche Einzelgesellschaften aufgeteilt. Neuerdings regt sich wieder das Verlangen, diesen Zustand der Aufsplitterung zu überwinden. Wer allerdings geglaubt hat, meine Kolleginnen und Kollegen, die geforderte und vielfach, so auch in Luxemburg, beantragte neue Zusammenfassung berücksichtige die vorliegenden internationalen Erfahrungen, der sieht sich bitter enttäuscht. Wir finden es wenig geistreich und völlig fantasielos, lediglich den Aufbau der untergegangenen alten Konzerne erneut anzustreben. Wir sind demgegenüber der Auffassung, dass eine grundsätzliche Neuordnung ein volkswirtschaftliches Erfordernis ist, und wir sind weiter der Meinung, dass auf der Grundlage der bisherigen Eigentumsordnung eine solche von uns angestrebte optimale Lösung nicht möglich ist. (*Beifall*) [...]

Aus: Wirtschafts- und Steuerpolitik. Grundsätze und Programmatik des DGB, Frankfurt a.M. 1954. Diverse Nachdrucke. Die hier dokumentierten Auszüge beziehen sich auf Agartz Ausführungen zur Mitbestimmungspolitik und den gewerkschaftlichen Vorstellungen einer wirtschaftspolitischen Neuordnungspolitik.

7 Die Mitbestimmung in der Sackgasse (September 1956)

[...] Die Organisation der Mitbestimmung in Westdeutschland ist für einen ausländischen Beobachter sehr schwer verständlich. Es dürfte für ihn schwierig sein, sich in der Fülle von Einrichtungen in einem Unternehmen mit Mitbestimmung zurechtzufinden. Die Arbeitsteilung, eines der Grundgesetze der industriellen Ordnung, scheint ihm in dem Nebeneinander und Durcheinander von Betriebsrat, Gewerkschaft, Spitzenmanagement, Arbeitsdirektor und den einzelnen Ausschüssen aufs Schwerste verletzt. Er kommt leicht zu dem Schluss, dass hier ein wirres Nebeneinander und Gegeneinander vorliegt oder es werden ihm Institutionen begegnen, deren tatsächliche Funktionen innerhalb eines Unternehmens mehr als zweifelhaft sind. Die Schwierigkeit, die Konstruktion der Mitbestimmung zu verstehen, betrifft jedoch nicht nur den ausländischen Beobachter, sondern auch den deutschen Sozialpraktiker und Sozialwissenschaftler selbst. Der Hauptgrund dieser Schwierigkeit liegt darin, dass der Beobachter wohl meist den Fehler macht, die vorliegende Mitbestimmung in Eisen, Kohle und Stahl als die endgültige Form der Mitbestimmung aufzufassen und vergisst, dass ihm nur die Ergebnisse einer halben Reform, einer unterbrochenen Reform gegenüberstehen, die über erste Ansätze nicht hinausgekommen ist.

Die gewerkschaftliche Idealvorstellung der Mitbestimmung

Die Mitbestimmungskonstruktion in Eisen, Kohle und Stahl ist nur sinnhaft zu begreifen, wenn man sich vergegenwärtigt, dass die Mitbestimmung in den Unternehmungen der Grundstoffindustrie in der Bundesrepublik nur ein Teil des umfassenden gewerkschaftlichen Reformprogramms war, das die deutschen Gewerkschaften auf ihrem Gründungskongress in München im Jahre 1949 aufgestellt hatten. Innerhalb dieses Reformprogramms, das die Vergesellschaftung der Grundstoffindustrien, die Planwirtschaft sowie die Mitbestimmung zu seinem Inhalte hat, stellt die Mitbestimmung nur einen Teil dar – und nicht einmal den wichtigsten. Die Forderungen sind eine Einheit, aus der man nicht Teilstücke herauslösen kann. Die deutschen Gewerkschaften waren zu diesem Zeitpunkt der Ansicht, dass die klassische kapitalistische Gesellschaft nach dem Zweiten Weltkrieg, nach dem Zusammenbruch des Faschismus in Deutschland unter keinen Umständen wiedererstehen dürfte und wiedererstehen könnte. Da sie jedoch nicht willens waren und auch nicht Fähigkeit noch Möglichkeit hatten, eine revolutionäre Umgestaltung der gesellschaftlichen Ordnung in Westdeutschland zu erreichen, glaubten die Gewerkschaften mit der kombinierten Formel von Vergesellschaftung – Planwirtschaft – Mitbestimmung den dritten Weg zwischen dem kapitalistischen System des Westens und dem sozialistischen System des Ostens gefunden zu haben. Wer die gewerkschaftlichen Publikationen der Jahre 1947 bis 1950 auch nur oberflächlich studiert, wird öfter dem Begriff des Dritten Weges begegnen. Dieser »Dritte Weg« der Entwicklung der Gesellschaft in Westdeutschland schien den führenden westdeutschen Gewerkschaftern als der gemäße Weg Deutschlands zum Sozialismus. Dabei ist hervorzuheben, dass in der breiten Öffentlichkeit in Westdeutschland und insbesondere in den Führungsgremien beinahe aller Parteien die Ansicht herrschte, dass die zukünftige Ordnung Westdeutschlands und Gesamtdeutschlands nur eine sozialistische Ordnung sein könne. Nur im Hinblick auf diese allgemeine sozialistische Zielsetzung der deutschen Gewerkschaften nach 1945 erhält die Konstruktion der Mitbestimmung ihren sinnvollen Inhalt.

Weiter muss sich der Beobachter dessen bewusst sein, dass die Mitbestimmung nicht nur ein Teil des umfassenden sozialistischen Reformplans der Gewerkschaften ist, sondern auch nur ein Teil der speziellen Mitbestimmungsforderungen der Gewerkschaften aus den Jahren 1948 und später. Die gewerkschaftliche Forderung nach Mitbestimmung zielte ab auf die

Repräsentanz der Belegschaft durch die Betriebsräte in der Betriebsverfassung, weiter auf die Vertretung der Gewerkschaft und der Betriebsräte in den Führungsgremien der Unternehmungen, insoweit sie Aktiengesellschaften waren, sowie auf die paritätische Besetzung von Organen, die entweder schon bestanden – wie die Industrie- und Handelskammern – oder die erst errichtet werden sollten – wie der Bundeswirtschaftsrat. Die einzelnen Gebiete der Mitbestimmungsforderungen müssen jedoch historisch und ideengeschichtlich auf ganz verschiedene Ursprünge zurückgeführt werden.

So ist die Forderung nach Repräsentanz der Belegschaft in der Betriebsverfassung auf die große Rätebewegung nach dem November 1918 zurückzuführen, mit ihren ganz ohne Zweifel syndikalistischen Tendenzen. Dabei sollte man nicht übersehen, dass diese syndikalistischen Tendenzen ihre Ursache hatten in dem völligen Versagen der Gewerkschaftsführung während des Ersten Weltkrieges, da diese sich dem »nationalen Notstand« und damit dem nationalen Staat und seinen Zielen unterstellt hatten. Das verloren gegangene Vertrauen in die gewerkschaftliche Führung war die tiefere Ursache dieser Tendenzen.

Die Berücksichtigung der Gewerkschaften und der Betriebsräte in den Führungsgremien der großen Unternehmungen ist abzuleiten als eine zwingende Konsequenz aus der Entwicklung des deutschen Tarifvertragswesens, wie auch aus dem Gedanken der Arbeitnehmerkontrolle der Unternehmungen.

Was die Forderung nach Parität in den Industrie- und Handelskammern, wie auch die Forderung nach einem paritätisch besetzten Bundeswirtschaftsrat anbelangt, so kann sie zurückgeführt werden auf die Ansätze innerhalb der Weimarer Verfassung von 1919 und auf die Konzeptionen, welche die deutschen Gewerkschaften nach 1924 unter dem Motto der Wirtschaftsdemokratie entwickelt haben. Geistesgeschichtlich sind es also drei Grundkonzeptionen, welche die Konstruktion der Mitbestimmung beherrschen: Räte-Gedanke, Wirtschaftsdemokratie und Selbstverwaltung.

Der Räte-Gedanke liegt in der Mitbestimmung jedoch nur in einer verstümmelten und reformistischen Weise vor. Die deutschen Gewerkschaften haben seit der großen, revolutionären Bewegung der Jahre 1918/19 im Grunde genommen mit dem Gedanken des Räte-Wesens nichts anzufangen gewusst und waren im Gegenteil stets bestrebt, die Wirksamkeit der Räte auf ein Minimum zu beschränken. Von der Forderung des November 1918 »Alle Macht den Räten« blieb in der Konstruktion der Weimarer Verfassung vom August 1919 noch der Aufbau einer regionalen Räte-Organisation sowie eines Reichsrates der Räte, was ungefähr der Konzeption der Klassen-Doppelherrschaft im damaligen Zeitpunkt der revolutionären Entwicklung entsprach. Die revolutionäre Räte-Bewegung wurde mithilfe der Gewerkschaften sodann im Betriebsrätegesetz des Jahres 1920 endgültig ihres revolutionären Inhaltes beraubt, indem die Räte nur noch als betriebliche Größe auftauchten und ihre betrieblichen Funktionen weitgehend auf betriebliche und sozialpolitische Fragen beschränkt wurden. Die Gewerkschaften haben zu diesem Zeitpunkt sich deshalb gegen das Räte-Wesen gewandt, weil sie in ihm eine Konkurrenzorganisation der Gewerkschaften befürchteten, mehr noch ein Instrument zur Revolutionierung der gesamtgesellschaftlichen Ordnung. Der Weg der Gewerkschaften nach 1919 war nicht von der Räte-Bewegung der Jahre 1918/19 bestimmt, sondern von der sogenannten Zentralen Arbeitsgemeinschaft, das heißt von einer Organisation der Zusammenarbeit zwischen den Arbeitgeberverbänden und den Gewerkschaften. Aus der Konzeption der Zentralen Arbeitsgemeinschaft entsprang die Konzipierung des Bundeswirtschaftsrates im Artikel 165 der Weimarer Verfassung vom August 1919.

Die Forderung nach einer paritätischen Besetzung der Industrie- und Handelskammern wurde als Lehre aus dem Versagen der wirtschaftsdemokratischen Konzeption des Reichswirtschaftsrates in der Weimarer Republik gezogen. Der Reichswirtschaftsrat, so war nach 1945 die gängige Ansicht der Gewerkschaften, hat deshalb nicht zu funktionieren vermocht, weil ihm der Unterbau einer eigenen Kontroll- und Exekutiv-Organisation fehlte. Die paritätische Besetzung der Industrie- und Handelskammern sollte nach Ansicht der Gewerkschaften in der Zweiten Deutschen Republik von 1949 diesen Kontroll- und Exekutiv-Unterbau des Bundeswirtschaftsrates darstellen.

Der Gedanke der Industrie- und Handelskammern ist jedoch ein Teil der großen Bewegung der Selbstverwaltung, wie sie in Deutschland insbesondere seit den großen Reformen von Stein und Hardenberg nach 1806 in Preußen ihren Anfang nahm. Durch die paritätische Besetzung der Industrie- und Handelskammern wurde gleichzeitig die mehr rätebestimmte Konzeption der Arbeiterkammern – wie sie als Ergebnis der Räte-Bewegung von 1918/19 auch heute noch in Österreich bestehen – zugunsten des Gedankens der Selbstverwaltung aufgegeben.

Die Widersprüche, die der Beobachter der Mitbestimmung sehr schnell entdecken wird, haben nicht zuletzt ihren Grund in den Widersprüchen der verschiedenen ideengeschichtlichen Ursprünge der gesamten Mitbestimmungsforderung.

Die juristischen Formen der Betriebsverfassung in der Bundesrepublik

Um die Frage der Betriebsverfassung in der Bundesrepublik richtig zu verstehen, ist es notwendig, einige Besonderheiten des deutschen Unternehmerrechts, insbesondere das Recht der Aktiengesellschaften, kurz zu erläutern.

Die Bedingungen zur Begründung einer Aktiengesellschaft, dem Aufbau ihrer Institutionen und ihren Entscheidungsformen wurden in Deutschland im Jahre 1897 im Handelsgesetzbuch festgelegt. Bereits nach dieser frühen Fixierung der Organisation der Aktiengesellschaften wurden, entgegen der Konstruktion in den angelsächsischen Ländern, zwei Institutionen innerhalb der Gesellschaft voneinander getrennt: der Aufsichtsrat als Vertretungsorgan der Aktienbesitzer und der Vorstand als das Gremium der Direktoren. Der Vorstand wird nach dem deutschen Aktienrecht vom Aufsichtsrat gewählt und in seiner Geschäftsführung kontrolliert. Er ist nur der Gesamtheit des Aufsichtsrates für seine Geschäftsführung verantwortlich. Nach dem deutschen Aktienrecht ist eine Repräsentierung eines Aufsichtsratsmitgliedes im Vorstand oder eines Vorstandsmitgliedes im Aufsichtsrat ein- und derselben Gesellschaft nicht gestattet. Das Recht der deutschen Aktiengesellschaften wurde 1931 aus dem Handelsgesetzbuch herausgenommen und zu einem selbstständigen Gesetz zusammengefasst. In diesem neuen Aktiengesetz waren der Hauptversammlung und dem Aufsichtsrat erhebliche Kontrollrechte zugebilligt worden, die aber nicht so weit gingen, wie Sachverständige aus Wissenschaft und Praxis verlangt hatten. Insbesondere ließ auch die Publizität zu wünschen übrig. Der Faschismus gestaltete das Aktiengesetz 1937 um, indem er die demokratischen Rechte von Hauptversammlung und Aufsichtsrat auf ein Minimum einschränkte und praktisch alle Rechte auf den Vorstand, als Führungsgremium, übertrug. Dieses im Faschismus geformte Recht besteht auch heute unverändert fort. Durch seine Rechtsnormen und durch das Führungsprinzip macht es schon eine Aussage über die Wirksamkeit der Mitbestimmung.

Die in dem Gesetz erwähnte Vollversammlung der Aktionäre hat nur allgemein informative und akklamierende Bedeutung und vermag unmittelbar weder bestimmend noch kontrollierend einzugreifen. Nimmt man zu den Institutionen der Aktiengesellschaft, dem Vorstand und Aufsichtsrat, noch den Betriebsrat hinzu, so sind alle Institutionen innerhalb der Aktiengesellschaft erfasst, die im Rahmen der gesetzlichen Regelung über die Mitbestimmung von Bedeutung sind. Die Unternehmungen in der Bundesrepublik unterliegen jedoch einer Mehrzahl von Gesetzen: einmal dem Gesetz über die Mitbestimmung der Arbeitnehmer in den Aufsichtsräten und Vorständen der Unternehmen des Bergbaus und der eisen- und stahlerzeugenden Industrie vom Mai 1951; weiter dem Betriebsverfassungsgesetz vom Oktober 1952, dem Personalvertretungsgesetz vom August 1955 und seit Kurzem auch dem Gesetz über die Mitbestimmung der Arbeitnehmer in den Aufsichtsräten und Vorständen der Holdingunternehmen des Bergbaus und der eisenschaffenden Industrie.

Nach dem Gesetz über die Mitbestimmung im Bergbau und der eisen- und stahlerzeugenden Industrie setzt sich der Aufsichtsrat aus elf Mitgliedern zusammen, und zwar aus vier Vertretern der Aktienbesitzer und einem weiteren Mitglied, vier Vertretern der Arbeitnehmer und einem weiteren Mitglied sowie einem sogenannten 11. Mann. Die sogenannten weiteren Mitglieder müssen entweder den Vertretern der Aktionäre oder den Arbeitnehmern nahestehen. Sie dürfen jedoch nicht unmittelbare Repräsentanten der Gewerkschaft oder der Arbeitgeberorganisation sein. Weiterhin dürfen sie an dem Unternehmen nicht wesentlich wirtschaftlich interessiert sein. Bei den Arbeitnehmervertretern im Aufsichtsrat müssen sich ein Arbeiter und ein Angestellter befinden, die in einem Betrieb des Unternehmens beschäftigt sind. Die Arbeitnehmervertreter werden durch die Betriebsräte nach Beratung mit den Gewerkschaften vorgeschlagen. Zur Aufstellung dieser Vorschläge bilden die Arbeiter-Mitglieder und die Angestellten-Mitglieder der Betriebsräte je einen Wahlkörper. Jeder Wahlkörper wählt in geheimer Wahl das auf ihn entfallende Mitglied. Zwei Arbeitnehmervertreter repräsentieren die Gewerkschaften, wobei vorher eine Beratung mit dem Betriebsrat durchgeführt werden muss. Die im Gesetz als weitere Mitglieder des Aufsichtsrates bezeichneten Mitglieder werden durch die übrigen Aufsichtsratsmitglieder vorgeschlagen. Nach dem Mitbestimmungsgesetz wird im Vorstand ein Arbeitsdirektor eingesetzt, der den übrigen Mitgliedern des Vorstandes, dem technischen und kaufmännischen Direktor, gleichberechtigt ist. Dieser Arbeitsdirektor kann nicht gegen die Stimme der Mehrheit der Arbeitnehmervertreter bestellt werden. Die Gewerkschaften besitzen so automatisch ein Vorschlagsrecht für die Bestellung des Arbeitsdirektors.

Der Bundestag beschloss im Jahre 1952 das Betriebsverfassungsgesetz. Dieses Betriebsverfassungsgesetz bestimmt die Wahl, ihre Zusammensetzung und die Vertretungsrechte des Betriebsrates. Nach dem Gesetz muss in jedem Betrieb über fünf Arbeitnehmer ein Betriebsrat gewählt werden. Die Höchstzahl des Betriebsrates bei Großbetrieben bis 9000 Arbeitnehmern und mehr beträgt 35 Mitglieder. Als Wahleinheit wird nicht das Unternehmen angesehen, sondern der einzelne Betrieb. Arbeiter und Angestellte müssen entsprechend ihrem zahlenmäßigen Verhältnis im Betriebsrat vertreten sein, wenn dieser aus mindestens drei Mitgliedern besteht. Der Betriebsrat wird in geheimer und unmittelbarer Wahl gewählt. Wahlberechtigt sind alle Arbeitnehmer, die das 18. Lebensjahr vollendet haben. Die Betriebsräte werden auf die Dauer von zwei Jahren gewählt. Der gewählte Betriebsrat wählt aus seiner Mitte den Vorsitzenden und dessen Stellvertreter bzw. bei einem größeren Betriebsrätekörper den sogenannten geschäftsführenden Betriebsrat, der in der Regel in seiner Mehrheit bei fortlaufenden Bezügen zur Erfüllung seiner Aufgaben freigestellt ist. Die Aufgabe des Betriebsrates besteht in der Überwachung der Einhaltung tarifvertraglicher Regelungen, der Arbeitsschutzbestimmungen sowie in der Überwachung der Erfüllung sozialpolitischer Leistungen. Eine Mitbestimmung des Betriebsrates besteht in allen sozialen Angelegenheiten. Ein beschränktes Mitbestimmungsrecht und zum Teil nur ein Recht der Mitwirkung besteht in personellen Angelegenheiten, insoweit sie Einstellungen, Versetzungen oder Entlassungen betreffen.

Für die Erledigung wirtschaftlicher Angelegenheiten wird in der Regel in den Unternehmungen mit mehr als 100 ständigen Arbeitnehmern ein Wirtschaftsausschuss gebildet. Dieser Wirtschaftsausschuss besteht aus mindestens vier und höchstens acht Mitgliedern, die dem Unternehmen angehören müssen; davon ist mindestens eines Mitglied des Betriebsrates. Die Hälfte der Mitglieder des Wirtschaftsausschusses wird vom Betriebsrat für die Dauer seiner Amtszeit bestimmt. Der Wirtschaftsausschuss hat Anspruch auf Unterrichtung über die wirtschaftlichen Angelegenheiten des Unternehmens anhand der Unterlagen, soweit dadurch nicht die Betriebs- und Geschäftsgeheimnisse des Unternehmens gefährdet werden. Zu den wirtschaftlichen Angelegenheiten gehören: Fabrikations- und Arbeitsmethoden, das Produktionsprogramm, die wirtschaftliche Lage des Unternehmens, die Produktions- und Absatzlage sowie Vorgänge, welche die Interessen der Arbeitnehmer des Unternehmens wesentlich berühren. Ein besonderes Mitwirkungsrecht besteht nach dem Betriebsverfassungsgesetz für den Wirtschaftsausschuss bei Einschränkung, Stilllegung oder Verlagerung des Betriebes oder von Abteilungen.

Nach dem Betriebsverfassungsgesetz besteht der Aufsichtsrat einer Aktiengesellschaft zu einem Drittel aus Vertretern der Arbeitnehmer. Die Vertreter der Arbeitnehmer werden in allgemeiner, geheimer, gleicher und unmittelbarer Wahl von allen wahlberechtigten Arbeitnehmern des Unternehmens gewählt. Nach dem Gesetz ist im Aufsichtsrat der Unternehmen kein Gewerkschaftsvertreter repräsentiert. Den Gewerkschaften wird nach dem Gesetz keinerlei Vorschlagsrechte für die Beteiligung der Arbeitnehmer im Aufsichtsrat eingeräumt. Das Betriebsverfassungsgesetz kann so nicht zum Mitbestimmungsrecht gerechnet werden.

Für die Verwaltungen des öffentlichen Dienstes gilt das Personalvertretungsgesetz vom August 1955. Das Personalvertretungsgesetz kann außerhalb unserer Betrachtungen bleiben, weil seine Bestimmungen keinerlei unmittelbare Mitbestimmungsrechte der Beamten, Angestellten oder Arbeiter beinhalten. Der nach dem Gesetz zu wählende Personalrat, dessen Amtszeit zwei Jahre beträgt, hat in der Regel nur mitberatende und mitwirkende Rechte. Seine Mitwirkung bezieht sich insbesondere auf Personalangelegenheiten, d. h. Einstellung, Beförderung, Versetzung und auf soziale Angelegenheiten in den einzelnen Behörden. Auf die Verwaltungsentscheidungen der Behörden selbst hat er keinen Einfluss.

Die Frage der Mitbestimmung in den neuen Obergesellschaften (Konzerne) wurde im Juli 1956 durch den Bundestag endgültig geregelt durch das »Gesetz über die Mitbestimmung der Arbeitnehmer in den Aufsichtsräten und Vorständen der Unternehmen der Bergbau- und eisenschaffenden Industrie«. Nach diesem Gesetz fallen die neuen Obergesellschaften nur insoweit unter die Mitbestimmung, wenn sie die Hälfte ihrer Umsätze durch Unternehmungen erzielen, in denen bereits heute die Mitbestimmung gilt, das heißt, wenn die Hälfte der Konzernumsätze auf Betriebe der Kohle- und der eisen- und stahlerzeugenden Industrie fällt. Die Zahl der Gewerkschaftsvertreter im Aufsichtsrat ist im Gesetz zugunsten der Vertreter aus den Belegschaften verringert worden. Gleichzeitig werden diese Belegschaftsvertreter im Aufsichtsrat durch ein kompliziertes Wahlmännersystem gewählt. Der Arbeitsdirektor wird in dem Gesetz als gleichberechtigtes Vorstandsmitglied vorgesehen, aber er bedarf nicht mehr des Vertrauens der Gewerkschaften; er wird, wie jedes andere Vorstandsmitglied, von der einfachen Mehrheit des Aufsichtsrates bestimmt. Das Gesetz über die Mitbestimmung der Arbeitnehmer in den neuen Obergesellschaften wird also von den Normen des Betriebsverfassungsgesetzes zuungunsten der Bestimmungen des Mitbestimmungsgesetzes von 1951 bestimmt.

Die Mitbestimmung in Eisen, Kohle und Stahl

Die Mitbestimmung in Eisen, Kohle und Stahl hatte ihren Ursprung in zwei Ereignissen: einmal in der Forderung nach Vergesellschaftung der Grundstoffindustrien, wie sie nach 1945 von allen großen Parteien in Westdeutschland erhoben wurde; zum anderen in den Maßnahmen zur Entflechtung der großen deutschen Konzerne.

Die Vergesellschaftung war nach 1945 zwar ein allgemeiner Wunsch der großen Mehrheit der Bevölkerung in Westdeutschland sowie der Mehrzahl der Parteien, aber sie war keineswegs das gemeinsame Ziel der Besatzungsmächte. Zwar hatten die englischen Besatzungsmächte den Vertretern der deutschen Gewerkschaften in der britisch besetzten Zone die Vergesellschaftung zugesichert, zwar hatten einzelne Länder in ihre Verfassung die Vergesellschaftung der Grundstoffindustrien mit hineingenommen, aber sie widersprach den politischen Zielsetzungen der stärksten und wichtigsten Besatzungsmacht in Westdeutschland – den Amerikanern. Die französische Besatzungsmacht zeigte sich in der Frage der Vergesellschaftung der Grundstoffindustrien in Westdeutschland mehr oder weniger uninteressiert. Die englische Besatzungsmacht unterwarf sich in der Frage der Vergesellschaftung der Grundstoffindustrien den Wünschen der amerikanischen Besatzungsmacht und deren Argumenten, dass zuerst die Entflechtung der deutschen Grundstoffindustrien durchgeführt sein müsse und dass eine Entscheidung über eine Vergesellschaftung der Grundstoffindustrien nur von einem gesamtdeutschen Parlament durchgeführt werden könne. Den Gewerkschaften wurde anstelle der Vergesellschaftung der Grundstoffindustrien eine Kontrolle der großen Unternehmungen von Eisen, Kohle und Stahl in Form der Mitbestimmung angeboten. Die Gewerkschaften selbst haben dieses Angebot in ihrer Mehrheit nicht als einen Tausch angesehen, sondern als ein zeitliches Vorziehen der Mitbestimmung vor der Vergesellschaftung.

Die deutschen Gewerkschaften konnten dieser Ansicht umso mehr sein, als sie sich in der Frage der Entflechtung sehr aktiv und unmittelbar einschalteten und von den Besatzungsmächten zur Mitarbeit an der Entflechtung der großen Konzerne in Eisen, Kohle und Stahl in Westdeutschland herangezogen wurden. Das Problem der Entflechtung bestand darin, ökonomische Gebilde in kleine Einheiten aufzulösen, also jene Gruppen, die einen übermäßigen Einfluss auf einzelne Sektoren der Stahl- und Kohlewirtschaft hatten oder die durch die enge Verbindung von Kohle, Eisen, Energie und Stahl sowie von Stahlerzeugung und Stahlverarbeitung monopolistische Funktionen innerhalb der gesamtdeutschen Wirtschaft besaßen. Die Konzeption der Entflechtung war eine Mittelposition der westlichen Besatzungsmächte zwischen der Konzeption einer umfassenden Zerschlagung der westdeutschen Wirtschaftskapazität durch rigorose Demontagen und der völligen Freigabe der westdeutschen Kohle- und Stahlwirtschaft im Zuge einer damals bereits geplanten atlantischen Aufrüstung. Wie sich die Gewerkschaften stets gegen eine radikale Demontage durch ein permanentes Verhandeln mit den Demontage-Kommissionen gewendet haben, ebenso versuchten sie durch ihre Mitarbeit bei der Entflechtung der großen Konzerne die radikale »Demontage der optimalen Organisationsform« der deutschen Kohle- und Stahlwirtschaft in Form eines materiellen Verbundes von Kohle, Energie, Stahlerzeugung und Stahlverarbeitung zu verhindern. Aus diesem Grunde waren die Gewerkschaften bestrebt, sich in den Organisationen zur Entflechtung, das heißt in den Organisationen der Treuhandschaft für Stahl und Kohle, zu repräsentieren.

Die gesetzliche Mitbestimmung des Jahres 1951 in Eisen, Kohle und Stahl hatte ihre praktischen Vorläufer in der »vorbildlichen Mitbestimmung in den entflochtenen Werken der Eisen- und Stahlindustrie«. Die Stahltreuhandschaft hatte aus den großen Konzernen bis April 1948 eine Reihe von eisenschaffenden Werken herausgegliedert und sie zu selbstständigen Unternehmungen gemacht. In diesen Unternehmungen waren die Aufsichtsräte paritätisch besetzt, und zwar in der Form, dass von den zehn Mitgliedern des Aufsichtsrates fünf Aufsichtsratsmitglieder die Interessen der Unternehmer vertraten; davon waren drei Vertreter der Konzerne, ein weiterer Vertreter wurde durch ein der Unternehmerseite nahestehendes Mitglied aus dem Bereich der öffentlichen Hand gewählt. Weiterhin war von der alten Gesellschaft ein Vorstandsmitglied aufseiten der Arbeitgebervertreter im Aufsichtsrat der entflochtenen Werke vorhanden. Die fünf Arbeitnehmervertreter setzten sich aus zwei Mitgliedern des Betriebsrates zusammen, aus zwei Mitgliedern der Gewerkschaften und einem weiteren Vertreter der öffentlichen Hand, der der Arbeitnehmerseite nahestand. Diese Mitbestimmung in den entflochtenen Werken kann auch deshalb als fortschrittlich bezeichnet werden, weil durch die Repräsentanz der Vertreter der öffentlichen Hand der halböffentliche Charakter der großen Unternehmungen zum ersten Mal in der deutschen Verfassungsgeschichte der Unternehmungen anerkannt wurde. Formal wurde dieser öffentliche Charakter der Unternehmungen in dem Aktienrecht von 1937 durch den Gesetzgeber akzeptiert, indem er bei einer Entscheidung des Aufsichtsrates auch die Berücksichtigung des öffentlichen Interesses fordert.

Der Kampf um die Mitbestimmung

Die Konstruktion der Mitbestimmung in den sogenannten entflochtenen Werken konnte auch deshalb zunächst eine allgemeine Zustimmung finden, weil einige Vertreter der Unternehmerseite nach 1945 den Gewerkschaften eine Repräsentanz innerhalb der neuen Aktiengesellschaften zugesichert hatten. Die Forderung der Gewerkschaften nach Arbeitnehmerkontrolle in Form der Mitbestimmung war so allgemein akzeptiert, dass selbst der Bochumer Katholiken-Tag im September 1949 sich für die Mitbestimmung als ein Naturrecht des arbeitenden Menschen einsetzte: Zugleich darf aber nicht übersehen werden, dass eine betriebliche Mitbestimmung von Arbeitnehmern den Vorstellungen der katholischen Soziallehre entsprach, die in der »Mitwirkung« von Arbeitnehmern noch zu modifizierende Ansatzpunkte einer ständischen Ordnung sahen. Nach der Konstituierung der Bundesrepublik im Jahre 1949 schaltete sich die Bundesregierung unter dem Bundeskanzler in die Frage der Mitbestimmung ein.

Die Gespräche der Gewerkschaften und Arbeitgeberverbände in Hattenheim, die im Januar 1950 stattfanden, führten zu einer grundsätzlichen Einigung in den Fragen des innerbetrieblichen und außerbetrieblichen Mitbestimmungsrechtes. Die Arbeitgebervertreter, vornehmlich Repräsentanten der Handelskammern, wurden jedoch bei ihrer Berichterstattung desavouiert. Der umstrittene Punkt war in den weiteren Besprechungen die paritätische Besetzung der Handelskammern und das wirtschaftliche Mitbestimmungsrecht im Betrieb. Am 14. April 1950 veröffentlichte der DGB einen Gesetzentwurf zur Mitbestimmung, der die Konstruktion der Mitbestimmung, wie wir sie vorher bereits angegeben haben, zum Inhalte hat. Der Erste Deutsche Bundestag konnte sich jedoch nicht entschließen, die Mitbestimmung umgehend gesetzlich zu regeln. Im Gegenteil, die Bundesregierung war bestrebt, die endgültige allgemeine Regelung der Mitbestimmung zu verzögern. Die Situation drängte im Jahre 1951 auf einen Streik hin, der die umfassende Einführung der Mitbestimmung in Eisen, Kohle und Stahl zum Ziele haben sollte. Obwohl der Streik nicht stattfand, entschloss sich der Bundestag aufgrund dieser Demonstration der gewerkschaftlichen Stärke zu einer gesetzlichen Regelung, wie wir sie bei dem Gesetz zur Mitbestimmung in Eisen, Kohle und Stahl aufgeführt haben.

Wie sehr sich jedoch die gesellschaftlichen Kräfteverhältnisse im Verlaufe des nächsten Jahres bereits verschieben sollten, zeigt die Niederlage der Gewerkschaften im Kampf um das Betriebsverfassungsgesetz. Obwohl die Gewerkschaften im Jahre 1952 große Demonstrationen für ein fortschrittliches Betriebsverfassungsgesetz durchführten und sie sich wohl auch der aktiven Kampfbereitschaft ihrer Mitglieder zu diesem Zeitpunkt hätten sicher sein können, konnten sie sich nicht für einen politischen Streik gegen den Bundestag, das heißt gegen den Staat, entschließen. Diese Niederlage der deutschen Gewerkschaften in der Bundesrepublik im Kampf um ein fortschrittliches Betriebsverfassungsgesetz, das heißt um eine Ausdehnung der Mitbestimmung auf andere Sektoren der deutschen Wirtschaft, muss als eine Wende in der innenpolitischen Geschichte der Bundesrepublik gewertet werden. Der Inhalt des Betriebsverfassungsgesetzes hat, wie wir weiter gezeigt haben, mit der gewerkschaftlichen Forderung nach Mitbestimmung grundsätzlich nichts mehr gemein, vor allem richtet er sich gegen das Prinzip des alleinigen Repräsentationsrechtes der Arbeitnehmer durch die Gewerkschaften. Die Betriebsräte sind in diesem Betriebsverfassungsgesetz grundsätzlich Teil der Betriebsgemeinschaft und haben mit der Arbeiterbewegung selbst nichts mehr zu tun. Obwohl die Bundesregierung in der Frage der Mitbestimmung wie auch in der Frage der Betriebsverfassung den Gewerkschaften Zusicherungen gemacht hatte, wurde nicht das Mitbestimmungsgesetz von 1951 als vorbildliche Lösung der Betriebsverfassung in der Bundesrepublik erachtet, sondern das reaktionäre Betriebsverfassungsgesetz.

Im Verlaufe des Jahres 1954, das heißt mit dem Beginn umfassender Rekonzentrationsbestrebungen in der Eisen-, Kohle und Stahlwirtschaft an der Ruhr, taucht eine Frage für die Gewerkschaften auf dem Gebiete der Mitbestimmung auf, die sie endgültig glaubten bereits gelöst zu haben. Sie wurden dabei unterstützt von Sachverständigen, die über eine gewisse betriebswirtschaftliche Kenntnis verfügten, denen aber der Sinn für die politische und soziologische Dynamik der Restauration völlig abging. Wir wiesen bereits darauf hin, dass die Mitbestimmung verstanden werden muss als ein Resultat aus der Stellung der Besatzungsmächte zur Frage der Vergesellschaftung der Grundstoffindustrien sowie zur Frage der Entflechtung der großen Konzerne an Rhein und Ruhr. Der Gesetzgeber hatte im Jahre 1951, bei der allgemeinen Regelung der Mitbestimmung in Eisen, Kohle und Stahl aus den Gründen, die sich aus der Halbsouveränität der Bundesrepublik ergaben, die Mitbestimmung in zukünftigen Konzernen nicht berücksichtigt und nicht berücksichtigen können. Die Gewerkschaften glaubten, durch Abmachungen mit den neu entstehenden Konzernverwaltungen diese Frage juristisch für sich vorentschieden zu haben. Diese Annahme erwies sich als ein auch schon vorher erkennbarer Irrtum, der im Verlaufe des Jahres 1953 bei der ersten Hauptversammlung der Aktionäre der Mannesmann-AG von der Unternehmerseite revidiert wurde. Da innerhalb der Mannesmann-AG Unternehmungen mit verschiedenen Betriebsverfassungen existierten, war es fraglich, nach welchem Gesetz – nach dem Gesetz über die Mitbestimmung in Eisen, Kohle und Stahl oder nach dem Betriebsverfassungsgesetz – der neue Aufsichtsrat gewählt werden sollte. In der Begründung des Urteils durch das Landgericht stellte sich dieses auf den Standpunkt, dass für die neue Obergesellschaft der Mannesmann-AG das Betriebsverfassungsgesetz zu gelten habe. Die Unternehmerpresse sprach in diesem Zusammenhang von einer »Begradigung des Frontvorsprungs«. Die folgenden Beratungen über die Mitbestimmung in den Obergesellschaften wurden durch ein Ereignis noch wesentlich beeinflusst. Im Januar 1955 demonstrierte die Belegschaft der Hüttenwerke Oberhausen AG gegen die Behauptungen ihres alten Konzernherrn Reusch, dass die Mitbestimmung aufgrund gewerkschaftlichen Zwanges entstanden sei. Dieser Demonstration schlossen sich die Belegschaften in den großen Unternehmungen der westdeutschen Kohle- und Stahlwirtschaft in einem Demonstrationsstreik an. Trotzdem konnten sich die Gewerkschaften nicht entschließen, gegen die Einschränkung der Mitbestimmung, wie sie offensichtlich in dem

Gesetz zur Regelung der Mitbestimmung in den Obergesellschaften der Montanunternehmungen in der Bundesrepublik vorliegt, mit gewerkschaftlicher Macht zu demonstrieren.

Da die Abhängigkeit der sogenannten Tochtergesellschaften vom Spitzenmanagement der Obergesellschaften eindeutig ist, stellt diese Einschränkung der Mitbestimmung in den Obergesellschaften gleichzeitig eine Aufweichung der Mitbestimmung in den einzelnen Unternehmungen der Eisen-, Kohle- und Stahlindustrie dar.

Die Irrtümer der Gewerkschaften

Die Mitbestimmung in der Bundesrepublik ist nicht nur eine halbe und stecken gebliebene Reform, sie ist auch der Überrest einer umfassenden Reformbewegung mit sozialistischen Zielsetzungen. Wenn gegenwärtig die Mitbestimmung keine Kampfaspekte mehr zeigt, so liegt der Grund darin, dass sie von den Gewerkschaften auch niemals als ein Instrument eines umfassenden Angriffs, das heißt als ein Instrument des Klassenkampfes gedacht war. Die Mitbestimmung ist das Produkt eines demokratisch-reformistischen Geistes, der glaubte, den Problemen der gegenwärtigen kapitalistischen Welt allein durch Reformen Herr werden zu können.

Die deutschen Gewerkschaften waren nach 1945 davon überzeugt, dass die Besatzungsmächte in Westdeutschland nichts anderes erstrebten als die Niederwerfung des Faschismus und Nationalsozialismus. Der demokratische Charakter der westlichen Besatzungsmächte war für die deutschen Gewerkschaften unbestritten. Da sie jedoch gleichzeitig der Ansicht waren, dass aus den Erfahrungen der Weimarer Republik und insbesondere aus der Niederlage der deutschen Demokratie zwischen 1931 und 1933 Konsequenzen für den Aufbau der neuen deutschen Republik gezogen werden müssten, glaubten sie auch, dass die von ihnen angestrebten Reformen zur Sicherung einer fortschrittlichen Demokratie im Sinne der demokratischen Besatzungsmächte liegen müssten. Die nationalistischen Zielsetzungen der westlichen Besatzungsmächte wurden den Gewerkschaften jedoch deutlich in ihrem

Widerstand gegen die rigorose Demontagepolitik in den einzelnen Besatzungszonen; der autoritäre Charakter der westlichen Besatzungsmächte wurde ihnen durch die Willkür der Militärdiktatur klargemacht; und der liberalkapitalistische Demokratismus der westlichen Besatzungsmächte wurde ihnen offenbar in deren Widerstand gegen umfassende demokratische Reformen in Westdeutschland. Da jedoch die Gewerkschaften nach 1945 neben den Kirchen zu den einzigen vertrauenswürdigen Organisationen in Westdeutschland gehörten und den Gewerkschaftern deshalb Beeinflussungsmöglichkeiten der Besatzungsmächte in einer Reihe von Fragen wie z. B. in den Fragen der Demontage, der Entflechtung, wie insbesondere auch der Mitbestimmung gegeben waren, hofften sie, ihr begonnenes demokratisches Reformwerk mithilfe dieser Besatzungsmächte durchführen zu können. Es darf heute zurückblickend gesagt werden, dass die deutschen Gewerkschaften nach 1945 mehr auf den demokratischen Charakter der Besatzungsmächte bauten denn auf die Kraft ihrer organisierten Mitglieder. Dies wird deutlich, wenn man bedenkt, dass die Gewerkschaften in diesen ersten Jahren alle Aktionen bremsten, die einen offenen Kampf gegen die Hungerlöhne, gegen die Demontagen oder für die Vergesellschaftung der Grundstoffindustrien zum Ziele hatten. Die enge Arbeitsgemeinschaft von Staat und Gewerkschaft, wie sie insbesondere nach 1945 für die Gewerkschaften in Westdeutschland typisch wurde, hatte ihren Anfang in dieser engen Gemeinschaft von Besatzungsmächten und Gewerkschaften. Mit der Verschärfung der Weltlage nach 1947/48 wurde es jedoch offensichtlich, dass die westlichen Besatzungsmächte bestrebt waren, das militärische Potenzial der Bundesrepublik zu mobilisieren und deshalb sich notwendigerweise auf die alten kapitalistischen Kräfte in Westdeutschland stützen mussten, sowie an der Restaurierung der Macht dieser alten Kräfte interessiert waren. Die Reformkonzeptionen der deutschen Gewerkschaften sind so aus dem Überschwange des antifaschistischen Sieges im Jahre 1945 entstanden.

Die deutschen Gewerkschaften übertrugen ihr Vertrauen in die Besatzungsmächte auch auf den neuen Staat in Westdeutschland. Dies auch deshalb, weil sie selbst aktiv am Aufbau dieses neuen Staates von der untersten Verwaltungseinheit bis über die zonalen Wirtschaftsräte und den Aufbau der Parteien aktiv mitgearbeitet hatten. Diese aktive Mitarbeit der Gewerkschaften an der Demokratie in Westdeutschland wird insbesondere deutlich an den Artikeln der einzelnen Länderverfassungen, die sich mit wirtschaftsdemokratischen Fragen beschäftigen. Die deutschen Gewerkschaften sind so nicht nur ein Pfeiler der Zweiten Deutschen Republik, sondern die Zweite Deutsche Republik ist in ihrem Ursprunge ohne sie überhaupt nicht zu denken. Es gelang den Gewerkschaften nach 1945 außerdem, Positionen in den einzelnen Verwaltungsebenen zu erringen und insbesondere ihren Einfluss auf die beiden großen Parteien, die SPD und die CDU, zu verstärken. Das Zustandekommen der Einheitsgewerkschaft, das heißt die Überwindung der parteipolitischen Spaltung der deutschen Gewerkschaftsbewegung vor 1933, war gleichzeitig eine Mehrung des gewerkschaftlichen Einflusses im Aufbau der neuen deutschen Demokratie. Für die Mehrheit der Spitzenfunktionäre der Gewerkschaften war dieser demokratische Staat ihr Staat, und die einzelnen großen Parteien waren ihre Verbündeten, wie auch die Exekutive in den einzelnen Ländern zu Beginn des Aufbaus der Bundesrepublik den Gewerkschaften die gleiche Einflussmöglichkeit gab, wenn nicht sogar vergrößerte, als zu Zeiten des Besatzungsregimes. Es ist bezeichnend, dass im ersten Kabinett der Bundesrepublik drei Gewerkschaftsvertreter waren. Zu diesem Zeitpunkt betrachteten die deutschen Gewerkschaften diese gewerkschaftlichen Minister noch als Repräsentanten ihrer umfassenden Reformbestrebungen. Dieses Vertrauen in den Reformwillen der Bundesregierung ist heute umso schwerer zu begreifen, als im Jahre 1948 durch die Geldreform ganz eindeutig der weitere Kurs der Bundesrepublik festgelegt wurde. Die Gewerkschaften haben jedoch die Geldreform nicht zulasten der neuen deutschen Demokratie geschrieben, sondern zulasten der Besatzungsmächte. Weiterhin sahen sie in der Geldreform, die grundsätzlich unterschied zwischen Produktionsmittelbesitzern und Nichtbesitzern von

Produktionsmitteln, keine klassenpolitische Entscheidung. Sie sahen sie als eine notwendige Operation, um zu einer Stabilität der Währung und damit wiederum zu einem normalen Funktionieren der Wirtschaft zu kommen. Trotz dieses schlechten Startes der Bundesrepublik vertrauten die Gewerkschaften bis in das Jahr 1951, ja bis zum Jahre 1953 dem demokratischen Reformwillen der Bundesregierung. Noch im Jahre 1952 erklärte sich der DGB bereit, in wichtigen wirtschaftspolitischen Fragen in paritätischen Kommissionen mit der Bundesregierung zusammenzuarbeiten. Dies trotzdem, obwohl in diesem Jahre die Frage der Remilitarisierung der Bundesrepublik aktuell wurde und damit auch der Wille der Bundesregierung, die alten kapitalistischen und militaristischen Mächte wiederum in ihre Macht einzusetzen. Der Kulminationspunkt dieser Beziehungen zwischen Bundesregierung und Gewerkschaften wurde durch die Niederlage der Gewerkschaften im Kampf um die Betriebsverfassung gesetzt. Endgültig wurden die Illusionen einer umfassenden demokratischen Reform von oben jedoch erst durch die Wahl zum Zweiten Deutschen Bundestag am 6. September 1953 begraben. Trotzdem haben die deutschen Gewerkschaften in Westdeutschland nie aufgehört, an die Bundesrepublik als ihre Republik zu glauben und an die Möglichkeit, diese Bundesrepublik im Sinn ihrer grundsätzlichen Forderungen des Gründungskongresses von München zu reformieren. Zu einem umfassenden Angriff auf die Politik der Restauration und damit auf den Staat haben sich die Gewerkschaften zu keinem Zeitpunkt nach 1945 entscheiden können.

Die Geschichte der neuen deutschen Republik nach 1945 beginnt mit einem Machtübergewicht der Gewerkschaften. Die Gewerkschaften haben jedoch zu keiner Zeit diese ihre Übermacht ausgenützt; sie glaubten hingegen aufgrund der veränderten Machtverhältnisse das System einer Arbeitsgemeinschaft mit den Unternehmerverbänden, das heißt die Idee einer umfassenden Sozialpartnerschaft verwirklichen zu können. Die Mitbestimmung hatte zwar allgemein sozialistische Zielsetzungen, aber diese sozialistischen Zielsetzungen waren mehr oder weniger ideologischer Natur. Die konkrete

Politik der Gewerkschaften war nach 1945 von ihrem Willen zur Sozialpartnerschaft bestimmt. Die korporativen Züge, die ganz ohne Zweifel die Mitbestimmungskonzeption der deutschen Gewerkschaften trägt, haben ihren ideologischen Hintergrund jedoch nicht in einer Konzeption des Korporatismus, sondern in der nach 1945 in starker Weise in Westdeutschland entwickelten Ideologie der Arbeitsgemeinschaft und der Sozialpartnerschaft. Unter dem Aspekt der Sozialpartnerschaft haben sich die Gewerkschaften jahrelang diszipliniert, um den Aufbau der westdeutschen Wirtschaft wie auch den Aufbau der neuen deutschen Demokratie nicht zu stören. Mit dieser Disziplinierung und mit der weiteren Entwicklung der Bundesrepublik haben sich jedoch die gesellschaftlichen Machtverhältnisse im Verlaufe der letzten Jahre radikal geändert, und wo zu Beginn der Entwicklung noch geglaubt werden konnte, dass auch große Teile der Unternehmerschaft den gewerkschaftlichen Reformbestrebungen zustimmen würden, zeigte sich bereits in den ersten Jahren der Bundesrepublik, dass die Unternehmer auf keinem Gebiete gewillt waren, ihre demokratischen Reformversprechungen der Jahre vor 1948 einzulösen. Die politische Situation der Bundesrepublik ist von 1945 bis zum Jahre 1955 durch eine Selbstdisziplinierung der Gewerkschaften beherrscht, das heißt von einem scharfen Klassenkampf von oben. Der Gedanke der Gewerkschaften, die Mitbestimmung als eine Institution einer dauernden Sozialpartnerschaft wirksam werden zu lassen, hat sich im Verlaufe der letzten Jahre als eine Illusion erwiesen.

Die Sozialpartnerschaft erstreckte sich jedoch nicht so sehr auf die Zusammenarbeit von Kapital und Arbeit, sondern – da die Funktion des Kapitalismus, das heißt also der unmittelbaren Eigentümer nach 1945 durch Entflechtung und Produktionsbeschränkung insbesondere in der deutschen Eisen-, Stahl- und Kohlewirtschaft wesentlich beeinträchtigt war – auf die Zusammenarbeit der Gewerkschaften mit den Managern. Dadurch, dass das Spitzenmanagement der Eisen-, Kohle- und Stahlwirtschaft der unmittelbaren Beeinflussung durch die Kapitaleigentümer in den ersten Jahren der neuen deutschen Demokratie beinahe völlig entzogen war, ergab sich aufgrund auch der veränderten sozialen Machtverhältnisse nach 1945 in Westdeutschland eine bestimmte klassenpolitische Neutralität des Managements der Eisen-, Stahl- und Kohleindustrie an Rhein und Ruhr. Dazu kommt, dass die Gewerkschaften als demokratisch vertrauenswürdige Organisationen in Westdeutschland in großem Umfange Teile des Spitzenmanagements der Eisen-, Stahl- und Kohlewirtschaft vor dem antifaschistischen Zugriff der Besatzungsmächte bewahrt hat und sich weitgehend für den demokratischen Charakter großer Teile dieses Spitzenmanagements verbürgte. Typisch ist die Bürgschaftserklärung für den Präsidenten des Reichsverbandes der deutschen Industrie während der Nazizeit, der zugleich als späterer Generaldirektor der Mannesmann-AG die Mitbestimmung in der Holding aufheben ließ. Das Management schien so gegenüber der Unternehmerschaft von vor 1933 eine aufgeklärte und höhere Form des Wirtschaftskommandos im kapitalistischen System darzustellen. Die Ansichten gingen – nicht zum wenigsten auch unter dem Einfluss des erst nach 1945 in Westdeutschland bekanntgewordenen Buches von James Burnham[1] – dahin, dass es zweifelhaft sei, ob diese Managerwirtschaft überhaupt noch als kapitalistisch bezeichnet werden könne. Die Sozialpartnerschaft in der Eisen-, Stahl- und Kohlewirtschaft an Rhein und Ruhr beruhte auf der Zusammenarbeit zwischen den Gewerkschaften und den Managern. Die politische Neutralität des Spitzenmanagements an Rhein und Ruhr währte jedoch nur so lange, als das Übergewicht der gesellschaftlichen Macht noch aufseiten der Gewerkschaften war. Mit der Veränderung der Politik der Besatzungsmächte, mit der Durchführung der Geldreform, mit der entschieden pro-kapitalistischen Politik der Bundesregierung nach 1949 restaurierten sich nicht nur die alten Kräfte in Westdeutschland, sondern es veränderten sich auch die gesellschaftlichen Machtverhältnisse, und das Spitzenmanagement der Eisen-, Stahl- und Kohlewirtschaft wurde wiederum zu

1 [James Burnham: Das Regime der Manager (»The managerial revolution«, 1941), Stuttgart 1951.]

einem Repräsentanten eines klassischen kapitalistischen Systems. Die Mitbestimmung konnte also weder eine Institution der Sozialpartnerschaft zwischen Gewerkschaftern und Unternehmern werden als auch nicht eine Organisierung einer dauernden Zusammenarbeit von Gewerkschaftsbürokratie und Spitzenmanagement der großen Unternehmungen.

Es war einer der großen Irrtümer der Gewerkschaften, zu glauben, dass durch eine Arbeitnehmer- und Gewerkschaftskontrolle in den Aufsichtsräten der Unternehmungen wesentliche systemstrukturelle, wirtschaftspolitische und sozialpolitische Veränderungen durchgeführt werden könnten. Es zeigte sich sehr bald, dass die Gewerkschaften im Aufbau der großen Unternehmungen an Rhein und Ruhr wie auch in der Frage der Rekonzentration bei den politischen und insbesondere wirtschafts- und steuerpolitischen Vorgegebenheiten nichts anderes konnten, als im unmittelbaren Interesse der einzelnen Unternehmungen sich zu entscheiden. Durch die Mitbestimmung in den großen Unternehmungen konnten die Gewerkschaften weder die Zielsetzung einer demokratischen Planwirtschaft noch die Zielsetzung einer Vollbeschäftigungspolitik noch die Zielsetzung eines Systems der sozialen Sicherheit erreichen. Die Überschätzung der betrieblichen Funktionen in der Gesamtgesellschaft war jedoch nach 1945 verständlich, da die westdeutsche Wirtschaft durch die rigorose Zerschlagung jeglicher überregionalen Organisation in Westdeutschland durch die Besatzungsmächte notwendigerweise von den Betrieben selbst ausgehen musste.

Der letzte, jedoch nicht unwichtigste Grund, warum die Gewerkschaften mit der Mitbestimmung in den letzten Jahren in eine Sackgasse geraten sind, war, dass sie den persönlichen Möglichkeiten in den Entscheidungsgremien der Mitbestimmungsunternehmungen ein zu großes Gewicht beilegten. Sie gingen von der irrtümlichen Annahme aus, dass durch Aufsichtsräte, die seit Jahrzehnten Gewerkschafter sind, oder durch Arbeitsdirektoren, die unmittelbar aus einer langen gewerkschaftlichen Tradition oder gar aus gewerkschaftlichen Funktionen heraus gekommen sind, die demokratischen und pro-gewerkschaftlichen Entscheidungskriterien für deren Arbeit in den Aufsichtsräten und Vorständen der Mitbestimmungsunternehmungen von selbst sich ergeben würden. Die Anforderungen an die Gewerkschafter in den Aufsichtsräten und Vorständen der Mitbestimmungsunternehmungen wurden letzten Endes immer mehr auf moralische und fachliche Anforderungen reduziert. Die Frage umfassender politischer oder gesamtgesellschaftlicher Normen für die Entscheidungen, wie sie die andere Seite von selbst mitbrachte, wurde als nicht notwendig angesehen. Je mehr durch die politische Entwicklung der Bundesrepublik die Gewerkschaften auf den Zusammenhang ihrer Mitbestimmungsforderung mit ihrer Forderung nach Vergesellschaftung der Grundstoffindustrien und Planwirtschaft verzichteten, umso mehr mussten die Gewerkschaftsvertreter in den Aufsichtsräten und Vorständen den gesamtgesellschaftlichen Normen der kapitalistischen Gesellschaft verfallen.

Die Probleme der Mitbestimmung

Überschaut man heute die Wirksamkeit der Mitbestimmung in Eisen, Kohle und Stahl, so ergeben sich folgende Tatsachen.

Den Gewerkschaften ist es nicht gelungen, eine Kontrolle der kapitalistischen Akkumulation in der Grundstoffindustrie Westdeutschlands durchzuführen, wie die Rekonzentration der deutschen Grundstoffwirtschaft in den Bahnen der alten Konzerne zu verhindern oder wesentlich zu beeinflussen. Die Akkumulation der westdeutschen Grundstoffwirtschaft hat durch die steuerlichen Vergünstigungen durch den Staat ein Ausmaß angenommen, wie es das wohl nur noch in den Gründerjahren gegeben war. Die Finanzierung des Aufbaus wie der Ausdehnung der Kapazitäten innerhalb der deutschen Grundstoffwirtschaft erfolgte nicht durch eine Ausdehnung des Aktienkapitals oder durch Aufnahme von Bankkrediten oder öffentlichen Krediten; sie erfolgte auf dem Wege der Selbstfinanzierung. Es ist selbstverständlich, dass durch diese Methode der Selbstfinanzierung die Finanzierung dieses Wiederaufbaus der deutschen Grundstoffwirtschaft, wie auch die

Ausdehnung ihrer Kapazität, durch die Masse der Verbraucher bzw. durch die Masse der Steuerzahler getätigt wurde. Dabei war die bilanzmäßige Voraussetzung dieser umfassenden Akkumulation der deutschen Grundstoffwirtschaft die Neubewertung der Ausrüstung der einzelnen Unternehmungen und insbesondere der neuen Gesellschaften nach 1945. Die großen Unternehmungen der Stahl-, Eisen- und Kohlewirtschaft waren durch die Ereignisse nach 1945 gezwungen, die Kontinuität der Bilanzen zu unterbrechen. Es ergab sich die Notwendigkeit, die noch vorhandene Ausrüstung neu zu bewerten. Die Treuhandschaften von Stahl und Kohle, von denen wir bereits gesprochen haben und in denen Vertreter der Gewerkschaften repräsentiert waren, gestatteten den Gesellschaften einen Bewertungsmodus, der faktisch einer Neuabschreibung der bereits einmal abgeschriebenen Ausrüstung gleichkam. Diese Bilanzierungstechnik hat darüber hinaus die Aktienbesitzer aus der breiten Masse der anderen Sparer herausgehoben und ihnen nicht nur eine paritätische Bewertung ihres Aktienbesitzes gestattet, sondern eine vielfache Überbewertung. In der Frage der Ausdehnung der Kapazitäten mussten sich die Gewerkschaftsvertreter in den Aufsichtsräten und in den Vorständen notwendigerweise im Sinne eines ausgeprägten Betriebsegoismus entscheiden. Da kein umfassender Investitionsplan für die gesamte westdeutsche Eisen-, Stahl- und Kohlewirtschaft vorhanden war, blieb nichts anderes übrig, als jedes einzelne Unternehmen so schnell und so umfassend wie möglich neu und größer auszurüsten. Dass es hierbei zu gewichtigen Fehlinvestitionen kam, ist unbestritten. Diese Fehlinvestitionen wurden mit Zustimmung der Gewerkschafter in den Mitbestimmungsunternehmungen getätigt.

Durch die besondere Monopolsituation der Grundstoffindustrie und durch die besondere Art der Kalkulation und Preisbildung kam es zu einer Aufblähung der Sozialleistungen in den einzelnen Unternehmungen. Die tariflichen Vereinbarungen über die Löhne sind im deutschen Tarifvertragswesen Vereinbarungen über Minimalleistungen. Die Monopolsituation der Mitbestimmungsindustrien gestattete jedoch den einzelnen Unternehmungen, hohe übertarifliche Löhne zu bezahlen. Durch diese hohen übertariflichen Löhne wurden selbstverständlich große Teile der Arbeitnehmer in diesen Mitbestimmungsunternehmungen stärker an die einzelnen Unternehmungen gebunden denn an die Gewerkschaften. Da umfassende volkswirtschaftliche Kriterien für die Entscheidungen der Gewerkschafter in den Aufsichtsräten und Vorständen fehlten, wurden deren Beschlüsse von dem Motto bestimmt, so viel wie nur möglich für die Arbeitnehmer herauszuholen. Dieser Druck in den Mitbestimmungsunternehmungen führte zu einer Aufblähung der Sozialleistungen, deren Rentabilität in den letzten Jahren selbst für die Repräsentanten der Gewerkschaften in den Mitbestimmungsunternehmungen problematisch geworden ist. Die Sozialleistungen berühren dabei beinahe jede Seite der Existenz des Arbeitnehmers dieser großen Unternehmungen und binden ihn so faktisch an das Unternehmen. In diesem Zusammenhang ist es in den deutschen Gewerkschaften in den letzten Jahren üblich geworden, von der Gefahr eines Industriefeudalismus zu sprechen. Diese Erscheinungen eines Industriefeudalismus zeigen sich zwar auch in den großen Unternehmungen außerhalb der Mitbestimmungsindustrien; es besteht jedoch kein Zweifel, dass durch die Mitbestimmung diese Entwicklung stark gefördert wurde. Sie hat sich zumindest nicht als ein Korrektiv für die Verhinderung einer zweifelhaften Form der betrieblich konzentrierten Sozialpolitik erwiesen.

Innerhalb des Systems der Mitbestimmung fällt den Betriebsräten eine ganz besondere Rolle zu. Das Gesetz hat die Rolle der Betriebsräte im Funktionieren der Mitbestimmung in Eisen, Kohle und Stahl nur formal und nur sehr unzureichend fixiert. Es sind die Betriebsräte in den Mitbestimmungsunternehmungen tatsächlich ein Teil des Managements geworden. In den extremsten Fällen sind sie Anhängsel der Sozialabteilung der Arbeitsdirektoren. Da sie alle Vorrechte des Managements in ihrer Spitzengruppe, das heißt im hauptamtlichen Betriebsrat, der für seine Arbeiten freigestellt wird, besitzen, teilweise sogar die Vorrechte des Spitzenmanagements genießen – wenn auch nicht deren Einkommen –, ergibt sich eine Gefahr der Loslösung der Betriebsräte sowohl von der Basis der Arbeiter in den Betrieben als auch insbesondere von den Gewerkschaften. So sehr die Betriebsräte auf eine gewerkschaftliche Organisierung achten und heute noch weit davon entfernt sind, eine Organisierung abzulehnen, so wenig sind sie jedoch gewillt, in Fragen, welche die Unternehmungen betreffen, sich dem Rat oder der Entscheidung der Gewerkschaftsfunktionäre und insbesondere der örtlichen Gewerkschaftsfunktionäre zu unterwerfen. Diese Konkurrenz der Betriebsräte mit der Gewerkschaftsbürokratie ist jedoch keineswegs die gleiche Differenz, wie sie zwischen einer revolutionären Betriebsrätebewegung und einer reformistischen Gewerkschaftsbürokratie nach 1918 bestand. Die fortschrittlichere Kraft repräsentiert gegenwärtig in dieser Auseinandersetzung ganz ohne Zweifel die Gewerkschaftsbürokratie, während die Betriebsräte immer stärker der Ideologie der Betriebsgemeinschaft verfallen, wie sie der aufgeklärte Managerialismus in der Bundesrepublik insbesondere nach 1948 vertritt.

Eine vollkommene Niederlage haben die Gewerkschaften wohl mit der Einrichtung der Arbeitsdirektoren erfahren müssen. Dadurch, dass für die Arbeitsdirektoren in Eisen, Kohle und Stahl (wie angegeben nicht mehr bei der Mitbestimmung in den Obergesellschaften) ein Vorschlagsrecht durch die Gewerkschaften besteht, waren die Gewerkschaften der Ansicht, dass es sich bei den Arbeitsdirektoren um Repräsentanten des Faktors Arbeit, das heißt der Gewerkschaften, im Vorstand der einzelnen Unternehmungen handele. Diese laboristische Interpretation der Stellung des Arbeitsdirektors im Vorstand war nach dem Buchstaben des Gesetzes nur so lange möglich, als die sozialen Kräfteverhältnisse zugunsten der Gewerkschaften sprachen. Mit der Veränderung der Kräfteverhältnisse, mit dem Schwinden der demokratischen Reformierungshoffnungen der Gewerkschaften, mit der Restaurierung der alten kapitalistischen Kräfte in der Bundesrepublik wurde es jedoch ganz eindeutig, dass der Arbeitsdirektor nichts anderes ist und sein kann als Arbeitgeber. Die Frage, ob der Arbeitsdirektor Arbeitnehmervertreter sein könne oder notwendigerweise Arbeitgeber sei, wird zwar durch den Buchstaben des Aktiengesetzes festgelegt, nach dem der Vorstand in seiner Gesamtheit für die Entscheidungen voll verantwortlich zeichnet. Wie weit die Verwirrung in dieser Frage bei den deutschen Gewerkschaften ging, zeigt die Tatsache, dass es vorgekommen ist, dass in internationalen Organisationen Arbeitsdirektoren als Arbeitnehmervertreter von den Gewerkschaften benannt worden sind. Die Stellung der Arbeitsdirektoren wurde jedoch sowohl durch das Mitbestimmungsgesetz in den Obergesellschaften endgültig in dem Sinne entschieden, dass der Arbeitsdirektor Arbeitgeber ist, als auch insbesondere durch Vorkommnisse in einem Lohnstreit der Stahlindustrie in Nordrhein-Westfalen im Jahre 1955. In diesem Lohnstreit haben sich die Arbeitsdirektoren korporativ gegen die Lohnforderungen der Gewerkschaften ausgesprochen. Damit haben die Arbeitsdirektoren aufgehört, auch nur scheinbar ein Teil der Gewerkschaftsbewegung zu sein.

Diese Entwicklung auf dem Gebiete des Betriebsrätewesens in den Mitbestimmungsunternehmungen und bei den Arbeitsdirektoren hätte trotz der allgemeinen Verhältnisse nicht unbedingt in dieser Tendenz verlaufen müssen, wenn sich die Gewerkschaften zu einer Zentralisierung der Mitbestimmungspraxis hätten entscheiden können. Mit dieser Zentralisierung hätten sie jedoch ohne Zweifel gegen den Buchstaben des Gesetzes über die Aktiengesellschaften verstoßen, in dem es den einzelnen Aufsichtsräten, wie insbesondere den Vorstandsmitgliedern, verboten wird, an Instanzen außerhalb des Unternehmens Informationen über die Lage und über die Pläne des Unternehmens weiterzugeben. Ohne eine umfassende Information der gewerkschaftlichen Zentrale wäre natürlich auch eine Zentralisierung der Entscheidungen in den Aufsichtsräten und Unternehmungen unmöglich gewesen.

Man versucht in letzter Zeit, dem Problem der Loslösung der Betriebsräte von den Gewerkschaften dadurch Herr zu werden, dass diese ein gewerkschaftliches Vertrauensleutesystem innerhalb der einzelnen Betriebe aufbauen. Dieses gewerkschaftliche Vertrauensleutesystem kann jedoch so lange nicht tatsächlich regulierend eingreifen, als die Gewerkschaften selbst unzureichende Einflussmöglichkeiten in das betriebliche Geschehen besitzen. Da die Gewerkschaftsfunktionäre jedoch durch tarifliche, arbeitsrechtliche und sozialpolitische Fragen bereits heute überlastet sind, bleiben ihnen wenig Möglichkeiten, sich mit den speziellen Interessen betrieblicher Entscheidung zu befassen.

Zusammenfassend kann gesagt werden, dass die Mitbestimmung im Aufbau der westdeutschen Eisen-, Kohle- und Stahlwirtschaft als ein zusätzlicher disziplinierender Faktor gewirkt hat. Die Mitbestimmung hat ganz ohne Zweifel sowohl den Produktionsfrieden innerhalb der Eisen-, Kohle- und Stahlwirtschaft wie auch insbesondere innerhalb der einzelnen Unternehmungen wesentlich gefördert. Sie ist heute ein disziplinierender Faktor im Sinne einer kapitalistischen Unternehmens- und Wirtschaftsverfassung. Der scharfe Widerstand gegen die Mitbestimmung vonseiten der Unternehmer und Manager ist deshalb nur verständlich, wenn man ihn auf konservative Auffassungen über Unternehmensordnung auf dieser Seite zurückführt. Eine Bedrohung des kapitalistischen Charakters der Unternehmens- und Wirtschaftsverfassung der Bundesrepublik stellt die Mitbestimmung unter den gegenwärtigen Verhältnissen nicht dar.

Selbstverständlich könnte sie bei einer Veränderung der politischen Situation und insbesondere bei einer Aktivierung der Gewerkschaften für ihre alten Forderungen nach Vergesellschaftung und Planung zu einem bedeutenden und gefährlichen Instrument in der Veränderung der Unternehmens- und Wirtschaftsverfassung in der Bundesrepublik werden. Das anzunehmen, liegt jedoch gegenwärtig und in naher Zukunft wohl kaum ein Grund vor. Die deutschen Gewerkschaften wiederholen zwar auf ihren Verbandstagen stets ihre Forderung nach Vergesellschaftung der Grundstoffindustrien, aber es besteht kein Zweifel, dass die Vergesellschaftungspläne der Gewerkschaften in den Hintergrund gerückt sind. Eine besondere Stellung nimmt hierbei die Kohlewirtschaft ein, die insbesondere durch ihre großen. Investitionsaufgaben in naher Zukunft auf öffentliche Hilfe angewiesen ist. Es ist jedoch höchstwahrscheinlich, dass mit einer Verstärkung der Rekonzentrierung der Gesamtwirtschaft dieses Problem von den großen Konzernen mithilfe des Staates gelöst wird und eine Vergesellschaftung der Kohle nicht unmittelbar notwendig erscheint.

Völlig in den Hintergrund getreten sind innerhalb der Gewerkschaften die Planungsforderungen. Innerhalb einer kapitalistischen Hochkonjunktur glauben die Gewerkschaften in Westdeutschland, auf eine Planung – und sei es auch nur eine vorbeugende Planung zur Stabilisierung der kapitalistischen Konjunktur – verzichten zu können. Die neoliberalistischen Gedankengänge haben nicht nur breite Massen der Arbeitnehmer in der Bundesrepublik erfasst, sie bestimmen auch weitgehend das Denken der Funktionäre der Arbeiterbewegung in Westdeutschland. Vor allem ist jedoch nicht an eine Ausdehnung der Mitbestimmung zu denken. Dieser Ausdehnung der Mitbestimmung auf andere Industriezweige steht das Betriebsverfassungsgesetz entgegen. Die deutschen Gewerkschaften können auf eine Revision des Betriebsverfassungsgesetzes im Sinne der Mitbestimmung in naher Zukunft – auch bei einem Zustandekommen einer Koalitionsregierung unter sozialdemokratischer Führung – wohl kaum rechnen. Ebenso ist unwahrscheinlich, dass die Mitbestimmung in den Industrie- und Handelskammern wie auch die Errichtung eines Wirtschaftsrates im Sinne der gewerkschaftlichen Forderungen von 1950 in naher Zukunft von irgendeiner Regierung in der Bundesrepublik geplant wird oder geplant werden kann.

Die deutsche Gewerkschaftsbewegung in der Bundesrepublik hat sich ganz ohne Zweifel im Verlaufe der letzten Jahre von ihren umfassenden demokratischen Reformbestrebungen distanziert. Es ist nur eine Frage der Tradition und wohl auch der Zeit, wann die deutschen Gewerkschaften auf ihr umfassendes demokratisches Reformprogramm des Gründungskongresses von München aus dem Jahre 1949 verzichten werden. Gegenwärtig wird die Lohn- und Arbeitszeitfrage von den deutschen Gewerkschaften so radikal in den Vordergrund gerückt, dass man annehmen kann, die deutschen Gewerkschaften sind von der Stabilität des kapitalistischen Systems in Westdeutschland überzeugt. Darüber hinaus zeigen sich Tendenzen innerhalb der Gewerkschaften, die von der Mitbestimmung durch die Forderung nach Miteigentum entweder abrücken oder sie durch die Forderung des Miteigentums zu ergänzen versuchen. Die gleichzeitigen Bestrebungen, das Unternehmensrecht zu verändern, indem man den halböffentlichen Charakter der großen Unternehmungen stärker durch das Gesetz zu erfassen versucht, sind mehr ein Beweis für ein Verlassen der umfassenden gewerkschaftlichen Reformbestrebungen als eine Bestätigung dessen, dass die Gewerkschaften in naher oder weiterer Zukunft den Kampf für ihre Reformen im Sinne einer Vergesellschaftung der Grundstoffindustrien, der Planung und der Mitbestimmung aufzunehmen gedenken.

Die Mitbestimmung stellt ganz ohne Zweifel sowohl in ihren positiven als auch in ihren negativen Erscheinungen einen wesentlichen Beitrag für die weitere Entwicklung der Betriebsverfassung sowohl in einem kapitalistischen als auch in einem sozialistischen System dar. Sie befindet sich in der Bundesrepublik heute jedoch in einer Sackgasse, die nur die Alternative für die Gewerkschaften gibt, entweder endgültig auf eine umfassende Reform der kapitalistischen Ordnung in Westdeutschland zu verzichten oder für sie hart zu kämpfen. Es besteht jedoch kein Zweifel, dass die Reformen im Sinne des Jahres 1949 und damit auch die Mitbestimmung in ihrer Gesamtheit unter den gegenwärtigen Verhältnissen nicht mehr durchgeführt werden können. Die Möglichkeit eines reformistischen Weges zum Sozialismus ist in der Bundesrepublik für eine absehbare Zeit nicht mehr gegeben. Die Chance, diesen Weg zu beschreiten, hat die deutsche Gewerkschaftsbewegung in den Auseinandersetzungen der Jahre 1948 bis 1956 völlig verspielt.

Die westdeutschen Gewerkschaften stehen in der Defensive. Sie haben in der Lohn- und Arbeitszeitpolitik und in der Mitbestimmung wichtigstes Gelände verloren. Es war aber immer ein Beweis der Kraft, wenn nach verlorenem Kampf eine Selbstbesinnung eintrat, die den Aufstieg nach oben einleitete. Insoweit stehen die Gewerkschaften an einer Schicksalswende. [...]

Auszug aus: »Zum gewerkschaftlichen Aktionsprogramm«, in: WISO. Korrespondenz für Wirtschafts- und Sozialwissenschaften 13/1956, S. 143–162. Der umfangreiche erste Teil (S. 143–152) setzt sich kritisch mit dem gewerkschaftlichen Aktionsprogramm von 1955 und der gewerkschaftlichen Lohn- und Tarifpolitik auseinander. Der hier dokumentierte zweite Teil (S. 152–162) behandelt die Geschichte und Probleme der nach 1945 verfolgten gewerkschaftlichen Mitbestimmungspolitik. Der gesamte Aufsatz wurde damals, wie in der WISO bis 1958 üblich, anonym veröffentlicht. Inhalt und Stilistik verweisen jedoch eindeutig auf Agartz' persönliche Verfasserschaft. Ein Teil dieses zweiten Teils wurde unter dem Titel »Die enge Arbeitsgemeinschaft von Staat und Gewerkschaften« auch in Viktor Agartz: Gewerkschaft und Arbeiterklasse. Die ideologischen und soziologischen Wandlungen in der westdeutschen Arbeiterbewegung, hrsg. von Lutz Ziegenbalg, München 1971, S. 41–55, nachgedruckt.

8 Die Integration der Gewerkschaften in das kapitalistische System (Mai 1959)

[...] Mehrere Quellen flossen zusammen, um die Gewerkschaftsführung in den [...] Lauf der Tendenzen mitzureißen, die den weiteren Gang der Entwicklung bestimmten und der heutigen Politik der Gewerkschaftsführung den Stempel aufdrückten.

Der amerikanische Imperialismus bezog nach dem Ende des Krieges sofort eine klare antisowjetische Haltung, die sich aus den Bedürfnissen zur eigenen Existenzsicherung des Spätkapitalismus ergab. Aus der antisowjetischen Haltung erwuchs eine rücksichtslose antikommunistische und antisozialistische Politik, die durch den Namen [Joseph] McCarthys einen Exponenten sichtbar machte und deren Ergebnisse durch Flüchtlinge und Verfolgte, wie [Charlie] Chaplin, [Arthur] Miller oder [John] Steinbeck, unterstrichen sind. Selbstmorde von prominenten Politikern und Wissenschaftlern ergänzen das Bild. Von Anbeginn an stand die amerikanische Gewerkschaftsführung unter ihrem reaktionär-katholischen Führer [George] Meany auf dieser Seite. Eine klassengeschichtlich traditionslose amerikanische Gesellschaftsentwicklung und die Sonderheit des ökonomischen Aufstiegs waren neben anderen Erscheinungen Ursachen für die spezielle Stellung des amerikanischen Arbeiters, auch für seine hohen Löhne. Ist doch der amerikanische Arbeiter erst seit etwa 25 Jahren gewerkschaftlich organisiert. Es entstand auch in Westdeutschland die Phrase vom sozialen Kapitalismus, der seine Gewinne mit der Arbeiterschaft teilt und der zu einem angeblich kollegialen Verhältnis von Unternehmer und Arbeiter führt. Dies alles hinderte den sozialen Kapitalismus zwar nie, bei Krisenerscheinungen auch in den USA die Arbeiterschaft rücksichtslos auf die Straße zu setzen.

Die amerikanische Besatzungspolitik arbeitete in der Bundesrepublik doppelgleisig, so auch mit einem großzügigen Einsatz amerikanischer Gewerkschaftsvertreter. Angefangen von Care-Paketen und kostenlosen Amerika-Reisen, amerikanischen Büchern und Presseerzeugnissen gestaltete sich bei dem westdeutschen Gewerkschaftsführer das antikommunistische Bild, geformt aus den modernen Fließbändern, den hohen Löhnen und dem gelegentlichen »Du« zwischen einzelnen Vertretern der amerikanischen »Sozialpartner«. Der Erfolg dieser Infiltration bei den theoretisch ungeschulten deutschen Gewerkschaftsvertretern war vollkommen. In diesen Tagen besuchte eine große Untersuchungskommission amerikanischer Unternehmer die sechs Länder des Gemeinsamen Marktes, um sich über Investitionschancen, Kauf von Unternehmungen und über Beteiligungen zu informieren. Natürlich interessierten sich diese Unternehmer für die politische und gesellschaftspolitische Haltung der Gewerkschaften. In ihrem Bericht schreiben sie über die westdeutschen Gewerkschaften: »In Westdeutschland haben es die amerikanischen Industriellen mit Gewerkschaftsführern zu tun, die gelegentlich radikal reden, aber immer wie Konservative handeln. Die Gewerkschaften zeigen einen hohen Grad von Verantwortlichkeit. Das, was man ›Deutsches Wirtschaftswunder‹ nennt, ist zu einem guten Teil den Gewerkschaften in Lohnfragen zu danken, eine Klugheit, die es den Exporteuren erlaubte, auf dem Weltmarkt konkurrenzfähig zu werden.« Da die amerikanischen Unternehmer und Bank- und Börsenspezialisten ihre Erkenntnisse wohl ausnahmslos aus ihren Gesprächen mit westdeutschen Unternehmern gewonnen haben, ist damit zugleich bewiesen, wie die westdeutschen Unternehmer ihre gewerkschaftlichen »Sozialpartner« bewerten und einschätzen.

Die Vorstellungen über die Ideologie der sozialen Partnerschaft fanden in Westdeutschland sehr frühzeitig praktischen Eingang bei Konstituierung des Stahltreuhändergremiums, dem es obliegen sollte, die westdeutschen Stahlkonzerne zu entflechten. Unter amerikanischem Einfluss musste die verbindliche britische Erklärung, Stahl und Kohle zu verstaatlichen, zurückgenommen werden. Als Ausweg für die zurückgezogene Erklärung entstand die Mitbestimmung als eine Ersatzlösung, um die Hoffnungen der westdeutschen Arbeiter nicht vollends zu enttäuschen.

Was Mitbestimmung sein sollte, war damals ebenso wenig klar, wie es heute ist. Heute kann man zwar die soziologischen Resultate dieser Mitbestimmung klar analysieren, nicht aber den gewerkschaftlichen Zweck, der für die Interessen der Arbeiterschaft allein ausschlaggebend sein kann. Unternehmungen haben in der kapitalistischen Ordnung die Aufgabe, Profite zu erzielen. Die Herstellung von Waren ist ein Mittel dieser Gewinnerzielung, sie hat aber primär nicht den Zweck, die menschlichen Bedürfnisse zu befriedigen. Man produziert Waren, weil sie einen Gewinn abwerfen. Ist diese Aussicht nicht mehr gegeben, wird die Produktion eingestellt, gleichgültig, ob hierdurch die Bedürfnisbefriedigung der Abnehmer oder Verbraucher beeinträchtigt wird. Die Leitung eines Unternehmens ist daher immer an maximalen Preisen und an minimalen Kosten interessiert, soweit die Umstände und Verhältnisse diese Zielsetzung möglich machen. Vorstand und Aufsichtsrat, die beide in gleicher Weise für diesen Betriebszweck verantwortlich sind, haben sich der kapitalistischen Betriebsführung zu unterstellen. Die Jahre der Mitbestimmung haben gelehrt, in wie hohem Maße die Vertreter der Gewerkschaften dieser betrieblichen Verantwortung nachgekommen sind. In den Fragen der Selbstfinanzierung, der Investitionspolitik, dem Neuaufbau der Konzernverwaltungen oder in der Dividendenpolitik, den Feierschichten im Bergbau und bei den Entlassungen in Kohle und Stahl hat es keine Gewerkschaftspolitik, sondern nur gemeinsames Handeln in den Aufsichtsräten gegeben. Es ist eine der größten Absonderlichkeiten, wenn der Vorsitzende einer Industriegewerkschaft die Doppelrolle vertreten will, als Aufsichtsratsmitglied die Interessen des Konzerns zu wahren und andererseits als Gewerkschaftsvertreter diesem Konzern die Forderungen der Gewerkschaftsmitglieder vorzulegen.

Gewerkschaftsvertreter, ob Vorsitzende, Vorstandsmitglieder oder Sekretäre, sind Angestellte der Mitglieder, in deren

Diensten sie stehen und deren Weisungen sie zu befolgen haben. Wir wissen, dass sich in der Praxis das umgekehrte Verhältnis ergeben hat dergestalt, wie wenn Untertanen einer Obrigkeit gegenüberstehen, die in ihren Entschlüssen sich völlig autonom fühlt und aus dem Subjektverhältnis der Mitglieder ein Objektverhältnis gemacht hat. Ob die Mitglieder es auf die Dauer ertragen wollen, dass die in ihren Diensten stehenden Angestellten Interessen vertreten können, die den Mitgliederinteressen zuwiderlaufen, haben die Mitglieder selbst zu entscheiden. In diesem Falle liegt ein Versagen bei der Interessenkollision nicht allein bei der Führung, sondern auch bei der Mitgliedschaft vor. Die Zweiseelentheorie, die der Mitbestimmung zugrunde liegt, hat ihre prinzipiellen Konsequenzen. In einer kapitalistischen Gesellschaft gibt es keine harmonische Zusammenarbeit zwischen den verschiedenartigsten Interessengruppen, die in ihrer Gesamtheit das System repräsentieren. Die Gegensätze zwischen Industrie, Landwirtschaft, Handwerk und Handel sind differierende Interessen, die sich auf der Grundlage und innerhalb des kapitalistischen Systems aushandeln lassen. Diese Gegensätze berühren nicht die Existenz des Kapitalismus als gesellschaftliches Ordnungssystem und nicht seine Verfassung. Sie haben daher auch nicht die Beseitigung von bürgerlichen Vorrechten oder von Macht zum Ziele. Sind aber, so muss der Sozialist fragen, die gegensätzlichen Interessen von Unternehmern und Arbeitern nicht anderer Art? Wären diese Gegensätze der gleichen Natur, so könnten sie gleichfalls im Rahmen der kapitalistischen Ordnung gelöst werden, wie etwa die zwischen Landwirtschaft und Industrie. Die Handhabe der Mitbestimmung hat im Bewusstsein der Gewerkschaftsführung den qualitativen Unterschied der klassengebundenen Interessengegensätze zwischen Arbeitern und Unternehmern verwischt, teilweise sogar aufgehoben. Man ist sich auf Unternehmerseite dieses Erfolges der Mitbestimmung durchaus bewusst, weil sie die Ideologie des sozialen Friedens und der sozialen Partnerschaft als gesellschaftliche Ordnungsvorstellung begünstigt. Wer die heutige Mitbestimmung bejaht, bejaht den Gedanken der Partnerschaft. Es gibt daher auf

Unternehmerseite niemanden, der das heutige System Mitbestimmung im Grundsätzlichen abzulehnen gewillt wäre.

Wie weit die Bewusstseinstrübungen fortgeschritten sind, zeigen Äußerungen aus Kreisen der Gewerkschaftsführung, dass sich in den Eigentumsformen Änderungen vollzogen haben. Kein Sozialist wird diese Änderungen bestreiten. Nicht geändert aber hat sich der Charakter des kapitalistischen Eigentums als einer unbeschränkten Herrschaft über eine Sache.

Das Sozialprodukt löst sich auf in Teile, die der öffentlichen Hand, den Gewinnen und Investitionen und dem privaten Verbrauch zufließen. Die Einnahmen der öffentlichen Hand wie auch die Gewinnmarge, aus der die Mittel zur Investitionspolitik stammen, sind in ihren Größenverhältnissen kapitalistisch bedingt und klassenmäßig gebunden. Diese Teile des Sozialprodukts werden nach Größe und Verwendungszweck von der herrschenden Klasse bestimmt, ohne dass die Arbeiterklasse in der Lage wäre, auf diese von ihr erarbeiteten Teile Einfluss zu nehmen. Der ihr verbleibende lohnpolitische Spielraum erstreckt sich allein auf den verbleibenden dritten Teil, der aber in seiner Größe durch die Vorwegnahme der beiden anderen Teile schon bemessen ist. Angewandt auf die Betriebspolitik bedeutet diese allgemeine Feststellung, dass die betrieblichen Kosten, zu denen der Lohn gehört, Einflüssen unterliegen, die von dritter Seite bestimmt sind. Wenn die Organe des Staates Steuern beschließen und, wie in der Bundesrepublik, elf Milliarden DM für Aufrüstungszwecke ausgeben, belasten diese Steuerbeträge die betrieblichen Kosten. Da aber jede Aufrüstung der Existenzsicherung der herrschenden Klasse dient, an deren Existenzerhaltung die Arbeiterschaft nicht im Geringsten interessiert ist, sind Steueraufwendungen nicht solche Kosten, die für die Lohnpolitik respektiert werden können. Sinnvoller wäre es, diese elf Milliarden DM direkt oder indirekt der Arbeiterschaft zufließen zu lassen. Gleiches gilt zum Beispiel für neun überflüssige Länderregierungen und Länderparlamente mit dem zugehörigen Behördenapparat, für einige Bundesministerien, für Subventionen und vieles andere mehr.

Eine beachtliche Rolle spielen in den mannigfachen betrieblichen Kosten die Abschreibungen, die nach ihrem Wesen und Zweck den natürlich jährlichen Verschleiß der betrieblichen Anlagen berücksichtigen sollen. Diesen Charakter haben die Abschreibungen längst verloren. Sie dienen heute fast ausschließlich der Gewinnverrechnung, oft in einer solchen Höhe, als wenn die Betriebsanlagen in zwei bis vier Jahren verbraucht wären. Die modernen Abschreibungen sind als Kosten getarnte Gewinne, zugleich die maßgeblichste Quelle der sogenannten Selbstfinanzierung. Bei monopolisierten Preisen bedeuten überhöhte Abschreibungen einen Druck auf die übrigen Kosten, vornehmlich die Löhne, die sämtlich aus den Preisen gedeckt werden sollen. Ähnliches ist für die Bildung von Rücklagen, Rückstellungen und für Pensionszuweisungen zu sagen. Auch deren Finanzierungen erscheinen als Kosten. Jede Gewinn- und Verlustrechnung gibt über diese angedeuteten Methoden, die betrieblichen Kosten willkürlich durch Gewinnverrechnung zu erhöhen, hinreichenden Aufschluss. Wenn aber die Abschreibungen, um nur diese zu nennen, der willkürlichen Entscheidung unterliegen, sind die Grenzen der Löhne ebenfalls willkürlich.

Bei diesen Überlegungen bekommt die Forderung, die Löhne nur im Rahmen der sogenannten Produktivität zu verändern, ihren wirklichen Sinn. Die sogenannte Produktivität wird nach Investitionen bestimmt, die die Unternehmen entscheiden, gleichgültig, ob sie zweckmäßig sind oder nicht. Demgemäß wirken auch nicht ausgelastete Überinvestitionen auf den Grad der Produktivität, wie gegenwärtig etwa Kohlenhalden oder Stahlrückgänge. Die Produktivität wird in Preisen ausgedrückt, die die Unternehmen bestimmen und die trotz ihrer Monopolisierung an gewillkürten Kosten orientiert sind. Was kann die Arbeiterschaft veranlassen, sich diesen Preisen, Kosten und Messzahlen zu unterwerfen, die außerhalb ihres Einflusses stehen?

Leider ist die letztere Feststellung nicht ganz korrekt. In den Aufsichtsräten werden die Jahresabschlüsse festgestellt. Die Aufsichtsräte beschließen über die Höhe der Abschreibungen, über die Zuweisungen zu Rücklagen und Rückstellungen, über die Höhe der Dividenden. Betrüge eine betriebswirtschaftlich einwandfreie Abschreibungssumme zum Beispiel 40 Millionen DM, würde aber eine solche von 80 oder 100 Millionen DM, wie üblich, beschlossen und in die Gewinn- und Verlustrechnung eingesetzt, so sind die Kosten um 40 oder 60 Millionen DM zu hoch und ziehen somit der Lohnsumme eine Grenze. Durch die Mitbestimmung haben die Gewerkschaftsführungen diese gewillkürte Kostenpolitik mitgemacht. Wir haben die Merkwürdigkeit vorliegen, dass der im Aufsichtsrat vertretene Gewerkschaftsvorsitzende überhöhte Abschreibungen mit beschließt, um dann bei Lohnforderungen sich selbst an diesen willkürlichen Kosten, die er mit beschlossen hat, zu orientieren. Die heutige Handhabe der Mitbestimmung hat dazu geführt, dass die Gewerkschaftsführungen echte Lohnbewegungen blockieren, weil falsche Kosten es unmöglich machen, in der Lohnpolitik aktiv zu werden. So hat die Mitbestimmung die Gewerkschaftsführer gezwungen, der eigenen Gewerkschaftsarbeit Grenzen zu ziehen, um die »Rentabilität« nicht zu gefährden.

Die westdeutschen Löhne liegen in der Skala der westlichen Länder innerhalb der unteren Hälfte. Zu begrüßen ist, dass in diesen Tagen das bekannte und angesehene Ifo-Institut für Wirtschaftsforschung in München in Nr. 15 seines Wochenberichtes vom 9. April 1959 eine Untersuchung »Zur Kaufkraft heutiger Löhne und Gehälter« veröffentlicht, die die ganze Kümmerlichkeit der Lohnentwicklung offenbart, und mit diesen Feststellungen den einer »verantwortlichen Wirtschaftspolitik« verpflichteten Gewerkschaften das bitterste Zeugnis ausstellt. Schon zu Beginn seiner Darstellung sagt das offiziöse Institut: »Ganz allgemein wäre heute eine Verdoppelung der Bezüge gegenüber 1936 erforderlich, um einen gleichen Lebensstandard wie vor dem Kriege zu erreichen.« Aus den Tabellen geht hervor, dass ein Beschäftigter, der 1936 278 RM verdiente, heute 500 DM beziehen müsste, um im Besitz der gleichen Kaufkraft zu sein. Die Differenz beträgt 80 Prozent. Bei 394 RM wären 750 DM (Differenz 90 Prozent) und bei 515 RM 1000 DM (Differenz 94 Prozent) erforderlich, um den gleichen

Lebensstandard sicherzustellen. Wenn trotzdem heute Fernsehgeräte und Mopeds gekauft werden, dann deshalb, weil in jeder Familie mehrere Einkommen erarbeitet werden, um diese Anschaffungen (oft noch auf Raten) möglich zu machen. Krasser kann die Ausbeutung menschlicher Arbeitskraft nicht sein. Diese Untersuchung zeigt, wohin eine in das kapitalistische System eingebaute Gewerkschaftsbewegung zu führen vermag. Das Versagen dieser Politik ist offensichtlich.

Auf die Dauer existieren Gewerkschaften nur als kämpferische Organisationen. Erst durch ein entschlossenes Handeln entsteht bei der Arbeiterschaft das Gefühl des Selbstvertrauens. Die Geschichte der deutschen Gewerkschaftsbewegung hat gezeigt, wie sehr die freien Gewerkschaften den bürgerlichen und konfessionellen Gewerkschaften überlegen waren, weil sie ihre tägliche Gewerkschaftsarbeit an der Theorie des wissenschaftlichen Sozialismus orientierten. Gerade diese enge Beziehung zur Theorie hob sie über die Niederungen eines Empirismus und ermöglichte es ihnen, die Zusammenhänge und Gesetzmäßigkeiten der kapitalistischen Wirtschaft zu erkennen und nach dieser Einsicht ihre Politik zu führen. Als an die Stelle des gewerkschaftlichen Funktionärs der Beamte trat, sich die Verwaltungsarbeit bürokratisierte, als der kämpfende Gewerkschaftssekretär durch den Spezialisten ersetzt wurde, verwandelte sich die sozialistische Einsicht in eine Enge des Gesichtskreises und damit zu einer Enge in den Auffassungen. Aus der Gewerkschaft als einem Mittel des Kampfes wurde ein Selbstzweck, dessen Interessen dem der kämpferischen Auseinandersetzung untergeordnet wurden. Der Idealismus verlor sich in eine geschäftsmäßige, bürokratische Verwaltung, die, wie in jeder Bürokratie, alle Fäden bei sich vereinigte und damit die Urteilsfähigkeit nur noch allein bei sich selbst sah. Dem Beamten und Berufsspezialisten stand nun die urteilsunfähige Masse der Mitglieder gegenüber, die nur noch die Pflicht hatte, passiven Gehorsam zu üben. Eine solchermaßen entwickelte Bürokratie braucht den normalen Zustand und die Ruhelage der bürgerlichen Gesellschaft, um deren Anerkennung der Bürokrat ringt. Soweit er aus eigener Existenzsicherung gezwungen ist, gelegentlich gewerkschaftlich aktiv zu sein, führt er diesen Kampf auf dem Boden der bürgerlichen Gesellschaft, nicht aber gegen sie.

Die von der herrschenden Klasse empfohlene und aus der Soziallehre der Katholischen Kirche abgeleitete politische und parteipolitische Neutralität ist dem modernen gewerkschaftlichen Bürokraten der willkommene Zustand, dem eigenen Ruhebedürfnis entgegenzukommen. Wenn er sich trotzdem gelegentlich politisch äußert, dann nur noch in der Sprache der ihn beherrschenden bürgerlichen Klasse. Beispielhaft ist hierfür das Rundschreiben des Bundesvorstandes vom 2. Februar 1959, mit dem die Kreis- und Ortsausschüsse über das Abzeichen zum 1. Mai 1959 informiert wurden: »Der geschäftsführende Bundesvorstand hat beschlossen, dass das Mai-Abzeichen in diesem Jahre der besonderen politischen Situation Rechnung tragen soll. Deshalb ist als Motiv für das Mai-Abzeichen der Berliner Bär ausgewählt worden, um so in aller Öffentlichkeit zu demonstrieren, dass der Deutsche Gewerkschaftsbund am l. Mai ganz besonders an die Situation der alten Reichshauptstadt Berlin denkt und dass die Mitglieder der Gewerkschaften sich solidarisch verbunden fühlen mit den Menschen und der Stadt Berlin. Wir sind überzeugt davon, dass unser unter den eben geschilderten Gesichtspunkten hergestelltes Mai-Abzeichen von den Mitgliedern der Gewerkschaften in größerer Zahl als bisher abgenommen wird.«

Wenn die gewerkschaftliche Bürokratie die politische Neutralität verletzt, um sich in die Kampffront der herrschenden Klasse einzugliedern, wird sie nie Widerspruch finden. Durch ihr gewerkschaftliches Versagen in Mitbestimmung, in Sozialpartnerschaft und in einer dem Kapitalismus verantwortlichen Lohnpolitik ist die Stagnation in der Bewegung, die Interesselosigkeit der Mitgliedschaft und die Vertrauenskrise gegenüber der Führung vollauf erklärt. Dabei sollte sich aber die Mitgliedschaft stets eines vor Augen halten: *Wenn die Führung versagt, geht die Verantwortung auf die Mitglieder über.*

Auszug aus: Viktor Agartz: Die Integration der Gewerkschaften in das kapitalistische System, in: WISO. Korrespondenz für

Wirtschafts- und Sozialwissenschaften 9/1959, S. 415–422. Vollständiger Nachdruck in: Viktor Agartz: Gewerkschaft und Arbeiterklasse. Die ideologischen und soziologischen Wandlungen in der westdeutschen Arbeiterbewegung, hrsg. von Lutz Ziegenbalg, München 1971, S. 29–40.

Anhang

Biografische Daten

15. November 1897 Viktor Agartz wird als erstes von drei Kindern in eine Remscheider kleinindustrielle Metallarbeiterfamilientradition geboren und besucht bis 1907 zuerst die Volksschule, bis 1915 dann das Realgymnasium Remscheid.

1915–1918 Nach dem Abitur tritt er in die SPD ein und wird Soldat. Er kämpft im Ersten Weltkrieg u. a. an der Westfront und wird verwundet.

1919–1924 Studium der Staats- und Sozialwissenschaften an den Universitäten Marburg/Lahn und Köln; führend aktiv in sozialdemokratischen Studentengruppen und auf dem linken Flügel der Kölner SPD.

1922–1924 Arbeit in der Rheinisch-Bergischen Konsumgenossenschaft »Hoffnung« und als Dozent am Freigewerkschaftlichen Seminar in Köln.

1925 Promotion und Hochzeit mit der Frauenärztin Elisabeth Helbig.

Seit 1925 Hauptberufliche Arbeit als Sekretär der Konsumgenossenschaft »Hoffnung«. Außerdem Tätigkeit als Dozent am Freigewerkschaftlichen Seminar und als Vorstandsmitglied der sozialdemokratischen Akademiker Rheinland-Westfalens.

1928 Geburt des Sohnes Klaus.

Seit 1931 Vorstandsmitglied (kaufmännische und finanzielle Leitung) der Konsumgenossenschaft »Hoffnung« und Beauftragter des Verbandes der Rheinisch-Westfälischen Genossenschaften, um die in der Wirtschaftskrise in Schwierigkeiten geratenen Betriebe zu sanieren.

1934/35 Nach Machtergreifung der NSDAP Unterstützung des sozialdemokratischen Widerstandes und vorübergehende Entlassung aus seiner Konsumgenossenschaftstätigkeit.

1938/39 Umschulung zum Wirtschaftsprüfer und Eintritt in die Rheinisch-Westfälische Revision-Treuhand AG; erhält 1940

Prokura und macht 1943 das Wirtschaftsprüferexamen; Engagement im sozialdemokratischen und bürgerlich-liberalen Widerstand.

1945 Arbeitet als leitender Prokurist der Rheinisch-Westfälischen Revision-Treuhand AG in Köln, beteiligt sich an der Erarbeitung eines neuen Programms für die Sozialdemokratie und steht im engen Kontakt zu Hans Böckler und der rheinischen Gewerkschaftsbewegung.

1946 Im Februar/März Übernahme der Leitung des Zentralamtes für Wirtschaft für die Britisch Besetzte Zone (BBZ); im Juli Übernahme auch der Leitung des Mindener Verwaltungsamtes. Im September Abwahl als Leiter des Verwaltungsamts durch Liberale und Konservative; im November Rücktritt auch von der Leitung des Zentralamtes für Wirtschaft. Im Mai Wahl in den Parteivorstand der SPD und vom Herbst 1946 bis zum Frühjahr 1947 auch Mitglied des ersten nordrhein-westfälischen, von der britischen Besatzungsmacht ernannten Landtages.

Januar 1947 In einer Kampfabstimmung wird Agartz erneut zum Leiter des nun bizonalen Mindener Verwaltungsamtes für Wirtschaft gewählt und tritt dort für eine forcierte sozialdemokratische Sozialisierungs- und Mitbestimmungspolitik ein.

Sommer 1947 Der schwer erkrankte Agartz begibt sich im Mai in stationäre Behandlung und tritt Anfang Juni einen dreimonatigen Genesungsurlaub im Schweizer Tessin an. Im Juli, nach seiner Wahl in den neuen Frankfurter Wirtschaftsrat, tritt er von der Leitung des Mindener Verwaltungsamtes für Wirtschaft zurück. Nach der Rückkehr arbeitet er erneut als Vorstandsmitglied der Rheinisch-Westfälischen Revision-Treuhand AG in Köln; engagiert sich als SPD-Wirtschaftspolitiker im Frankfurter Wirtschaftsrat und im DGB-BBZ, wo er das Wirtschaftswissenschaftliche Institut (WWI) um- und auszubauen beginnt.

Februar 1948 Aus Protest gegen den undemokratischen Charakter des Frankfurter Wirtschaftsrates und aus Enttäuschung über die sozialdemokratische Anpassungspolitik legt Agartz sein Frankfurter SPD-Mandat nieder und später auch seinen Sitz im SPD-Parteivorstand. Neben seiner Arbeit als Wirtschaftsprüfer arbeitet er nun vor allem für den DGB der Britischen Besatzungszone.

Herbst 1949 Agartz wird hauptamtlicher Leiter des Wirtschaftswissenschaftliche Instituts (WWI) des nun gesamtdeutschen DGB.

1950 Teilnahme an den »Hattenheimer« Mitbestimmungsverhandlungen zwischen Gewerkschaften und Unternehmerverbänden. In einer Rede am 26. September auf einer bundesweiten Großkundgebung des DGB plädiert er für eine »mit allen gewerkschaftlichen Mitteln« zu erkämpfende gesamtwirtschaftliche Mitbestimmung.

1951/52 Nach der Mitbestimmungseinigung in der Montanindustrie (Januar 1951) spricht sich Agartz für die Ausweitung der paritätischen Mitbestimmung auch auf andere Industrien und Wirtschaftssektoren aus und wird Hauptreferent auf zahlreichen Gewerkschaftstagen und -konferenzen. Einflussreiche Aktivisten der christlichsozialen Gewerkschaftsbewegung gehen zunehmend auf Distanz zur Idee und Praxis der Einheitsgewerkschaft.

Juli 1952 Mit der Verabschiedung des mitbestimmungsfreien Betriebsverfassungsgesetzes scheitert der gewerkschaftliche Kampf um eine Ausweitung der Montanmitbestimmung.

1953 Während des Bundestagswahlkampfes wird auch Agartz zur öffentlichen Zielscheibe liberal-konservativer Kräfte gegen die vermeintliche Machtpolitik der Mitbestimmungsgewerkschafter. Sein in den WWI-Mitteilungen veröffentlichtes Plädoyer für eine aktive, dynamische und expansive Lohnpolitik erntet innen- und außenpolitisches Aufsehen.

1954 Nach einer Umorganisation des WWI teilt sich Agartz dessen Leitung gemeinsam mit Erich Potthoff und Bruno Gleitze.

Februar 1954 Seine Frau erliegt einem langjährigen Leiden.

Oktober 1954 Auf dem dritten Bundeskongress des DGB hält er abermals das Hauptreferat über die Grundsätze und das Programm des DGB, das danach, wegen seines umfassenden Angriffes auf das autoritär restaurierte Westdeutschland und seinem Plädoyer für einen gewerkschaftlichen Radikalismus, zum innenpolitischen und innergewerkschaftlichen Politikum wird.

Januar 1955 Der Kirchenintellektuelle Pater Oswald von Nell-Breuning greift in München in einer öffentlichen Rede Agartz und den DGB scharf an, und kündigt das Bündnis zwischen sozialdemokratischen und christlich-sozialen Gewerkschaftern auf, wenn Agartz nicht gestürzt wird. Auch gewerkschaftsintern wird Agartz beschuldigt, gegen den DGB-Bundesvorstand zu mobilisieren. Nach massiven Auseinandersetzungen innerhalb des DGB und des WWI werden Agartz und seine beiden engsten Mitarbeiter Walter Horn und Theo Pirker im September zuerst beurlaubt und dann im November/Dezember entlassen.

Februar 1956 Agartz gründet die Gesellschaft für wirtschaftswissenschaftliche Forschung und gibt seit März, zusammen mit Walter Horn und unter Mitarbeit vor allem von Theo Pirker, Wolfgang Abendroth und Leo Kofler die Halbmonatszeitschrift *WISO. Korrespondenz für Wirtschafts- und Sozialwissenschaften* heraus, die sich vor allem an die gewerkschaftliche Linke wendet; die innergewerkschaftliche Verbreitung wird vom DGB-Vorstand nachhaltig bekämpft.

August 1956 Das Bundesverfassungsgericht verbietet die KPD.

Oktober 1956 Während der für den vierten DGB-Bundeskongress erwartete Aufstand der Gewerkschaftsbasis ausbleibt, gründen Agartz und andere oppositionelle Sozialdemokraten eine deutsche Sektion der vor allem in Großbritannien und Frankreich aktiven Internationalen Gesellschaft für Sozialistische Studien.

1957 Agartz und seine langjährige Sekretärin Ruth Ludwig werden in Köln verhaftet. Agartz wird der landesverräterischen Beziehungen und »Rädelsführerschaft in einer verfassungsfeindlichen Vereinigung« bezichtigt. In der Untersuchungshaft gibt er zu, dass die *WISO* fast vollständig von Ostberlin finanziert wurde. Der DGB distanziert sich umgehend von ihm und streicht ihm wegen vermeintlich gewerkschaftsfeindlichem Verhalten seine Rentenbezüge.

November 1957 Vor dem Bundesgerichtshof in Karlsruhe beginnt der Prozess gegen Agartz. Er endet im Dezember mit einem Freispruch unter Vorbehalten.

Februar 1958 Agartz wird in Ostberlin die Ehrendoktorwürde der Berliner Humboldt-Universität verliehen.

Herbst 1958 Die von dem Journalisten Hermann Schäfer unter dem Pseudonym Hans-Georg Hermann verfasste Agartz-Biografie »Verraten und verkauft« erscheint und erlebt 1959 eine zweite Auflage.

Dezember 1958 Die SPD schließt Agartz aus ihren Reihen aus.

Januar 1960 Agartz wird aus der IG Druck & Papier ausgeschlossen.

Frühjahr 1960 Agartz wird Gründungsmitglied der Vereinigung ausgeschlossener und unabhängiger Sozialdemokraten (VUS).

November 1960 Teilnahme am Gründungskongress der Deutschen Friedens-Union (DFU), lehnt Agartz eine Mitarbeit aber prinzipiell ab.

März 1961 Im März erleidet er einen körperlichen Zusammenbruch, im April stellt Ostberlin die Finanzierung der *WISO* ein und stürzt die Zeitschrift in eine Existenzkrise, die zum Ende des Jahres mit der faktischen Einstellung endet. Agartz zieht sich aus der Öffentlichkeit zurück.

9. Dezember 1964 Agartz stirbt im Krankenhaus Marienheide und wird anschließend in Bensberg beerdigt.

Personenregister

Abendroth, Wolfgang (1906–1985): Der marxistische Politikwissenschaftler und Jurist war in Weimarer Zeit als junger Kommunist und Anhänger der KPD-Opposition aktiv, kämpfte im NS-Widerstand und wurde nach 1945 Hochschulprofessor in Marburg. Seit Ende der 1950er-Jahren engagiert er sich als einer der Vordenker einer Neuen Linken.

Adenauer, Konrad (1876–1967): Der Christdemokrat war als Kölner Oberbürgermeister einer der einflussreichsten Politiker der rheinisch-westfälischen Zentrumspartei in den 1920er- und 1930er-Jahren. Nach 1945 wurde er zuerst Parteivorsitzender der CDU und war von 1949 bis 1963 der erste Bundeskanzler der neuen Bundesrepublik.

Böckler, Hans (1875–1951): Der nach 1945 zuerst als Vorsitzender des Deutschen Gewerkschaftsbundes der Britischen Besatzungszone (DGB-BBZ) und seit 1949 auch als Vorsitzender des bundesweiten Deutschen Gewerkschaftsbundes (DGB) wichtigste westdeutsche Gewerkschaftspolitiker war bereits in der deutschen Kaiserzeit als Gewerkschafter aktiv. In der Weimarer Republik arbeitete er zuerst als Sekretär der Zentralarbeitsgemeinschaft, wechselte dann nach Köln und war ab 1928 auch SPD-Mitglied des Deutschen Reichstages.

Brenner, Otto (1907–1972): Der sozialdemokratische Gewerkschafter war in Weimarer Zeit als Mitglied der Sozialistischen Arbeiter-Partei (SAP) aktiv, wurde nach 1945 zum langjährigen Vorsitzenden der IG Metall und gilt als wichtigster Vertreter eines gewerkschaftlichen Aktivismus.

Clay, Lucius (1898–1978): Der General der US-Armee war von 1947 bis 1949 Militärgouverneur der US-amerikanischen Besatzungszone in Deutschland.

Deist, Heinrich (1902–1964): Der Jurist und Volkswirtschaftler war in Weimarer Zeit unter anderem persönlicher Referent des sozialdemokratischen preußischen Innenminister Carl Severing, arbeitete später als Wirtschaftsprüfer und agierte nach 1945 als sozialdemokratischer Wirtschaftspolitiker und Berater des DGB.

Eichler, Willi (1896–1971): Von Beruf Kaufmann engagierte sich Eichler in der Weimarer Republik als Sozialdemokrat und Mitbegründer des linkssozialistischen Internationalen Sozialistischen Kampfbundes (ISK). Nach seiner Rückkehr aus dem britischen Exil wurde er ein einflussreicher sozialdemokratischer Journalist und Politiker und leitete als führender Vertreter des »ethischen Sozialismus« die SPD-Kommission zur Vorbereitung des Godesberger Programms von 1959.

Erhard, Ludwig (1897–1977): In der Weimarer Republik als liberaler Publizist und Wissenschaftler tätig, arbeitete Erhard nach 1945 als zwar parteiloser, aber zwischen FDP und CDU stehender Wirtschaftspolitiker zuerst in Bayern, ab 1948 auch als Direktor des bizonalen Verwaltungsamtes für Wirtschaft in Frankfurt am Main, wo er für die westdeutsche Währungsreform und das anschließende »Wirtschaftswunder« verantwortlich zeichnete. Ab 1949 Wirtschaftsminister der Adenauer-Regierungen, von 1963 bis 1967 Bundeskanzler, gilt er als einer der führenden Vertreter des deutschen Neo- und Ordo-Liberalismus.

Fette, Christian (1895–1971): Der gelernte Schriftsetzer und lebenslange Gewerkschafter leitete ab 1946 die Gewerkschaft Druck und Graphik in Nordrhein-Westfalen, von 1948 bis 1951 die IG Druck und Papier. 1951, nach Hans Böcklers Tod, wurde er zum Vorsitzenden auch des DGB gewählt, bevor er im Oktober 1952 aufgrund seiner Verantwortung für die Niederlage im gewerkschaftlichen Kampf für ein fortschrittliches Betriebsverfassungsgesetz gestürzt wurde.

Föcher, Matthias (1886–1967): Als katholischer Gewerkschafter und Politiker der Zentrumspartei (später der CDU) war Föcher bereits in der Weimarer Republik aktiv und verkörperte nach 1945, an der Seite von Hans Böckler und von 1949 bis 1956 auch als zweiter DGB-Vorsitzender, den christlich-sozialen Flügel der neuen Einheitsgewerkschaft.

Gleitze, Bruno (1903–1980): Der sozialdemokratische Politiker und Wirtschaftswissenschaftler war – neben Viktor Agartz und Erich Potthoff – ab 1954 dritter Direktor des Wirtschaftswissenschaftlichen Instituts des DGB; er war wesentlich beteiligt an Agartz' anschließendem Sturz und wurde von 1956 bis 1968 alleiniger Leiter des WWI.

Heinemann, Gustav (1899–1976): Der sozialliberale Politiker und Jurist war nach 1945 zuerst Oberbürgermeister von Essen, von 1949 bis 1950 Bundesinnenminister, trat aus Protest gegen die Remilitarisierung aus dem Adenauer-Kabinett aus, begründete die Gesamtdeutsche Volkspartei, verteidigte seinen Jugendfreund Agartz 1957 vor dem Bundesgerichtshof und trat schließlich in die SPD ein. Er wurde 1966 Bundesjustizminister und war von 1969 bis 1974 Bundespräsident der BRD.

Hilferding, Rudolf (1877–1941): Der deutsch-österreichische Ökonom und SPD-Politiker ist Verfasser des klassischen marxistischen Werkes »Das Finanzkapital« (1910), war in Weimarer Zeit langjähriges Reichstagsmitglied und bereinigte als deutscher Finanzminister 1923/24 die Hyperinflation. 1933 ausgebürgert, war er einer der wichtigsten Exilpolitiker der SPD und verfasste unter anderem ihr »Prager Manifest«. Von den Nationalsozialisten 1941 in Paris verhaftet, starb er wenige Tage später nach schweren Folterungen in Gestapohaft.

Horn, Walter (1903–?): Studierte in den 1920-Jahren Volkswirtschaft und Finanzwissenschaft an der Universität Köln, arbeitete danach in der Wirtschaft und als Wirtschaftsprüfer, ging Ende der 1940er-Jahre als Dozent an die Universität Jena, siedelte 1953 in den Westen über und arbeitete seit 1954 im Wirtschaftswissenschaftliche Institut des DGB. Zusammen mit Agartz und Theo Pirker wurde er Ende 1955 aus dem WWI entlassen, begründete mit Agartz die Zeitschrift *WISO. Korrespondenz für Wirtschafts- und Sozialwissenschaften*, überwarf sich jedoch Ende 1956 mit ihm.

Kofler, Leo (1907–1995): Der deutsch-österreichische Gesellschaftstheoretiker und Sozialphilosoph war in den 1950er-Jahren als linker Sozialdemokrat, Linkssozialist und Vordenker einer »Neuen Linken« aktiv und arbeitete dabei auch eng mit Viktor Agartz zusammen.

Lemmer, Ernst (1898–1970): Der Jugendfreund von Viktor Agartz engagierte sich in Weimarer Zeit als liberaler Politiker und Gewerkschafter, spielte nach 1945 eine führende Rolle in der ostdeutschen Gewerkschaftsbewegung, bevor er zur Flucht in den Westen gezwungen wurde. 1956 wurde er Bundesminister für das Post- und Fernmeldewesen, 1957 Bundesminister für gesamtdeutsche Fragen und 1964/65 Bundesminister für Vertriebene, Flüchtlinge und Kriegsgeschädigte.

Löwenthal, Richard (1908–1991): In der Weimarer Republik zuerst Mitglied der KPD, dann der KPD-Opposition, engagierte sich Löwenthal (unter dem Pseudonym Paul Sering) in den 1930er-Jahren in der linkssozialistischen Gruppe »Neu beginnen«, überlebte den Krieg im britischen Exil und wurde nach 1945 ein einflussreicher Theoretiker der SPD.

de Man, Hendrik (1885–1953): Der belgische Journalist und Politiker wirkte vor und nach dem Ersten Weltkrieg als radikaler linker Sozialdemokrat lange Zeit auch in Deutschland, unter anderem als Dozent für Sozialpsychologie an der Frankfurter Akademie der Arbeit und an der Universität Frankfurt. Nachdem ihm die Nazis die Lehrbefugnis entzogen hatten, kehrte er nach Belgien zurück, wurde er ein führender belgischer Gewerkschaftspolitiker und entwickelte den sogenannten Plan de Man (eigentlich »Plan du Travail« – Plan der Arbeit), mit dem er zum linkssozialistisch-planwirtschaftlichen Kampf gegen den Faschismus aufrief und die internationale Linke stark beeinflusste.

Napthali, Fritz (1888–1961): Der ursprünglich deutsche Kaufmann und Wirtschaftsjournalist wurde in Weimarer Zeit zum Wirtschaftsexperten des Allgemeinen Deutschen Gewerkschaftsbundes (ADGB), leitete von 1927 bis 1933 die ADGB-Forschungsstelle für Wirtschaftspolitik und verfasste 1928, zusammen mit anderen, das einflussreiche und vom ADGB herausgegebene Programmwerk »Wirtschaftsdemokratie: Ihr Wesen, Weg und Ziel«. Er emigrierte 1933 nach Palästina und wurde in den 1950er-Jahren mehrfacher israelischer Minister.

Nell-Breuning, Oswald von (1890–1991): Der römisch-katholische Theologe und Sozialphilosoph war als jesuitischer Priester in den 1920er- und 1930er-Jahren ein maßgeblicher Berater von Papst Pius XI. und gilt als »Nestor der katholischen Soziallehre«. In den 1950er-Jahren zentrales Bindeglied zwischen christlicher und sozialdemokratischer Gewerkschaftsbewegung, war er wesentlich beteiligt am Sturz von Viktor Agartz.

Nölting, Erik (1892–1953): Der sozialdemokratische Wirtschaftspolitiker war bereits in Weimarer Zeit aktiv, unter anderem als Mitglied des Preußischen Landtages und als wirtschaftspolitischer Berater des Allgemeinen Deutschen Gewerkschaftsbundes (ADGB), wurde nach 1945 für die SPD der erste Wirtschaftsminister Nordrhein-Westfalens und prägte deren Wirtschaftspolitik mit.

Pferdmenges, Robert (1880–1962): Bereits in Weimarer Zeit als rheinisch-westfälischer Bankier in Köln aktiv, fungierte er nach 1945 zuerst als Kölner Präsident der Industrie- und Handelskammer und einflussreicher CDU-Politiker. In den 1950er-Jahren war er Präsident des Bundesverbandes Deutscher Banken und ab 1950 bis zu seinem Tod für die CDU Mitglied im Deutschen Bundestag. Als enger Freund und Berater Konrad

Adenauers gilt er als eine der wichtigsten grauen Eminenzen des rheinischen Nachkriegskapitalismus.

Pirker, Theo (1922–1995): Als junger, radikaler Linkskatholik und Soziologe engagierte sich Pirker nach 1945 zuerst als Journalist und Aktivist, kam zu Beginn der 1950er-Jahre zum Wirtschaftswissenschaftlichen Institut des DGB, wo er bald zum engen Mitarbeiter von Viktor Agartz und zum radikalen Gewerkschaftstheoretiker avancierte. 1955 zusammen mit Walter Horn und Agartz aus dem WWI entlassen, war er noch bis 1957 Redakteur der von Horn und Agartz herausgegebenen Zeitschrift *WISO. Korrespondenz für Wirtschafts- und Sozialwissenschaften*, verfasste danach klassische Werke zur deutschen Nachkriegsgeschichte und erhielt 1972 eine Professur für Soziologie an der Freien Universität Berlin.

Potthoff, Erich (1914–2005): Der sozialliberale Betriebswissenschaftler und Wirtschaftsprüfer engagierte sich in den 1930er- und 1940er-Jahren als Privatsekretär von Eugen Schmalenbach, bevor ihn Viktor Agartz 1946 zum geschäftsführenden Leiter des Wirtschaftswissenschaftlichen Instituts des DGB machte. Zusammen prägten die beiden die wirtschaftsdemokratische Mitbestimmungspolitik der frühen Nachkriegsjahre.

Raymond, Walter (1886–1972): Der Manager der Stahlindustrie und Wirtschaftsfunktionär war von 1949 bis 1954 der erste westdeutsche Arbeitgeberpräsident.

Reuter, Georg (1902–1969): Der schon in Weimarer Zeit aktive sozialdemokratische Gewerkschafter war nach 1945 an führender Stelle beim Aufbau der westdeutschen Gewerkschaftsbewegung beteiligt und von 1949 bis 1959 auch Mitglied des Bundesvorstands des DGB.

Röpke, Wilhelm (1899–1966): Der liberale Ökonom und Sozialphilosoph, ein Jugendfreund von Viktor Agartz, arbeitete in den 1930er-Jahren an der Universität Istanbul und wurde 1947 Gründungsmitglied und Vordenker der Mont Pelerin Society, die als internationaler Thinktank des Neoliberalismus agierte.

Schmalenbach, Eugen (1873–1955): Der Nationalökonom und Betriebswirtschaftler war ab 1903 Dozent an der Kölner Handelshochschule, ab 1919 Professor an der neu gegründeten Universität Köln und gilt als Mitbegründer der akademischen Betriebswissenschaft, die er als eine auf die betriebliche Praxis ausgerichtete Kunstlehre verstand.

Schumacher, Kurt (1895–1952): Als Jurist und Journalist war Schumacher in der Weimarer Republik Landtags- und

Reichstagsabgeordneter, überlebte die NS-Konzentrationslager nur knapp und wurde 1945 zum unumstrittenen Parteivorsitzenden der westdeutschen SPD.

Weisser, Gerhard (1898–1989): Der Sozialwissenschaftler und Sozialdemokrat war ab 1946 Generalsekretär des Zonenbeirats der Britischen Besatzungszone, wurde 1950 Professor für Sozialpolitik und Genossenschaftswesen an der Universität Köln, war ab 1954 auch Vorsitzender der Friedrich-Ebert-Stiftung und wurde als Vordenker des sogenannten ethischen Sozialismus zu einem der Väter des Godesberger SPD-Programms.

Schriften von und zu Viktor Agartz

Viktor Agartz hat zu Lebzeiten weder ein eigenes Buch noch einen eigenen Aufsatzband veröffentlicht – auch keine autoritative Liste seiner zahlreichen Schriften hinterlassen. Ausführliche Bibliografien seiner Artikel, Aufsätze und Broschüren finden sich jedoch in den von Krätke/Gransow und Weinzen herausgegebenen Sammelbänden von 1982, 1985 und 1986.

Zeitgenössische Broschüren von Viktor Agartz

Das praktische Verhalten der Arbeiterschaft gegenüber der Durchführung des Betriebsschutzes, Dissertation. Köln 1926.

Der neue Plan und die Verbraucher, Hamburg 1930.

Kriegssachschäden in der gewerblichen Wirtschaft, Köln/Bergisch-Gladbach (Rheinisch-Westfälische »Revision«-Treuhand AG) 1945.

Sozialistische Wirtschaftspolitik, Hamburg 1946.

Aktuelle Fragen der Wirtschaftspolitik, Köln/Gummersbach 1946.

Neue Formen der Wirtschaft, Hamburg 1948.

Die Gewerkschaften in der Bundesrepublik. Kundgebung des Bundesvorstandes des Deutschen Gewerkschaftsbundes am 26. September 1950 in Düsseldorf, Düsseldorf 1950.

Die wirtschaftspolitische Lage, Düsseldorf 1951.

Wirtschaftspolitik der Gewerkschaften, Düsseldorf 1951.

Die Gewerkschaft ÖTV und das Mitbestimmungsrecht, Stuttgart 1952.

Die Bedeutung der Angestellten und geistig Schaffenden in Wirtschaft und Staat, Düsseldorf 1952.

Wirtschaftspolitik gegen uns oder mit uns?, Düsseldorf 1953.

Staat, Wirtschaft und gewerkschaftliche Lohnpolitik, Hannover 1954.

Wirtschafts- und Steuerpolitik. Grundsätze und Programmatik des DGB, Frankfurt a. M. 1954.

Wirtschaft und Gesellschaft, München 1955.

Die Aufgaben der Gewerkschaften in der Textilgewerkschaft, Düsseldorf 1955.

Die Nachkriegsentwicklung im kapitalistischen System Westdeutschlands und die sozialistischen Gegenwartsaufgaben, Dortmund 1958.

Über Labilität und Krisenempfindlichkeit der westdeutschen Wirtschaft, Dortmund 1958.

Bemerkungen zum Programm der SPD, München 1959.

Spätere Sammelwerke von Agartz-Schriften

Gewerkschaft und Arbeiterklasse. Die ideologischen und soziologischen Wandlungen in der westdeutschen Arbeiterbewegung, hrsg. von Lutz Ziegenbalg, München 1971 [2. Aufl. 1973].

Wirtschaft, Lohn, Gewerkschaft. Ausgewählte Schriften, hrsg. von Volker Gransow und Michael Krätke, Berlin 1982.

Partei, Gewerkschaft und Genossenschaft, hrsg. von Hans Willi Weinzen, Frankfurt a. M. 1985.

Wirtschafts- und Steuerpolitik – Expansive Lohnpolitik, hrsg. von Hans Willi Weinzen, Berlin 1986.

Literatur über Viktor Agartz

Wolfgang Wagner (Hrsg.): Hochverrat und Staatsgefährdung. Urteile des Bundesgerichtshofs, Bd. 2, Karlsruhe 1958, S. 186–224.

Hans-Georg Hermann [d. i. Hermann Schäfer]: Verraten und verkauft, Fulda 1958 [2. Aufl. 1959; 3. Aufl. Frankfurt a. M. 1983 (unter dem irrtümlichen Verfassernamen von Agartz)].

Otto Stolz: Die Gewerkschaften in der Sackgasse. Ein kritisches Porträt, München 1959.

Gerhard Dengler: Die Bonner Masche, Berlin (Ost) 1960.

Theo Pirker: Die blinde Macht. Die Gewerkschaftsbewegung in der Bundesrepublik 1945–1960, München 1960 [Neuauflage in zwei Bänden, Berlin 1979].

Jürgen Seifert: Die Situation der Gewerkschaften im Spiegel der Theorie, in: Gewerkschaftliche Monatshefte 1/1962, S. 9–21 [zuerst in: neue kritik, 1961].

Theo Pirker: Die SPD nach Hitler. Die Geschichte der Sozialdemokratischen Partei Deutschlands 1945–1964, München 1965 [Neuauflage Berlin 1977].

Hans Stadler: Die Gewerkschaften – Ein Staat im Staate, München 1965.

Hans Peter Ehni: Sozialistische Neubauforderung und Proklamation des »Dritten Weges«. Richtungen sozialdemokratischer Wirtschaftspolitik 1945–1947, in: Archiv für Sozialgeschichte, Bd. XIII, Bonn 1973, S. 131–190.

Otto Jacobi: Tarifpolitische Konzeption der westdeutschen Gewerkschaften, in: Gewerkschaften und Klassenkampf. Kritisches Jahrbuch 1974, Frankfurt a. M. 1974, S. 149–160.

William David Graf: The German Left since 1945. Socialism and Social Democracy in the German Federal Republic, Cambridge/New York 1976.

Volker Gransow/Michael Krätke: Viktor Agartz. Gewerkschaften und Wirtschaftspolitik, Berlin 1978.

Erich Ott: Die Wirtschaftskonzeption der SPD nach 1945, Marburg 1978.

Bernhard Koolen: Die wirtschafts- und gesellschaftspolitische Konzeption von Viktor Agartz zur Neuordnung der westdeutschen Gesellschaft, Köln 1979.

Bernhard Hilgermann: Auf dem Wege aus dem Chaos zum Wirtschaftswunder. Dr. Viktor Agartz, der erste Leiter des Zentralamts für Wirtschaft in der britischen Zone – Wie ich ihn sah und erlebte, Köln 1979.

Jürgen Treulieb: Der Landesverratsprozess gegen Viktor Agartz. Verlauf und Bedeutung in der innenpolitischen Situation der Bundesrepublik auf dem Höhepunkt des Kalten Krieges, 2 Bde., Münster 1982.

Hans-Peter Riesche: Von der »Neuen Wirtschaftsdemokratie« zur »Expansiven Lohnpolitik«. Ein Beitrag zur Biographie von Viktor Agartz, Dissertation, Hannover 1982.

Heinz Willi Weinzen: Gewerkschaften und Sozialismus. Naphtalis Wirtschaftsdemokratie und Agartz' Wirtschaftsneuordnung, Frankfurt a. M. 1982.

Josef Hülsdünker: Praxisorientierte Sozialforschung und Gewerkschaftliche Autonomie. Industrie- und betriebssoziologische Beiträge des Wirtschaftswissenschaftlichen Instituts des DGB zur Verwissenschaftlichung der Gewerkschaftspolitik von 1946 bis 1956, Münster 1983.

Zeno Zimmerling: Viktor Agartz' Neuordnungskonzept. Zum Entwicklungsansatz und zur Begrenztheit »linksreformistischer« Neuordnungsideen in der SPD der westlichen Besatzungszonen Deutschlands, in: Wissenschaftliche Zeitschrift der Humboldt-Universität 4/1988, S. 367–380.

Martin Jander: Theo Pirker über »Pirker«. Ein Gespräch, Marburg 1988.

Mario Krebs/Cornelia Leitner: Viktor Agartz – Ein deutsches Schicksal, Köln (WDR-Fernsehdokumentation) 1989.

Wolfgang Schroeder: Oswald von Nell-Breuning contra Viktor Agartz. Ein entscheidender Konflikt um das Selbstverständnis der Einheitsgewerkschaft, in Heiner Ludwig/Wolfgang Schroeder (Hrsg.): Sozial- und Linkskatholizismus. Erinnerung – Orientierung – Befreiung, Frankfurt a. M. 1990, S. 200–240.

Wolfgang Schroeder: Christliche Sozialpolitik oder Sozialismus. Oswald von Nell-Breuning, Viktor Agartz und der Frankfurter DGB-Kongress 1954, in: Vierteljahrshefte für Zeitgeschichte 2/1991, S.179–220.

Diether Posser: Der Landesverratsprozess gegen Viktor Agartz, in ders.: Anwalt im kalten Krieg, München 1991, S. 195–212.

Wolfgang Schroeder: Katholizismus und Einheitsgewerkschaft. Der Streit um den DGB und der Niedergang des Sozialkatholizismus in der Bundesrepublik bis 1960, Bonn 1992.

Kristian Kossack: Viktor Agartz und das Zentralamt für Wirtschaft in Minden, in: Mitteilungen des Mindener Geschichtsvereins, Bd. 65, 1993, S. 95–119.

Karl Lauschke: Hans Böckler: Gewerkschaftlicher Neubeginn 1945–1951, Essen 2005.

Reinhard Bispinck u. a. (Hrsg.): Wirtschaftsdemokratie und expansive Lohnpolitik. Zur Aktualität von Viktor Agartz, Hamburg 2008.

Gregor Kritidis: Linkssozialistische Opposition in der Ära Adenauer. Ein Beitrag zur Frühgeschichte der Bundesrepublik Deutschland, Hannover 2008.

Christoph Jünke: Das dritte Leben des Viktor Agartz, in: Mitteilungsblatt des Instituts für soziale Bewegungen 40/2008, S. 39–60.

Christoph Jünke: Vom linken Sozialdemokraten zum heimatlosen Linken: Viktor Agartz 1897–1964, in Klaus Kinner (Hrsg.): Die Linke – Erbe und Tradition. Bd. 2: Wurzeln des Linkssozialismus, Berlin 2010, S. 201–222.

Helmut Martens: Alte und Neue Wirtschaftsdemokratie. Das Neuordnungskonzept des radikalen Sozialisten Viktor Agartz – aus heutiger Sicht, in: Sozialismus 2/2015, S. 44–48.

Christoph Jünke: Wirtschaftsdemokratische Neuordnungskonzepte nach dem Faschismus am Beispiel von Viktor Agartz, in: Stefan Berger (Hrsg.): Gewerkschaftsgeschichte als Erinnerungsgeschichte, Essen 2015, S. 79–89.

Christoph Jünke: Hoffnung in Trümmern. Viktor Agartz' neue Wirtschaftsdemokratie nach 1945, in: Heidi Beutin u. a. (Hrsg.): »Endlich unsrer Kraft zu trauen und sein schönes Leben aufzubauen«. Hoffnung, Sehnsüchte und politische Vorstellungen zum Mai 1945, Mössingen-Talheim 2016, S. 57–74

Arne Heise: Viktor Agartz und die deutsche Wirtschaftspolitik der Nachkriegszeit, in: Michael Krätke u. a. (Hrsg.): SPD-Linke zwischen Revolution, linken Bewegungen und radikalem Reformismus, Dortmund/Baden-Baden 2021, S. 252–263.

Über den Herausgeber

Christoph Jünke, Jahrgang 1964, lebt und arbeitet als Publizist und Historiker in Bochum. Vor, während und nach dem Studium der Geschichte, Soziologie und Philosophie in Köln und Bochum sammelte er über viele Jahre Erfahrungen auf der deutschen Linken und als politischer Journalist und promovierte schließlich zum Historiker. Seine Arbeitsgebiete sind die Theorie und Geschichte des Sozialismus und der deutschen Linken, die politische Ideengeschichte und die Geschichte des 20. Jahrhunderts. Neben zahlreichen Aufsätzen und Artikeln veröffentlichte er unter anderem die Bücher »Der lange Schatten des Stalinismus. Demokratie und Sozialismus gestern und heute« (2007) sowie »Streifzüge durch des rote 20. Jahrhundert« (2014) sowie mehrere Werke von und zu Leo Kofler. Zuletzt (2024) gab er bei Dietz Berlin Leo Koflers »Interventionen. Kleine Schriften zur marxistischen Theorie und Praxis« heraus und arbeitet zurzeit an einer umfangreichen Biografie über Viktor Agartz.

Bildnachweise

S. 7 J. F. Lehmanns Verlag
S. 21 AdsD der FES, 6/FOTA004073
S. 25 AdsD der FES, 6/FOTA012977
S. 41 Christoph Jünke
S. 54 Nachlass Viktor Agartz, Bundesarchiv
S. 60 AdsD der FES, 6/FOTA003628
S. 64 Keystone Press/Alamy Stock Foto
S. 69 Nachlass Viktor Agartz, Bundesarchiv